全国高职高专
财政金融类规划教材

U0665926

商业银行
综合柜台业务
——规范与实训

General Counter Service
of Commercial Bank

Fiscal & Financial

人 民 邮 电 出 版 社
北 京

图书在版编目（CIP）数据

商业银行综合柜台业务：规范与实训 / 董雷光，董
建忠主编. -- 北京：人民邮电出版社，2016.1（2023.7重印）
全国高职高专财政金融类规划教材
ISBN 978-7-115-41161-7

Ⅰ. ①商… Ⅱ. ①董… ②董… Ⅲ. ①商业银行－银
行业务－高等职业教育－教材 Ⅳ. ①F830.33

中国版本图书馆CIP数据核字(2015)第292644号

内 容 提 要

本书贯彻"宽理论基础，精技能""理论够用，技能熟练"的高职人才培养要求，以金融企业岗位要求为依据，整合课程教学内容进行编写。全书共 8 个项目，分别为临柜知识准备、柜台服务及柜员技能、前台业务规程、商业银行存款业务、商业银行贷款业务、商业银行中间业务、商业银行外汇业务、模拟业务综合实训。

本书既可以作为高职院校财经、金融类学生或专业员工教育培训的教材，也可以供银行、信用社员工自学参考。

◆ 主　编　董雷光　董建忠
　　主　审　岳高社
　　责任编辑　刘　琦
　　责任印制　张佳莹　杨林杰

◆ 人民邮电出版社出版发行　　北京市丰台区成寿寺路 11 号
　　邮编　100164　电子邮件　315@ptpress.com.cn
　　网址　http://www.ptpress.com.cn
　　北京七彩京通数码快印有限公司印刷

◆ 开本：787×1092　1/16
　　印张：15.75　　　　　　　　　2016 年 3 月第 1 版
　　字数：417 千字　　　　　　　2023 年 7 月北京第 10 次印刷

定价：39.80 元
读者服务热线：(010)81055256　印装质量热线：(010)81055316
反盗版热线：(010)81055315
广告经营许可证：京东市监广登字 20170147 号

前 言
Preface

金融管理专业是财经类高职高专院校中招生规模较大的专业之一，"商业银行综合柜台业务"课程是金融管理专业的专业主干课程。根据高职教学的最新发展理念以及"宽理论基础，精技能""理论够用，技能熟练"的高职技能型人才培养要求；以金融企业岗位素质、工作流程、工作内容、任务目标等为依据，整合课程教学，把整门课或整个专业教学计划整合为几个课程模块或教学模块，按模块进行授课和考评。这样，既可以避免课程内容的重复，提高教学效率，又可以明确目标，实现课程学习与职业岗位的无缝隙对接。

本书编者在2010年岳高社主编的《商业银行综合柜台业务》的基础上，经过近5年的教学实践，基于行业发展的新变化和对一些问题的新认识，在经过广泛的社会调研后，根据用人单位对岗位人员的要求对原书进行了重新设计。本书在内容上完全按照行业上岗的规律进行编排，在内容的取材上力求新颖，融合理论、操作、训练及考核于一体，在知识学习的基础上，引入业务的规范与操作流程的相关内容。在了解规范与流程后，书中还设计了相关项目的实训练习以强化学习效果。与其他同类教材的不同之处还在于我们在项目8中特别结合相关教学软件编写了综合实训，并在该项目中安排了理论引入、流程介绍、实践考核等内容。

本书主要有以下几个特点。

1. 编写内容突出专业课程的职业定向，以职业能力作为配置课程的基础，使学生获得的知识、技能真正满足职业岗位的需求。

2. 编写内容与形式设计注重知识和技能的结合。基础理论以应用为目的，以必需、够用为度，以掌握概念、强化应用为重点；专业知识强调针对性和实用性。培养学生综合运用知识和技能的能力。

3. 技能的编写侧重强化学生职业能力训练，综合开发学生的职业能力。强化学生创新能力的培养，提高学生就业上岗和职业变化的适应能力，积极鼓励并创造良好条件，使学生参加职业技能考证。

4. 书中提出的教学方式，特别是实训环节和实训课的教学模式强调教、学、做、考一体化，即教师的教和学生的学融于做之中，以实际问题的解决路径来安排教学内容，同时，教学内容和课程安排也尽可能与职业资格考证相结合，以强化教学的职业取向性。

本书由岳高社担任主审，山西金融职业学院的董雷光、董建忠主编。全书编写分工如下：董建忠编写项目1、项目3、项目8的实训1～实训3；董雷光编写项目2、项目4、项目6的模块1与模块3、项目7和项目8的实训4～实训6；山西金融职业学院的翟志国编写项目5；山西金融职业学院的李芳编写项目6的模块2、模块4。

特别感谢岳高社老师在书稿形成过程中多次提出修改意见和建议。感谢山西金融职业学院的相关院、系领导给予的支持。感谢许多商业银行和信用社工作的朋友提供了大量的资料，特别是交通银行、兴业银行、晋商银行等合作单位及中国建设银行等行业骨干都给予了大力支持，在此一并表示衷心的感谢。商业银行综合柜台业务涉及面广、内容繁多并不断变化更新，再加上所掌握的资料有限，书中难免有不当和错误之处，敬请专家、学者和广大读者批评指正。

编　者

2015年10月

目 录
Preface

项目1
临柜知识准备

学习目标

银行综合柜员制是目前商业银行普遍实行的前台柜员工作体制，通过本项目有关综合柜员制下各项业务制度、规范和管理等临柜基本知识的学习，学员能够初步了解和掌握以下内容：

(1) 综合柜员制的含义、优点和主要风险；

(2) 综合柜员制的组织形式、岗位划分及风险防范措施；

(3) 综合柜员制的账户分类和管理；

(4) 前台重要物品分类和管理。

知识导入

一、业务释义

综合柜员制是目前国内外商业银行适用的一种最主要的前台服务模式，能充分体现"以客户为中心"的服务理念，增强商业银行对外服务的整体性，同时通过优化前台劳动组合，改变人均业务量不饱和、岗位业务不平衡、工作效率较低的状况，从而达到优化资源配置、提高效率的目的。

二、综合柜员制的优点

（1）实施综合柜员制能够更高效地为客户提供服务。综合柜员制的业务办理流程减少了中间环节，缩短了客户办理业务的时间，提高了工作效率；同时，通过窗口设置的改变使业务均衡分布，在一定程度上缓解了客户排队等待的现象。

（2）实施综合柜员制能够提高工作人员素质。综合柜员制要求前台人员必须通晓会计、储蓄等多种业务，从而综合业务知识和业务技能更为全面。人员素质的提高既满足现行综合柜员制推行的要求，又为将来实施会计、储蓄有机整合打下坚实的基础。

（3）实施综合柜员制通过对会计、出纳、储蓄业务及流程的整合，对前台人员岗位分工的调整，在一定程度上达到了减员增效的目的。

三、柜员制存在的主要风险

1. 柜员能力风险

银行是全社会的现金出纳中心，现金出入频繁，特别是对公业务，常常单笔金额较大，综合柜员制要求柜员具备较全面的业务知识和较高的操作技能，知识和技能不适应必然造成操作失误的增加；单人为客户提供金融服务是综合柜员制的基本要求，其表现形式为单收单付，柜员与客户"一对一"，因为是单人临柜，柜员稍有疏忽大意就会发生差错，柜员自身承担风险和银行防范业务风险的难度同时加大。

2. 监控设施及出纳机具存在的问题

实行综合柜员制后，对现金的复核完全依赖于机具，我们现用的钞票版别多且防伪技术复杂，这对点钞机和验钞机的性能提出了很高的要求。若出纳机具的性能不过关，将给临柜人员造成误导，给客户或银行造成经济损失。另外，目前银行采取的是录像监控和配备相应数量的复核员等措施。录像监控难以做到全角度、多方位监控，在监控时间上也不同程度的存在盲点。这样，在对违规违纪行为的硬件监控上，就存在着一定的风险。多数数字监控设施的监控效果达不到要求，丧失了监控的取证价值，而且售后服务一般，维护不及时，还经常出现故障。

3. 业务授权风险

负责授权的主管人员虽不直接面对客户经办业务，但有授权的权力，对下控制多个柜员，如果主管人员违背道德，只须突破下线中的一点即可形成联手作案。另外，授权操作也存在隐患，授权在记账柜员终端机上进行，使用记账柜员打开的界面，授权密码暴露在他人视线之下，存在泄密危险，风险极大。再有，柜员之间还存在着互不防范、责任心不强等问题。例如，授权是在柜员键盘上输入密码，有的在柜员面前直接输入，没有任何防范意识和措施，而且密码不按规定及时修改，这极易给有意作案的人以可乘之机。

4. 柜员道德风险

综合柜员制下的现金业务是一个手工点钞和电脑操作相结合的过程，没有专人复核，多收少付、错款错账隐瞒不报、转移现金等现象就有发生的可能。如果柜员本身素质不过关，道德水准偏低，视规章制度于不顾，更可能利用内控管理存在的漏洞自我作案或与客户联手作案。

5. 应用程序风险

综合柜员制业务的应用程序设计，必须能够满足综合柜员受理业务的需要，满足会计、出纳、储蓄、中间、代收等种类繁多的业务综合处理的需要。综合柜员制是金融业务发展、金融科技进步以及金融服务创新的必然产物。在实行综合柜员制的过程中，拥有较高的计算机电算化水平，科技力量的支撑是至关重要的，否则也容易给柜员造成风险。

模块 1 | 综合柜台制度规范

任务 1　银行柜台劳动组织形式及岗位划分

一、业务释义

银行柜台劳动组织形式是商业银行柜台业务办理人员的分工与合作的方式。长期以来，我国商业银行的前台劳动组织形式主要是复合柜员制（也称双人临柜制），进入21世纪后，各商业银行才开始实行单人临柜制或综合柜员制。到目前为止，除了一些地区的农村信用社还在实行复合柜员制外，"一对一"服务的综合柜员制已成为各商业银行前台业务操作和服务的主要形式。

二、学习活动

综合柜员制操作流程、综合柜员制的岗位设置、综合柜员制的柜员管理

学习活动 1　综合柜员制操作流程

综合柜员制操作流程如图 1-1 所示。

| 客户 | ⟷ | 柜员 | ⟹ | 接收审核资料；清点现金；信息录入 与打印；保管与使用现讫章、重要业务单证和业务公章；保管钱箱等 |

图 1-1　综合柜员制操作流程

综合柜台业务实行单人收款、付款、记账一手清，柜员与客户"一对一"，最大限度地减少了现金、凭证传递环节，加快了业务处理速度，提高了柜台工作效率；在柜台服务上，任何一个窗口都可以同时办理对公、对私各项业务，减少了客户的等候时间。

学习活动 2　综合柜员制的岗位设置

施行综合柜员制的营业网点应根据业务量大小，本着精干、高效的原则合理设置以下岗位：业务主管、综合员、综合柜、凭证员、现金调拨员或库管员。其他岗位在明确责任制和监督制约的前提下，按要求合理设置。一般情况下，不同的银行的岗位名称会有差异，但是基本的工作职责是相同的。

（一）业务主管岗位职责

（1）领导和管理辖内人员工作，督促和检查柜员认真贯彻落实各项规章制度以及业务操作规程，努力提高工作质量和服务水平。

（2）参与制定本单位工作计划及重大问题的决策，负责本单位工作总结，撰写财务分析报告，向本单位领导和上级会计部门报告工作。

（3）按照内部管理规定，对柜员工作范围及权限进行授权控制。掌管单位行政公章、联行专用章、钢印，掌握综合业务系统管理员密码和编押机管理员密码，确保综合业务系统的安全运行及业务活动的正常开展。

（4）落实柜员工作责任制。定期检查各柜员账务，加强现场监管，对柜员的工作情况做好检查和评价。

（5）组织柜员进行业务学习，开展多种形式的业务练兵活动，负责对柜员业务知识和业务技能的定期考核工作。

（6）按制度规定处理会计出纳工作中的重要事项和疑难问题，对发生的各类会计出纳差错和事故及时组织追查、补救和上报工作。

（7）按规定掌管有关登记簿，并做好记录。

（8）对综合柜员签发的存款证实书进行核实并盖章确认。

（9）定期检查各柜员现金、重要凭证、有价单证保管使用情况。

（10）每日定时开关监控系统，保管、定期观看监控资料。随时对监控系统进行检查，发现问题及时解决，确保系统正常运行。

（11）每日营业终了，检查各柜员保管的现金、重要空白凭证、卡片账、有价单证等是否相符，账簿的登记是否合规，并对检查事项在有关登记簿上做好记录。

（12）履行会计主管日常职责，完成领导和上级管理部门交办的其他事项。

（二）综合员岗位职责

（1）协助主管管理联行结算业务，组织、开展业务宣传，协助组织各项规章制度的实施。

（2）编制有关会计报表，撰写分析资料。

（3）在规定权限内对前台柜员有关业务进行授权。

（4）负责协助主管对对公账户开立的审查和大额存取款备案。

（5）监督对公单位的开、销户的操作、账号、户名的变更和挂失、冻结与扣划是否符合有关规定。

（6）监督柜员领用、使用、出售的有价单证、重要空白凭证是否符合要求，对柜员使用的重要凭证进行二次销号，检查柜员对重要空白凭证登记簿的记载是否合规。

（7）按规定定期对辖内往来、系统内往来（准备金和借款户）、同业往来、汇差资金账户进行核对，定期与单位进行账务核对，保管有关对账单。

（8）负责综合业务网络系统日常管理，每日打印有关报表，定期装订入档。保管批量处理业务账表和有关登记簿。

（9）检查挂失、抹账、冲账、挂账、大额提现、大额汇划等是否经主管授权、签批，有关登记簿记载是否齐全。

（10）对账务处理的合规、合法性进行全面审核。次日逐笔审查柜员记账凭证与原始凭证内容是否相符，凭证要素是否齐全，记账份数与系统记录是否一致等。

（11）审核汇票、本票、支票签发、解付、退票、挂失以及电子汇兑的汇出、汇入、退汇是否符合规定；委托收款、托收承付以及承兑汇票的贴现处理手续是否合规；各种查询查复是否及时。

（12）办理其他交办事项。

（三）综合柜员岗位职责

（1）认真执行各项规章制度，规范业务操作，严格按程序处理业务。

（2）办理储蓄业务、对公业务、银行卡业务、各类中间业务等业务。

（3）负责临柜业务查询、挂失、解挂、冻结、解冻等事项，并登记相关登记簿。

（4）办理主辅币、残币的兑换和有价证券的兑付业务。

（5）保管使用转讫章、现讫章、储蓄专用章等业务印章。

（6）随时检查现金箱、凭证箱，保持合理库存，超限额部分及时上缴内库管理员。

（7）营业终了，按规定打印有关报表、资料，核对当日库存现金和凭证，经核实无误后签退。

（8）休班、短期离岗时，将重要空白凭证、印章全部入箱，办理相关交接手续，将款项全部交清。

（9）办理交办的其他事项。

（四）凭证员岗位职责

（1）保管本网点所有空白凭证，登记、保管空白重要凭证登记簿。

（2）定期核对重要空白凭证的库存数，保证账、簿、实相符。

（3）根据综合柜员填写的空白重要凭证领用单，为柜员调拨凭证。

（4）办理交办的其他事项。

（五）现金调拨员岗位职责

（1）保管本网点内库库存现金，掌管使用内库现金库存登记簿。

（2）营业终了汇总各柜员的现金库存登记簿，与计算机打印的现金余额统计表核对相符后，据以登记现金库存登记簿。

（3）根据柜员填写的现金调拨单，为柜员办理库存现金的上解下拨。

（4）按规定匡算库存限额，超出部分及时上缴。

（5）保管入库已没收的假币（券），按照人民银行规定上缴，并办好出库、交接手续。

（6）保管抵、质（押）品及有价单证，掌管使用有关登记簿，定期检查，保证账、簿、实相符。

（六）其他柜台工作人员岗位职责

除以上柜面人员外，银行营业厅柜台工作人员还包括以下几种类别及其岗位职责。

（1）现金柜员。其日常的工作主要是从事各类现金业务的复核、零钞清点、大额现金清点等工作。通常是由刚参加银行工作的人员担任，是继续从事其他柜台工作的基础。

（2）低柜柜员（或开放式柜台人员）。其是由某些较大的、业务全面的营业网点设置的，主要经办包括个人消费贷款、个人住房贷款、个人理财（基金业务、银行代理保险业务）等非现金业务的柜台人员。此类柜员要求比较高，必须具备一定的个人贷款类的基本知识和技能以及个人金融理财知识。

（3）大堂经理。通常负责对银行业务进行宣传、对网点客户进行分类引导，对于客户的各类业务咨询负责解答，对银行工作人员与客户之间的纠纷和矛盾进行调解和疏导等工作。通常由具有较长时间工作经验的银行员工担任，有时候由银行网点负责人兼任。

学习活动3　综合柜员制的柜员管理

（1）每个柜面窗口，综合柜员均置于监控设施的有效监控之下；监控设施能保证对当天营业全过程和安全情况进行监控录像；在监控未开启前和关闭后综合柜员不得办理临柜业务；柜员不得在监控范围外和本专柜外办理临柜业务；录像带原则上保存1个月以上。

（2）日常营业人员2人以上，即至少有2个窗口对外营业。

（3）柜员必须经培训合格持证上岗，具有良好的政治素质和业务素质，比较全面地掌握相关的业务知识。

（4）综合柜员制营业网点的各岗位必须有明确的岗位职责，实施前必须将岗位责任制细化到每个柜员。

（5）每个柜员只能有一个权限卡，必须严格保管自己的权限卡。（权限卡包括柜员号和密钥，是柜员的身份标志和办理业务的基本授权。）

（6）柜员不得在自己签到的终端上办理自己的存取款业务。

（7）建立完整的账务监督体系；综合柜员交接时必须做到当面交接、当场监交。交接时应将所有现金、有价单证、重要空白凭证、业务印章、当日记账凭证、账册、登记簿以及未尽事宜全部办理移交，并做好交接登记手续。

（8）大额现金收付及转账业务、特殊业务、重要业务必须进行授权。

① 授权：柜员在定岗后就获得了处理业务的基本授权，如果在办理业务中超过柜员的权限，则必须获得临时的授权。

② 特殊业务：凡涉及柜员信息、客户信息、账务信息、业务信息修改的交易均为特殊业务。特殊业务处理原则为柜员必须根据会计主管签发的授权书上机操作，事后监督次日通过对授权交易清单和授权书的勾对，对特殊业务处理的合法性和有效性进行检查。

③ 重要业务：挂失解挂、冻结解冻、查询查复、扣划等。

（9）柜员临时离岗时必须临时签退，每日营业结束，柜员轧平账务后必须办理正式签退，如果是由于系统故障造成非正常签退，可由其他柜员进行强行签退。

（10）综合柜员轧账签退时的库存现金和凭证必须换人进行核查、监督上锁。

（11）对客户类账户进行抹账处理时，只能对银行员工操作失误的进行抹账，不允许应客户要求进行抹账。

（12）现金超限额时要入保险柜，并乱码设置。

任务 2 银行柜台岗位风险管理

一、业务释义

综合柜员制风险是指实行综合柜员制的网点因劳动组合的变革导致在其业务营运过程中可能发生的各种差错、事故以及对国家资产完整性和客户正当权益的侵害。此类风险通常是由于制度上的疏漏、越权交易等原因引起的风险，是源于内部程序不完善、人为失误、系统故障或是外部事件所引发的直接或间接损失的风险。

二、学习活动

风险来源、防范风险措施

学习活动 1 风险来源

在传统双人临柜劳动组合下，每一笔业务要经过两人办理，交叉复核，钱账分管，互相制约，而在综合柜员制劳动组合下，由于柜员单独经办业务，取消了钱、账的分管和双人相互监督，从而增大了业务风险，这些风险主要来自于以下 3 个方面。

（1）外部不法分子利用编造的存款凭证或以其他方式骗取银行钱款。

（2）柜员因疏忽、业务不熟练易出现差错，导致多付现金情况。

（3）综合柜台内部或者是内外勾结作案。

学习活动 2 防范风险措施

（一）加强综合柜员制机构的资格认定，即高起点、高标准地建设综合柜员制

加强综合柜员制机构的资格认定包括对网点的资格认定、柜员素质的认定、电子计算机应用软件系统的资格认定、硬件保障的资格认定。

（二）严格实行全过程风险控制

（1）分工控制。这是将业务活动划分到不同岗位，分别由不同的人员担任，各个岗位的职责不同，承担的任务不同，通过制度、规定、规程，共同构成一个有机整体，并约束各自的独立性，形成柜员的自我约束和内部互相牵制，在此基础上将责任与各自的利益挂钩。

（2）授权控制。综合柜员制的授权控制是指柜员必须获得批准和授权，才能办理有关业务。这一措施把各类业务的风险在发生之前就加以控制，使柜员严格按所授予的权限处理业务。综合柜员制网点实行综合柜员或主办柜员、业务主管二级授权。

（3）保障控制，综合柜员制的保障控制是采取一定的措施和方法保障会计核算的正确、及时、完整、真实。

（三）加强内部控制建设

加强内部控制建设的内容如表1-1所示。

表1-1 加强内部控制建设

项目	内容
账户管理	商业银行应严格执行账户管理的有关规定，认真审核存款人身份和账户资料的真实性、完整性和合法性，对账户开立、变更和撤销的情况定期进行检查，防止存款人出租、出借账户或利用其存款账户从事违法活动。严格管理预留签章和存款支付凭据，提高对签章、票据真伪的甄别能力，并利用计算机技术加大预留签章管理的科技含量，防止诈骗活动。对内部特种转账业务、账户异常变动等进行持续监控，发现异常情况应立即进行跟踪和分析
业务办理	商业银行应对大额存单签发、大额存款支取实行分级授权和双签制度，按规定对大额款项收付进行登记和报备，确保存款等交易信息的真实完整。对每日营业终了的账务实施有效管理，当天的票据当天入账，对发现的错账和未提出的票据或退票应当履行内部审批、登记手续。对现金收付、资金划转、账户变更、密码挂失、解挂等柜台业务建立复核制度，确保交易记录的完整和可追溯
章证管理	商业银行应严格执行"印、押、证"三分管制度，使用和保管重要业务印章的人员不得同时保管相关的业务单证，使用和管理密押、压数机的人员不得同时使用保管相关的印章和单证。使用和保管密押的人员应当保持相对稳定，人员变动应当经主管领导批准，并办好交接手续。人员离岗，"印、押、证"应当落锁入柜，妥善保管
现金、重要单证管理	商业银行应对现金、贵金属、重要空白凭证和有价单证实行严格的核算和管理，严格执行入库、登记、领用的手续，定期盘点查库，正确、及时处理损益
检查、监督	商业银行必须建立会计、储蓄事后监督制度，配置专人负责事后监督，实现业务与监督在空间与人员上的分离。严格执行营业机构重要岗位的请假、轮岗制度，逐步推行离岗审计制度。对要害部门和重要岗位应当实施有效管理，对非营业时间进入营业场所、电脑延长开机时间等应当办理审批、登记手续
人员及权限卡管理	业务人员应当具有与其岗位、职位相适应的专业资格或技能。柜台人员的名章、操作密码、身份识别卡等应当实行个人负责制，妥善保管、按章使用

（四）加强外部监督

1．闭路监控

目前银行系统柜台及相关环境都安装了闭路监控系统，其主要由固定式专用监控摄像头、画面分割器、监视器、录像机等组成。通过安装在银行营业场所的若干个摄像探头，将柜员每天临柜操作情况及其他环境情况通过视频电视传递到画面分割器，再由分割器将多幅图像结合在一起传给录像机，并记录在录像带上。

以上对柜员的全部业务活动实施详细的、系统的全过程监控，可起到以下作用：

（1）可以增强柜员的责任感和严格按程序处理业务的自觉性；

（2）当柜员与客户发生经济或其他纠纷时，可以通过录像资料来明辨责任；

（3）便于及时发现问题，掌握线索，查找差错事故。

2．事后监督和会计检查

针对综合柜员制的特点，管辖行检查辅导要坚持一般检查辅导与专项检查辅导相结合，突出检查差错事故易发环节，主要包括以下内容。

（1）计算机管理的检查。这包括操作员代码、密码管理的检查，数据备份管理的检查。

（2）分工管理的检查。这包括是否有违反规定的顶班、换岗现象，是否坚持两个以上柜员才对外办理业务。

（3）交接管理的检查。这包括每日营业前是否办理规定的交接手续，柜员轮班时是否办理交接，营业终了时是否办理交接，人员调出时是否办理交接。

（4）操作规程的检查。这包括柜员是否严格审查凭证、证件要素，要授权的业务是否取得授权，业务凭证的打印、戳记是否核对，是否齐全规范，数额较大的存款挂失是否坚持实地核实，现金领交和内部调剂、重要单证的领交是否按规定程序办理，手续是否齐全。

（5）现金、重要单证的账账、账实是否相符的检查。

📚 同步阅读

柜员挪用公款案

案情介绍：

2004 年 2 月 20 日至 2005 年 12 月 9 日期间，农行某支行柜员石某，利用职务之便，采取偷支储户存款、盗用系统内往来资金等手段，挪用公款共计 820 万元，用于购买彩票。根据《中国农业银行员工违反规章制度处理暂行办法》，给予石某开除处分，并移送司法机关追究刑事责任。

支行营业室主任张某，在对合并的光明、中山路储蓄所系统内往来资金进行核对时，发现两处 2005 年 4~9 月对账单为手写的问题后，没有及时向支行领导报告，受到记大过处分；该行原行长张某，在担任支行行长期间，对石某偷支储蓄存款、盗用系统内往来资金 820 万元案件负有责任，给予其撤职处分。同时，还对在此案中负有责任的其他领导、相关责任人员 14 人也进行了责任追究。

风险警示：

岗位制约必须落到实处。

石某挪用公款案件的发生并不是偶然的，除石某本人的世界观、人生观、价值观发生问题以外，也与其所在支行领导严重失职、基础管理极其混乱、规章制度不落实、员工制度意识和防范意识淡薄、监督制约机制不到位有很大关系。

此案件的教训十分深刻，表现在以下几个方面。

教训一： 岗位制约未落到实处。石某在光明储蓄所、中山储蓄所担任主任期间，利用职务之便，偷支储户存款 7 笔，金额 39 万元，记账员、复核员岗位制约形同虚设，没有起到相互制约的作用。石某作为储蓄所主任和三级主管，按照规定是不能在前台操作的，但石某利用其他人员防范意识淡薄的机会，直接进行前台操作，导致作案连连得逞，而在这期间，岗位制约没有起到丝毫作用。

教训二： 系统内往来对账不认真。在石某作案期间，该支行系统内往来对账、月末对账没有做到逐笔勾对，虽然曾发现石某手工填写对账单的问题，却未能引起警觉并及时进行处理，使本来应该及早揭露的问题未能及时发现。

教训三： 前台人员配备结构不合理。业务不熟悉，而且部分人员制度意识、防范意识差。石某作案期间，该行从事一线前台业务的 35 人中有 17 人是从后台充实到前台的，没有从事过前台业务的就有 6 人。人员配备不足，业务不熟悉，为石某作案提供了便利条件。

教训四： 员工行为排查工作不彻底。石某长期担任储蓄所主任，对银行业务比较熟悉，其生活也没有奢侈现象。支行领导被石某的表面现象所蒙蔽，对其长期购买彩票的问题未能进行认真、细致的排查，这说明支行的员工排查行为在相当大的程度上不到位、不彻底，最终导致了严重后果。

前车之覆，后车之鉴，各级银行类金融机构和人员都要从石某的案件中汲取教训，教育全体员工树立正确的人生观、世界观和价值观，严格执行各项规章制度，特别是营业所（分理处）主任要自觉带头严格执行各项规章制度，加强管理，防止类似案件再次发生。

此外，各级行要严格落实大要案问责制，加大"双向问责"和"双线责任追究"力度，要通过严格问责，严厉惩处，遏制案件的高发态势。

模块 2 | 账户及相关业务管理

任务 1　人民币结算账户

一、业务释义

银行结算账户按存款人分为单位银行结算账户和个人银行结算账户。

（1）存款人以单位名称开立的银行结算账户为单位银行结算账户。单位银行结算账户按用途分为基本存款账户、一般存款账户、专用存款账户、临时存款账户。

个体工商户凭营业执照以字号或经营者姓名开立的银行结算账户纳入单位银行结算账户管理。

（2）存款人凭个人身份证件以自然人名称开立的银行结算账户为个人银行结算账户。

二、主要业务规定

（1）存款人可以自主选择银行开立银行结算账户。除国家法律、行政法规和国务院规定外，任何单位和个人不得强令存款人到指定银行开立银行结算账户。

（2）账户开立必须做到受理、审核、操作三分离。

（3）存款人开立单位银行结算账户，自正式开立之日起 3 个工作日后，方可办理付款业务，但注册验资的临时存款账户转为基本存款账户和因借款转存开立的一般存款账户除外。在账户正式生效前，开户行不得向单位出售重要空白凭证。

（4）严禁代理客户办理各类单位银行结算账户的开户、变更、销户和密码变更。

（5）储蓄账户仅限于办理现金存取业务，不得办理转账结算。

（6）银行结算账户档案的保管期限为银行结算账户撤销后 10 年。

三、学习活动

单位结算账户、个人结算账户

学习活动 1　单位结算账户

（一）分类

存款人开立基本存款账户、临时存款账户和预算单位开立专用存款账户实行核准制度，经中国人民银行核准后由开户银行核发开户登记证，存款人因注册验资需要开立的临时存款账户除外。

（1）基本存款账户是存款人因办理日常转账结算和现金收付需要开立的银行结算账户。单位银行结算账户的存款人只能在银行开立一个基本存款账户作为存款人的主账户。

（2）一般存款账户是存款人因借款或其他结算需要，在基本存款账户开户银行以外的银行营业机构开立的银行结算账户。该账户可以办理现金缴存，但不得办理现金支取。

（3）专用存款账户是存款人按照法律、行政法规和规章，对其特定用途资金进行专项管理和使用而开立的银行结算账户。该账户资金必须由其基本存款账户转账存入，不得办理现金收付业务。

（4）临时存款账户是存款人因临时需要并在规定期限内使用而开立的银行结算账户。该账户有效期限最长不得超过 2 年。临时账户支取现金应按照国家现金管理有关规定办理；注册验资的临时存款账户在验资期间只收不付。

（二）申请开立基本存款账户

在申请开立单位基本存款账户时，申请人应向银行出具下列证明文件。

（1）企业法人，应出具企业法人营业执照正本。

（2）非法人企业，应出具企业营业执照正本。

（3）机关和实行预算管理的事业单位，应出具政府人事部门或编制委员会的批文或登记证书和财政部门同意其开户的证明；非预算管理的事业单位，应出具政府人事部门或编制委员会的批文或登记证书。

（4）军队、武警团级（含）以上单位以及分散执勤的支（分）队，应出具军队军级以上单位财务部门、武警总队财务部门的开户证明。

（5）社会团体，应出具社会团体登记证书，宗教组织还应出具宗教事务管理部门的批文或证明。

（6）民办非企业组织，应出具民办非企业登记证书。

（7）外地常设机构，应出具其驻在地政府主管部门的批文。

（8）外国驻华机构，应出具国家有关主管部门的批文或证明；外资企业驻华代表处、办事处应出具国家登记机关颁发的登记证。

（9）个体工商户，应出具个体工商户营业执照正本。

（10）居民委员会、村民委员会、社区委员会，应出具其主管部门的批文或证明。

（11）独立核算的附属机构，应出具其主管部门的基本存款账户开户登记证和批文。

（12）其他组织，应出具政府主管部门的批文或证明。

申请人为从事生产经营活动纳税人的，还应出具税务部门颁发的税务登记证。

（三）单位结算账户销户

存款人更改名称，但不改变开户银行及账号的，应于 5 个工作日内向开户银行提出银行结算账户的变更申请，并出具有关部门的证明文件。

单位的法定代表人或主要负责人、住址以及其他开户资料发生变更时，应于 5 个工作日内书面通知开户银行并提供有关证明。

银行接到存款人的变更通知后，应及时办理变更手续，并于 2 个工作日内向中国人民银行报告。

有下列情形之一的，存款人应向开户银行提出撤销银行结算账户的申请：

（1）被撤并、解散、宣告破产或关闭的；

（2）注销、被吊销营业执照的；

（3）因迁址需要变更开户银行的；

（4）其他原因需要撤销银行结算账户的。

存款人存在第（1）、第（2）项所提到的情形的，应于 5 个工作日内向开户银行提出撤销银行结算账户的申请。

学习活动 2　个人银行结算账户

（一）开户规定

个人银行结算账户是自然人因投资、消费、结算等而开立的可办理支付结算业务的存款账户。有下列情况的，可以申请开立个人银行结算账户。

（1）使用支票、信用卡等信用支付工具的。

（2）办理汇兑、定期借记、定期贷记、借记卡等结算业务的。

（二）存款人申请开立个人银行结算账户，应向银行出具下列证明文件。

（1）中国居民，应出具居民身份证或临时身份证。

（2）中国人民解放军军人，应出具军人身份证件。

（3）中国人民武装警察，应出具武警身份证件。

（4）香港地区、澳门地区居民，应出具港澳居民往来内地通行证；台湾地区居民，应出具台湾居民来往大陆通行证或者其他有效旅行证件。

（5）外国公民，应出具护照。

（6）法律、法规和国家有关文件规定的其他有效证件。

银行为个人开立银行结算账户时，根据需要还可要求申请人出具户口簿、驾驶执照、护照等有效证件。

任务2　人民币结算账户相关业务管理

人民币结算账户的主要相关业务有以下几个方面。

预留印鉴、客户信息管理、有权机构账户查询、冻结、解冻和扣划

业务一　预留印鉴

一、业务释义

企业在银行开设账户，开户时需要在银行预留印鉴，也就是财务章和法人代表（或者是其授权的一个人）名字的印章（也称"小印"）。印鉴要盖在一张卡片纸上，留在银行。当企业需要通过银行对外支付时，先填写对外支付申请，申请必须有如上印鉴。银行经过核对、确认对外支付申请上的印鉴与预留印鉴相符后，即可代企业进行支付。

印鉴卡式样如图1-2所示。

图1-2　印鉴卡式样

二、主要业务规定

（1）预留印鉴卡片一式三份，一份交客户留存，一份与开户资料一并专夹保管，一份交印鉴卡管理员保管。

（2）印鉴的保管和使用必须指定专人负责，印鉴的预留、变更和收回须经坐班主任审核，并在相关业务凭证上审批同意。

（3）中午休息、临时离岗或营业终了，柜员必须将所有经管的印鉴卡片放在保险柜中。

（4）存款户挂失预留印鉴，应提交书面申请、开户登记证、营业执照及相关证明文件，经开

户行业务主管人员审批同意后,办理签章挂失手续。新签章于挂失次日后启用,但单位客户必须在公函中注明由此引起的一切损失由单位自行负责。

(5)存款户更换印鉴,应以正式公函的形式向开户行提交变更申请,写明更换原因、新印鉴启用日期等,并加盖与原印鉴有明显区别的新印鉴;单位客户必须交回所有盖有旧印鉴的空白重要凭证,并在公函上注明凭证的种类、数量、编号等资料,同时应填写作废凭证移交清单,开户行应将收回的盖有旧印鉴的支付凭证当面切角或打洞作废。

(6)存款户主动销户时,由柜员保管和事后监督保管使用的印鉴卡来作销户的最后一笔付款凭证的附件。

(7)长期不动户清理,余额转入"久悬未取款科目"集中管理后,原账户的印鉴卡片应收回并集中专人保管。

三、学习活动

预留印鉴的核对

学习活动 预留印鉴的核对

预留印鉴核对主要采用手工及电脑验印。

手工验印时,采用目测、折叠或拆角相结合的方式,目测签章形状、文字内容和字体,拆角和折叠应该重叠一致。

电脑验印时,应专人、专机录入,严格操作人员密码管理,非操作人员不得进入验印系统。

业务二 客户信息管理

一、业务释义

客户信息管理是为在银行开立账户,办理各类业务的客户以及为银行柜员建立的档案数据库。它通过综合、完整详细地记录客户信息,为银行经营活动核算和管理提供科学、合理的决策依据。

二、主要业务规定

(1)一般柜员只能进行常用业务的查询。

(2)账户信息包括客户开立的各币种、种类、档次的存款、信用卡、个人贷款和凭证式国债,有纸或无纸的单一账户信息。

(3)不得随意增、删客户资料,严禁泄露客户信息。未经许可,不得查询、调阅客户信息。

三、学习活动

客户信息分类及内容、客户信息的管理

学习活动1 客户信息的分类及内容

(1)从构成上分为客户基本信息和客户信息统计分析两个部分,如表1-2所示。

表1-2　　　　　　　　　客户信息的分类及内容——从构成上划分

客户基本信息	客户信息统计分析
客户在银行开立账户时提供的基本信息资料,日后在银行办理各类业务过程中形成的活动记录	系统对客户基本信息资料具有综合、统计、分析功能。业务人员可查询客户信息参数表来了解各种统计参数或代码的具体内容

(2)按办理业务主体不同,可分为单位信息、个人信息和银行卡档案信息。

(3)按信息记录方式不同,可分为必须输入信息和非必须输入信息,如表1-3所示。

表1-3 不同业务主体的必输信息

不同主体	必输信息
单位信息主要记录按照人民银行《银行结算账户管理办法》的规定在银行开立账户的一切非个人客户的基础资料	单位名称、单位类别、代码类型、单位代码、账户属性等
个人信息是记录在银行开立账户，进行经营活动、办理资金收付的所有个人的基础资料	姓名、证件类型、证件号码、性别、出生日期、国家和地区、个人客户地址信息、邮编、联系电话等
银行卡档案信息由个人银行卡档案、信用卡质押品档案、抵押品档案、信用卡黑名单信息等组成	姓名、证件名称、证件号码、地址、邮编、联系电话等

学习活动2 客户信息的管理

（一）建立

客户在银行首次办理开户时，应填写开户申请书。

1. 单位客户信息

操作柜员应对客户提交的开户（变更）资料进行审核，无误后通过相应程序准确录入相关资料。

2. 个人信息

新增个人信息不单独使用客户信息交易建立，而是通过储蓄开户交易自动产生。

3. 银行卡档案信息

银行卡档案信息由柜员根据审批合格的申请表、合约，建立客户档案。

（二）维护

（1）各银行对客户资料应进行动态管理，不得随意删除、修改、调整客户信息资料。

（2）修改客户信息资料时，应对修改日期、修改人、修改项目及内容等情况记录备案。

（三）查询

有权机关查询客户信息时，必须根据有关规定办理。

业务三 有权机关对账户查询、冻结、解冻和扣划

一、业务释义

有权机关是指根据有关法律、法规规定的司法机关和行政机关。有权机关可以在规定范围内对单位和个人的存款进行查询、冻结和扣划，如表1-4所示。

表1-4 有权机关对账户查询、冻结和扣划

单位名称	查询		冻结		扣划	
	单位	个人	单位	个人	单位	个人
人民法院	有权	有权	有权	有权	有权	有权
税务机关	有权	有权	有权	有权	有权	有权
海关	有权	有权	有权	有权	有权	有权
人民检察院	有权	有权	有权	有权	无权	无权
公安机关	有权	有权	有权	有权	无权	无权
国家安全机关	有权	有权	有权	有权	无权	无权
军队保卫部门	有权	有权	有权	有权	无权	无权
监狱	有权	有权	有权	有权	无权	无权
走私犯罪侦查机关	有权	有权	有权	有权	无权	无权

续表

单位名称	查询		冻结		扣划	
	单位	个人	单位	个人	单位	个人
监察机关（包括军队监察机关）	有权	有权	无权	无权	无权	无权
工商行政管理机关	有权	有权	暂停结算	暂停结算	无权	无权
价格主管部门	有权	有权	无权	无权	无权	无权
银行业监督管理机构	有权	有权	无权	无权	无权	无权
反洗钱行政管理部门	有权	有权	无权	无权	无权	无权
证券监督管理机关	有权	无权	无权	无权	无权	无权
审计机关	有权	无权	无权	无权	无权	无权
保险监督管理机关	有权	无权	无权	无权	无权	无权
政府财政部门	有权	无权	无权	无权	无权	无权

二、主要业务规定

（1）办理查询、冻结、解冻、扣划业务，有权机关必须持县级（含）以上机关签发的相关通知书。已冻结的存款，其他机关要求再行冻结的，不予协助。

（2）金融机构缴存人民银行的存款准备金和备付金不得冻结和扣划，但对其本机构、其他金融机构的存款及其在人民银行的其他存款可以冻结、划拨。

（3）有权机关对个人存款户不能提供账号的，应要求有权机关提供该个人的居民身份证号码或其他足以确定该个人存款账户的情况。

（4）两个以上有权机关对同一单位或个人的同一笔存款采取冻结或扣划时，应当协助最先送达协助冻结、扣划存款通知书的有权机关。

（5）严禁执法人员接触非被执行人账户资料，扣划款项时严禁支取现金。

三、学习活动

查询、冻结、解冻、扣划

学习活动 1　查询

（1）有权机关因查处经济违法犯罪案件，需要向银行查询企业事业单位、机关、团体与案件有关的银行存款或查阅有关的会计凭证、账簿等资料时，银行应积极配合。

（2）查询人必须出示本人工作证或执行公务证和出具县级（含）以上人民法院、人民检察院、公安局签发的协助查询存款通知书，由银行行长或其他负责人签字后并指定银行有关业务部门凭此提供情况和资料，并派专人接待，登记协助查询、冻结、扣划登记簿。

（3）查询人对原件不得借走，需要的资料可以抄录、复制或照相，并经银行盖章。人民法院、人民检察院、公安机关对银行提供的情况和资料应当依法保守秘密。

学习活动 2　冻结、解冻

（1）有权机关因查处经济犯罪案件，需要冻结企业事业单位、机关、团体与案件直接有关的一定数额的银行存款，必须出具县级（含）以上人民法院、人民检察院、公安局签发的协助冻结存款通知书及本人工作证或执行公务证，经银行行长（主任）签字后，银行应当立即凭此并按照应冻结资金的性质，冻结当日单位银行账户上的同额存款（只能原账户冻结，不能转户），并登记协助查询、冻结、扣划登记簿。

（2）如遇被冻结单位银行账户的存款不足冻结数额时，银行应在6个月的冻结期内冻结该单位银行账户可以冻结的存款，直至达到需要冻结的数额。

（3）银行在受理冻结单位存款时，应审查协助冻结存款通知书填写的被冻结单位开户银行名称、户名和账号、大小写金额，发现不符的，应说明原因，退回通知书。

（4）被冻结的款项在冻结期限内如需解冻，应以做出冻结决定的人民法院、人民检察院、公安机关签发的解除冻结存款通知书为凭，银行不得自行解冻。

（5）冻结单位存款的期限不超过6个月。冻结分为全额冻结（只收不付）方式与额度冻结方式。有特殊原因需要延长的，人民法院、人民检察院、公安机关应当在冻结期满前办理继续冻结手续。每次续冻期限最长不超过6个月。逾期不办理继续冻结手续的，视为自动撤销冻结。

（6）人民法院、人民检察院、公安机关冻结单位银行存款发生失误，应及时予以纠正，并向被冻结银行存款的单位做出解释。

（7）被冻结的款项不属于赃款的，冻结期间应计付利息，在扣划时其利息应付给债权单位；属于赃款的，冻结期间不计付利息。如冻结有误，解除冻结时应补计冻结期间利息。

学习活动3　扣划

（1）有权机关对查处的经济犯罪案件做出免于起诉、不予起诉、撤销案件和结案处理的决定，在执行时，需要银行协助扣划企业事业单位、机关、团体的银行存款，必须出具县级（含）以上人民法院、人民检察院、公安局签发的协助扣划存款通知书（附人民法院发生法律效力的判决书、裁定书、调解书、支付令、制裁决定的副本或行政机关的行政处罚决定书副本，人民检察院的免予起诉决定书、不起诉决定书、撤销案件决定书的副本，公安机关的处理决定书、刑事案件立案报告表的副本）及本人工作证或执行公务证，银行应当凭此立即扣划单位的有关存款，并登记协助查询、冻结、扣划登记簿。

（2）审查协助通知书应填写被执行单位的开户银行名称、户名和账号、大小写金额。发现不符或缺少应附的法律文书副本，以及法律文书副本有关内容与协助通知书的内容不符，应要求说明原因，退回通知书和所附的法律文书副本。

（3）扣划时，将扣划的存款直接划入有权机关指定的账户。有权机关要求提取现金的，金融机构不予协助。

（4）被冻结的款项不属于赃款的，冻结期间应计付利息，在扣划时其利息付给债权单位；属于赃款的，冻结期间不计付利息。如冻结有误，解除冻结时应补计冻结期间利息。对没收缴库的个人储蓄存款，不计付利息。

（5）扣划个人存款时，依据人民法院的判决书办理。执行时由当事人交出存款单（折），凭存款单（折）办理；如当事人拒不交出存款单（折），须强制执行时，由人民法院通知银行，银行凭人民法院的判决书或者裁定书，由二级分行（城市行）或县级支行一级核对后办理，当事人的原存款单（折）作废。

📚 **同步阅读**

关于查询、冻结、解冻、扣划的其他问题

1. 关于异地查询、冻结、扣划的问题

做出查询、冻结、扣划决定的人民法院、人民检察院、公安机关与协助执行的银行不在同一辖区的，可以直接到协助执行的银行办理查询、冻结、扣划单位存款，不受辖区范围的

限制。

2. 关于冻结、扣划军队、武警部队存款的问题

军队、武警部队一类保密单位开设的特种预算存款、特种其他存款和连队账户的存款，原则上不采取冻结或扣划等诉讼保证措施。但是，军队、武警部队的其余存款可以冻结和扣划。

3. 关于冻结、扣划专业银行、其他银行和非银行金融机构在人民银行存款的问题

人民法院因审理经济纠纷案件或经济犯罪案件，人民检察院、公安机关因查处经济违法犯罪案件，需要执行专业银行、其他银行和非银行金融机构在人民银行的款项，应通知被执行的银行和非银行金融机构自动履行。

4. 关于冻结、扣划单位存款遇有问题的处理原则

两家以上的人民法院、人民检察院、公安机关对同一存款冻结、扣划时，银行应根据最先收取的协助执行通知书办理冻结和扣划。在协助执行时，如对具体执行哪一个机关的冻结、扣划通知有争议，由争议的机关协商解决或者由其上级机关决定。

5. 关于各单位的协调和配合

人民法院、人民检察院、公安机关、银行要依法行使职权和履行协助义务，积极配合。遇有问题或人民法院、人民检察院、公安机关与协助执行的银行意见不一致时，不应拘留银行人员，而应提请双方的上级部门共同协商解决。银行人员违反有关法律规定，无故拒绝协助执行、擅自转移或解冻已冻结的存款，为当事人通风报信、协助其转移、隐匿财产的，应依法承担责任。

案例分析

有权机关要求银行查询、冻结、扣划业务案例

案情介绍：

（1）曾有媒体撰写《建行和农行存在泄露储户信息风险》一文，报道这两家银行办理无卡存款业务时，可以查询他人账户的余额，有的银行甚至将他人账户的余额打印在存款的清单上。建设银行只能在同城无卡汇款时查到他人余额，而农行则可以"全国联网"查询他人账户的余额，而且无须汇入账户户主本人的身份证号码。

（2）栾某是经某市崂山区工商行政管理局核准登记的个体工商户，字号为"崂山区夏庄安乐铆焊队"，经营范围包括铆焊和管道安装。1991 年 10 月 7 日，该市台东区工商局将栾某在当地某银行的存款冻结。冻结通知书上载明的冻结理由是：违反工商管理有关法规，异地经营，未办临时执照。之后，台东区工商局又分别在 1992 年 1 月 6 日、4 月 6 日、7 月 6 日、10 月 6 日先后 4 次延长了冻结期限。台东区工商局实施上述行为时，均未通知栾某。1992 年 5 月 14 日，栾某向台东区人民法院起诉，要求台东区工商局立即停止侵犯民权行为，赔偿经济损失 7 680 元。台东区工商局辩称：栾某为胶南锅炉配件商店提供银行账户，进行倒卖钢材的投机倒把活动，冻结银行存款是针对栾某的投机倒把行为依法采取的行政强制措施。

（3）为了和客户保持"良好关系"，某银行佛山支行分理处竟不惜以身试法，帮助客户转移已被法院查封的财产。广州铁路运输法院法官在办理一起强制执行案时，在某银行佛山支行分理处的电脑中查明被执行人的账户中有 45 万元。当执行法官准备填写协助冻结存款执行通知书时，就在一转眼间，银行方面便已经帮助客户将款项全部转移，并百般抵赖。结果，自作聪明的银行

不仅要将款项一分不少地转回来，而且还被法院罚款2万元。

思考分析：

1. 案情（1）中的银行行为是否违法？侵犯了储户何种权利？
2. 案情（2）中工商局的冻结行为是否合法？是否侵犯了储户在案情（1）中体现的权利？
3. 案情（3）体现了银行在此类案件中应承担何种法律责任？

分析提示：

以上3个案情都涉及商业银行对存款人的保护，具体的知识点有以下几个：

（1）商业银行的个人银行服务原则；
（2）法律规定有权查询、冻结、扣划银行存款的部门；
（3）商业银行对存款人和其他客户负有的法律责任。

模块3 | 柜员重要物品管理

任务1 会计专用印章管理

一、业务释义

会计专用印章是指银行类金融机构各级行、处、所的会计结算、个人金融、银行卡、住房信贷、国际业务等部门办理本外币会计核算过程中在票据、凭证、报表、函件、证书等凭据上加盖的，由总行统一管理的会计专用印章。

会计专用印章是银行对内对外发生责权关系，具有法律效力的重要依据。

二、主要业务规定

（1）使用会计专用印章的各级机构必须建立印章保管使用登记簿，应详细记载，并由有关人员签章。

（2）业务印章在使用前必须留有印模，办理登记手续，由经办人员在登记簿上签章。

（3）会计专用印章应做到"专人使用，专人保管，专人负责，章证分管"，会计专用印章和与其配套使用的空白重要凭证必须实行分管分用。

（4）各种会计专用印章必须严格按规定的范围使用，不得错用、串用、提前、过期使用或在无真实会计记录的凭证上使用业务印章。

（5）对于超过会计专用印章经管人员处理权限的用印以及特殊业务使用的印章，须经会计主管人员审查并报主管行长（主任）审批同意后，才能加盖印章，并对有关内容进行登记备案，严禁越权使用。

（6）业务人员应妥善保管个人名章，个人名章必须本人使用，不得交他人使用。

（7）会计人员进行岗位调换或临时离岗由他人使用印章时，必须经业务主管或总会计批准，由其监督办理交接手续，交接双方及监交人必须在印章保管使用登记簿上填列有关内容并签章。两班制会计人员在同一营业日使用同一会计专用印章，必须办理交接手续。

（8）非营业时间必须入库或保险箱保管。

（9）会计专用印章如发生丢失，应迅速查明原因，及时逐级上报上级行，并补制新的印章。补制印章的代号应顺序编列，不得与丢失印章号码相同。丢失印章的号码作废，并由上缴人、接收人签章确认。

三、操作活动

印章的种类及使用范围、印章的管理

学习活动 1　印章的主要种类及使用范围（营业网点的）

印章的主要种类及使用范围（营业网点的）如表 1-5 所示。

表 1-5　　　　　　　　　　印章的主要种类及使用范围（营业网点的）

序号	印章名称	使用范围
1	业务公章	用于对外出具存款证明、资信证明书、委托调查报告，签发单位定期存款存单、协议存款证明、余额对账单、借款人欠息通知单、业务电报、挂失回单、止付通知、证实书、假币收缴凭证及其他需要加盖业务公章的重要单证或报表。该印章按营业机构配备，由网点业务主管保管
2	存单（折）专用章	用于对外签发个人存单存折、债券收款单等有价单证和重要单证。该印章按办理个人金融业务的柜员进行配备，通过编号进行区分
3	业务清讫章	用于所有机构、网点办理本外币现金、转账业务时，加盖在现金收付款凭证、现金支票及现金收付款其他凭证、表内、表外转账票据、凭证及回单等上。该印章按照柜员进行配置，通过编号进行区分
4	结算专用章	用于办理票据贴现、转贴现、再贴现业务；发出、收到和办理托收承付、委托收款结算凭证；发出信汇结算凭证及结算业务的查询查复等。该业务印章按办理对公结算的网点配备，由业务主办或业务主管保管
5	受理凭证专用章	用于银行受理客户提交（含本行和他行）而尚未进行转账处理的各种凭证的回单及上门服务凭证等。印章上必须刻有"收妥抵用"字样。该印章按办理相关业务的柜员配备，通过编号进行区分
6	汇票专用章	用于签发全国银行汇票、银行承兑汇票及承兑商业汇票；办理承兑汇票转贴现和再贴现时的背书等。该印章及印模卡片按办理银行汇票的营业网点配备，由业务主办或业务主管保管。印模卡片视同于银行汇票专用章保管
7	辖内往来专用章	用于辖内往来凭证、划转清单、查询查复以及辖内现金调拨等业务凭证。该印章按营业网点进行配备，通过分签号和编号进行区分
8	现金调拨专用章	用于各营业机构与人民银行发行库或与本系统现金业务库办理的现金调拨业务，该印章由业务主管保管
9	转讫章	用于所有机构、网点办理本、外币涉及系统外的转账票据、凭证及回单等支付结算业务。该印章可根据业务需要按柜员进行配置，通过编号进行区分

学习活动 2　印章的管理

1. 刻制

营业网点申请刻制会计专用印章时，必须确保印章上的机构名称与人民银行颁布的《金融机构许可证》批准的机构名称保持一致。

2. 领取

营业网点领取会计专用印章时，实行双人签领制度。

3. 停用、上缴

各种会计专用印章停止使用后，应及时办理停用手续，填列清单连同印章按照管理级次上缴上级会计结算部门，同时要在印章保管使用登记簿上注明停止使用的日期和原因，并由上缴人、接收人签章确认。

同步阅读

图 1-3　部分主要印章样式

任务 2　会计凭证管理

一、业务释义

会计凭证是各项业务和财务活动的原始记录，是办理业务和记账的依据。

二、主要业务规定

（1）网点之间不允许直接调剂空白重要凭证。柜员之间不得擅自调剂空白重要凭证，对交班或确属业务临时需要的，应经主管柜员授权后办理往入往出业务。

（2）非业务人员不得领用、管理空白重要凭证。

（3）各行应严格按照规定用途使用空白重要凭证，不得将空白重要凭证移作他用，在空白重要凭证上不得预先加盖印章备用。属于计算机打印的空白重要凭证未经业务主管授权得擅自手工填制。空白重要凭证只能套打，不得自行打印。

（4）会计凭证传递事后监督后如需要调阅、更换凭证，须经原网点会计主管和事后监督部门负责人批准，并与负责账务的有关人员一同办理。

（5）属于本行签发的空白重要凭证，必须做到"印、押、证"分管分用。填错的空白重要凭证，加盖"作废"标记后作有关科目凭证的附件。打错的银行卡、应剪角或者打洞后纳入废卡管理。

（6）严格按照规定用途使用空白重要凭证，严禁将空白重要凭证移作他用，不准预先在空白重要凭证上加盖印章备用。属于计算机打印的空白重要凭证未经业务主管授权不得擅自手工填制。

（7）凡由银行签发的空白重要凭证，严禁由客户签发使用。

三、学习活动

会计凭证的种类、会计凭证的管理

学习活动 1　会计凭证的种类及使用

会计凭证的种类及使用如表 1-6 所示。

表 1-6   会计凭证的种类及使用

分类标准	种类	内容
业务发生时间	原始凭证	通常为业务发生时，客户所提交的凭证
	记账凭证	根据原始凭证填制，具备记账基本要素的原始凭证，如存单、支票、进账单等既是原始凭证，又可作为记账凭证
形式	单式凭证	一项经济业务发生后，按照应借、应贷账户，分别在两张或两张以上的凭证中填制的凭证，如转账借方凭证、转账贷方凭证等
	复式凭证	一项经济业务发生后，在一张凭证上填制所有的有对转关系的应借、应贷账户，如外汇会计凭证等
用户对象	个人用户凭证	银行对个人用户办理存取款业务时所使用的有关凭证，如存单、存折等
	单位用户凭证	银行对单位用户办理存取款业务时所使用的凭证，如支票、汇票、电汇凭证等
使用范围	基本凭证	根据合法的原始单证或业务事实编制，凭以记账的凭证。如现金收入凭证、现金付出凭证、转账借方凭证、转账贷方凭证等
	特定凭证	根据业务的特殊需要而制定的各种专用凭证，用以代替记账凭证，如委托收款凭证、外汇结汇凭证、信用卡存取款单等
	自用凭证	各商业银行负责设计、印制的各类空白重要凭证或一般凭证，包括各种账表、凭证、资料等
使用对象	出售凭证	各商业银行向客户出售的各类空白重要凭证或一般凭证，如进账单、业务委托书、现金存款凭证等
	空白重要凭证	空白重要凭证是无面额，经银行或单位填写金额并签章后，即具有支付款项功能的空白凭证，如存单、存折、支票、汇票等
管理方式	一般凭证	银行作为记账凭据填用，但不具备支付效力的凭证，如进账单、储蓄存款利息清单、储蓄存取款凭证、表外科目凭证等

学习活动 2   会计凭证的管理

（一）领用

业务部门领用空白重要凭证时，应填写空白重要凭证领用单并加盖预留印鉴，经业务主管人员签章后向保管部门办理领用手续。业务部门应根据本行业务量的大小酌情领用空白重要凭证。原则上，营业网点一次不得领取超过两个月的用量，柜员一次不得领取超过一周的用量。非业务人员不得领用空白重要凭证。

网点柜员领用凭证必须由主管人员审批授权。网点和柜员之间的凭证发放与领用、上缴与收回必须做到逐一清点、当天发放、当天上缴、当天收回。

柜员因工作职能范围变动，或因凭证停用等管理需要，须将未用的空白重用凭证及时上缴网点，不得滞留。

（二）出售

客户购买空白重要凭证，须填制收费凭证并加盖"全部预留"印鉴方可办理手续。购买一般凭证并用现金结算费用的可不加盖预留印鉴。

在出售空白重要凭证时，应验明客户身份，有预留账户密码的，应由客户自行输入账户密码予以认证，及时登记空白重要凭证登记簿并由客户签收认可。

由客户签发的空白重要凭证，应由网点指定柜员出售。严禁将空白重要凭证出售给非银行开户客户。

（三）注销与挂失

客户销户时，应将剩余空白重要凭证全部交回开户银行登记注销，不得短缺，开户银行对客户交回的空白重要凭证应当场切角作废，并填写客户交回未用空白重要凭证清单，一式三份，由双方核点签字。

因客户自行填错等原因而作废的空白重要凭证，应由客户填写空白重要凭证销号申请书，银行凭此注销凭证号码。

各网点业务主管如发现柜员凭证丢失、缺号等现象，应立即进行凭证挂失处理，编制挂失凭证清单，并报上级行。同时要对挂失情况进行认真查处，如过后重新找回，则应及时进行解挂处理；如确属丢失，则应及时按规定的审批程序进行核销处理。

（四）上缴

柜员因工作职能范围变动，或因凭证停用等管理需要，须将未用的空白重要凭证及时上缴网点，不得滞留，主管人员进行监缴。

客户交回和已停用的空白重要凭证应及时出具清单，上缴支行加封入库并妥善保管。网点不得长久保管待销毁凭证；柜员不得保留已停用或客户交回未用的作废凭证。

（五）检查与核对

业务人员每日营业结束后，应对空白重要凭证进行账实核对，并交叉复合，确保账实相符。

业务主管人员每月至少检查一次空白重要凭证的保管情况和领用手续，将库存数量、金额与表外有关账户核对相符，填写查库记录，以备查考。

（六）核算

凭证管理核算包括凭证工本费核算和空白重要凭证核算，执行当天业务当天记账，日清月结制度。工本费按照凭证使用对象不同分别纳入表内相关科目核算。空白重要凭证一律以"一份一元"为记账单位，纳入表外科目，按种类分户进行核算。

任务3 登记簿管理

一、业务释义

登记簿是记录特定业务事项和实物的重要账簿，在会计核算中起辅助作用。

二、主要业务规定

登记簿必须根据真实、合法、有效的内容记载，发现错误要及时按规定方法更正。严禁对账簿上的一切记载涂改、挖补、刀刮、皮擦、使用涂改液销蚀。

三、学习活动

登记簿的种类与使用

学习活动　登记簿的种类与使用

登记簿的种类与使用如表1–7所示。

表 1-7   登记簿的种类与使用

序号	种类		使用范围
1	空白重要凭证登记簿	空白重要凭证登记簿	该登记簿是控制和反映空白重要凭证、柜员权限卡、银行卡空白卡、已打未发卡、没收卡、作废卡及网上银行开户证书及密码的领取、发放、作废等业务事项的明细账簿。用于空白重要凭证管理时，按凭证种类分户设置账簿，适用于空白重要凭证库的各项库房及柜面业务；用于银行卡业务时，按卡片类分户设置账簿；用于网上银行业务时，不需分类设置账簿，可直接用于登记。空白重要凭证及各种空白卡均纳入表外科目核算，以"一份一元"或"一张一元"为记账单位；年度终了按分户将结余凭证的号码和数量或结余空白卡数量结转下年度进行登记，同时将已用空白重要凭证登记簿装订入库保管
		柜员空白重要凭证使用登记簿	该登记簿是记载柜员空白重要凭证的领入、使用、上缴、结存和交接等情况的序时登记簿，是控制空白重要凭证实物的重要账簿。按空白重要凭证的种类分户记载。该登记簿核算的空白重要凭证要按规定限额领用。使用时，要按顺序使用，不得跳号。该登记簿由业务柜员记载、使用、保管。年度终了，装订入库保管
2	印章保管使用登记簿		该登记簿是所有重要业务印章及有关印模的领用、使用、交接、上缴、销毁的序时登记簿，是明确责任的重要账簿。适用于记载已用和备用的所有重要业务印章和有关印模的使用情况。该登记簿要求按专业分别以一级分行、二级分行、支行、分理处、网点（按柜）设立，并按印章分别设户，根据领取或刻制的印章记载本簿。该登记簿由业务主管人员登记并保管
3	挂失登记簿		该登记簿是用来记载目前系统电子登记簿无法记载的挂失申请及处理结果的登记簿。该登记簿适用于各类存款凭证、信用卡、贷记卡（含国际卡）、灵通卡及灵通卡密码的挂失，由受理挂失网点凭挂失止付通知书填写。该登记簿由业务主管人员或指定专人登记、保管，按年度装订入库保管
4	柜员登记簿		该登记簿是记载（代理业务、网上银行）柜员岗位变动及柜员其他相关信息的变化情况，是记载柜员岗位及其他信息的重要账簿。该登记簿按网点设立，按照柜员分页记载，按年结转，装订入库
5	重要物品交接登记簿		该登记簿是序时记载网点已用或未用的各项重要物品的领用、交接、上缴、销毁等情况的登记簿。按网点或重要物品管理部门设立，对领用各项重要物品，如密押器、密押 IC 卡、密码、钥匙、密钥、压数机等的登记、保管、使用、上缴、销毁等情况进行记载，按重要物品种类单页设置登记。该登记簿由业务主管人员保管、使用，按年度装订入库保管
6	凭证（资料）交接登记簿		该登记簿是记载票据、凭证和会计资料交接手续并明确责任的重要账簿。适用于银行内部、银行之间、银企之间所有票据凭证和各种报表、账簿、磁媒体、光盘等交接时记载使用，按业务岗位和交接内容分别设户记载。由凭证资料的交出人记载并保管，根据使用情况按月、季、年装订入库保管
7	开销户登记簿		该登记簿是记载网点的各类账户开户、销户的登记簿，是反映账户管理情况的账簿。根据需要按网点和种类设置，根据业务主管审批的开户、销户通知单记载（不含储蓄）。该登记簿由业务主管指定专人记载、保管
8	差错事故登记簿	差错事故登记簿	该登记簿由营业网点及事后监督部门设置，用于记载事后监督过程中发现的业务柜员差错事故情况。该登记簿以差错事故通知单为登记依据，事后监督部门与营业网点对应的差错记录内容应一致。该登记簿应按事后监督部门岗位设立，事后监督部门由负责监督的事后监督员登记并保管，网点只可设立一本，由负责差错事故处理人员登记并保管。该登记簿按年度结转，装订入库保管
		ATM 差错登记簿	该登记簿用于记载网点 ATM 业务差错及处理结果。对已经建立电子档案记录事后监督查询、事故情况、处理情况的分行，可以不重复登记

续表

序号	种类	使用范围
9	协助有权机关查询、冻结、扣划登记簿	该登记簿按网点设置，是序时记载银行协助有权机关查询、冻结、扣划、解冻企事业单位、机关、团体及个人存款或其他代保管物品情况的登记簿，是事后查阅和填报有关报表的重要账簿。办理查询、冻结、扣划款项时，要根据有权机关工作人员出示的身份证、工作证或执行公务证和县（含）以上有关部门的正式公函及查询、冻结、扣划、解冻、存款通知书的内容，由网点负责人对登记簿进行准确记载。此登记簿是为协助有权机关进行相关业务处理的专用登记簿，由业务主管或指定专人负责记载、保管、使用，按年度结转，会同相应法律文书及正式公函等一并装订入库保管
10	人员交接登记簿	该登记簿是记载管理人员或业务人员因工作调动或其他原因离岗时，为明确责任和衔接工作所办理的交接事项和内容的记录。对业务人员短期离岗只须做印章交接的，交接情况只记载印章保管使用登记簿，不需记载此登记簿。该登记簿由移交人登记，由业务主管人员保管。年度终了，再换新簿，旧簿装订入库保管
11	检查人员工作记录	该登记簿是用于各级检查人员对网点的日常监督检查、查库的内容、问题及处理情况的详细记录。该记录由检查人员登记，由网点负责人保管，按年度装订入库保管
12	工作日志	工作日志是记载网点日常工作中重要事项的记录，按网点设立，用于记载网点处理营业过程中发生的重要业务处理备忘、重大事项或其他需要记载的重要内容。该日志由网点值班人员逐日据实记载，按年度装订入库保管
13	现金库存明细登记簿	该登记簿是记载库房库存现金完整券、未整券、残破券明细情况的登记簿。该登记簿按网点设立，记载网点营业终了库存现金明细，登记簿余额应与该网点库存现金科目余额一致。该登记簿为出纳库房使用，由管库员登记保管，按年度装订入库保管

任务4　会计档案管理

一、业务释义

会计档案是银行各项业务活动的会计记录，也是银行的重要史料和证据，包括会计凭证、会计账簿、财务会计报告和其他应当保存的会计资料。

二、主要业务规定

会计档案的交接、调阅、移交等环节应严格按规定手续办理，凡经手人员均应签章，以明确责任。

（1）原始凭证、票据、合同等具有法律效力的资料应保存纸质档案。各营业网点只能按规定受理本行开户客户、检查部门、司法部门查阅或调阅本行账户情况的请求，不得受理查询他行有关会计事项的查询。

（2）网点的业务主管人员每年对会计档案的管理情况至少进行一次全面检查。重点检查会计档案的保管，调阅手续是否完备，档案保管是否完整，账实是否相符，保管的条件是否符合要求。

（3）会计档案一律不准外借，严防丢失和泄密。

三、学习活动

会计档案的管理

学习活动　会计档案的管理

（一）整理归档

（1）每日营业终了，各营业网点应以柜员为单位对业务处理完毕的会计凭证进行行编号，按照规定的排序要求进行整理，如表1-8所示。

表 1-8	会计档案的整理归档
分类	**内容及排列顺序**
会计凭证	会计凭表应按网点轧账单、网点现金科目日结单、网点柜员轧账单顺序排列，其中柜员轧账单按柜员号大小排列。在柜员轧账单后按照柜员现金科目日结单、现金借/贷、转账、复式凭证、表外借/贷、其他类型的顺序分类排列，附件须加盖附件章，紧随各自的主件。柜员统计的凭证主、附件张数必须与实物相符
会计报表	（1）按日、月、季、年形成的会计账簿、报表，于办完月结、半年报和年终决算后 10 日内，按规定分保管期限整理装订 （2）汇总报表应单独装订。有关报表附件，一律装订在对外、对内报表合订册的最后

（2）整理后凭证送往事后监督部门，办理交接登记手续后，进行监督处理，由会计档案缩微管理。

（3）未实行会计档案缩微的网点，业务监督完毕后，由事后监督人员装订成册返回网点，由网点入库保管。

（二）保管

（1）营业网点对会计档案应建立会计档案保管登记簿，指定专人负责管理。

（2）电子档案与纸质档案应分开保管。

（3）会计档案保管期分为永久保管和定期保管两类。当年形成的会计档案，在会计年度终了后，从第 2 年 1 月 1 日起，暂由会计部门保管 1 年，期满后由本行会计档案管理部门统一保管。

（4）档案的保管形式可以是纸介质、磁介质、光盘、缩微胶片等，一般的保管形式是纸介质。

（5）会计档案的种类及保管期。会计档案的保管期限分为限期保管和永久保管。限期保管分为 1 个月、3 年、5 年、10 年、15 年等几个档次，如表 1-9 所示。

表 1-9		会计档案的种类及保管期
序号	**保管期**	**会计档案的种类（涉及网点部分）**
1	永久保管	（1）机构变动交接清册；（2）有权机关查询、冻结及扣划书；（3）账销案存记录；（4）客户挂失申请书、挂失登记簿及补发凭单收据；（5）会计档案保管登记簿；（6）机构裁撤合并分设交接清册；（7）存贷款开销户登记簿（含储蓄、银行卡）；（8）久悬未取转收益清单及转收益的预留印鉴；（9）各级行认为需要永久保管的其他会计档案和资料；（10）系统升级切换的测试资料及数据移行档案；（11）数据的变更申请及相关资料
2	保管 15 年	（1）会计凭证及附件（含单独装订的凭证附件，开销户申请书，冲账、删账、积数和利率调整通知书等）；（2）总账及账、簿、卡等明细核算资料；（3）重要单证和重要印章的领发、保管和缴销记录；（4）会计人员及会计档案移交清册
3	保管 5 年	（1）密押表的使用、保管记录；（2）对账回单
4	保管 3 年	（1）各级行日计表；（2）计算机应用系统运行日志；（3）流水账；（4）不定期报表；（5）查询查复电函；（6）手工辖内往来报告表及往来卡片账；（7）已缩档的纸质凭证
5	其他	（1）电子档案的保管年限与纸质会计档案相同；（2）同一介质上有不同保管期限会计档案，应按最长期限保管。同一会计档案采用不同介质保存的，至少应有一种介质的会计档案满足保管期限的要求

（三）查阅

内部和外部查阅会计档案，营业网点应指定专人负责，经会计主管人员和档案管理部门负责人批准后办理。实行会计档案缩微的网点要在缩微部门预留会计主管人员签字。

1. 内部查阅

内部查阅时，应由调阅人提出申请，经会计主管人员和档案管理部门负责人批准，并指定档案管理人员协同查阅，但不得调离银行查阅。

2. 外部查阅

（1）公安机关、司法机关、检察机关和有关单位在处理案件或特殊需要查阅会计档案时，必须持县（含）以上主管部门正式公文，有权机关根据需要可以抄录、复制、照相，但不得带走原件。

（2）开户单位对自身的账务有疑问需要查询银行会计档案的，该单位须凭对账单及盖有预留印鉴的公函，经行长或会计主管人员批准，并应有专人负责陪同查阅，不得将档案交给查阅人放任不管。

任务5　权限卡管理

一、业务释义

权限卡是指业务人员在办理业务时所必须持有的，表明和控制其业务处理权限范围的磁卡。权限卡是实行会计业务处理"事权划分、事中控制"的重要手段之一。

二、主要业务规定

（1）已签发或正在使用的权限卡由持卡人自行随身携带或入柜保管，自负其责，严禁随意摆放或转交他人保管使用。严禁出现一人多卡及串用、混用权限卡的情况。

（2）柜员离岗，应将计算机画面退至初始状态，做到人在卡在，离柜收妥。

（3）权限卡丢失未及时报告，后果由持卡人承担。权限卡必须与密码配套使用。密码不应以本人及近亲生日或其他较易破译的数字设置。输入密码必须注意保密，其他人员要自觉回避。权限卡密码有效天数的设置不得超过15天。

（4）已签发启用的权限卡以及权限卡信息变动均须在柜员登记簿上登记。

（5）业务人员调动工作时，如仍从事相应工作且调动范围在其权限卡签发行的管辖范围内，由人事部门对权限卡的内容做相应调整；如调动范围在其权限卡签发行的管辖范围外，则要交回权限卡。

（6）因人员变动、临时离岗、学习休假、岗位变动等原因引起的暂时离岗3天以上情况，要于变动当日在业务人员信息调整申请表中填明原因，经业务主管批准，权限卡改为待启用状态，双人签封后，统一入库保管。

（7）丢失后又找回的权限卡视同作废的权限卡处理。

三、学习活动

权限卡的管理

学习活动　权限卡的管理

（一）领用

营业网点为符合上岗条件的业务人员领取权限卡时，应填写业务人员权限卡申请表，并经网点业务主管审核盖章后由本人交会计部门对本级持申请人的资格条件进行初审，人事部门对持卡人的资格条件以及业务人员申请信息的真实性及岗位设置的合理性进行复审后签发权限卡。

（二）启用

（1）业务人员首次使用权限卡时或权限卡处于待启用状态时，由会计结算部门负责人在计算机上为其启用权限卡，设定初始密码。

（2）因岗位的变动、撤并网点等原因引起的权限卡补发启用，由业务人员在业务人员信息调整申请表中申请重新启用，该柜员持申请表领回权限卡后交业务部门负责人为其办理启用手续。

（三）密码重置

权限卡启用后，业务人员必须及时修改和重新设置自己的密码，方可进行正常的各项业务操作。

（四）补发

对于丢失的权限卡，持卡人应立即与人事部门和会计结算部门联系，及时报告情况，人事部门应按权限卡的办理程序重新为持卡人申请办理补发新卡。

任务 6 其他重要物品管理

一、业务释义

重要物品是指各类票样、票据鉴别办法、代本行有关业务部门保管的买入贴现（转贴现）票据、抵质押权证（房信、法人、消费信贷）及其他贵重物品和代客户保管的贵重物品。除票样外，所有重要物品均应封包入库保管。

二、主要业务规定

保管重要物品的网点必须建立《重要物品交接登记簿》，其领用、使用、上缴都必须在该登记簿上详细记载，并由有关人员签章。《重要物品交接登记簿》由会计主管人员记录和保管。

三、学习活动

内部重要物品管理、代客户保管的重要物品管理

学习活动 1 内部重要物品管理

重要物品管理应坚持"专人保管、专人负责"的原则。由委托保管部门双人封包并签章后，入出纳金库或代保管库进行保管。

学习活动 2 代客户保管的重要物品管理

代客户保管的重要物品可按保管箱业务章程办理。保管箱业务是银行接受客户申请，按照业务章程和协议条款以出租保管箱的形式代客户保管除违禁品以外的各类物品的一项中间业务。

📗 同步思考

银行柜员违反印章管理"助人为乐"的思考

案情介绍：

某银行柜台工作人员杨某利用其在某农业银行营业所工作之便，偷盖有效印章，为朋友万某出具了一张金额为 20 万元的定期 1 年的存单，用于抵押贷款。万某用此存款单作抵押，在银行贷款 15 万元，贷款到期后，万某没有归还，造成银行损失。

思考分析：

请从职业道德、柜台风险等多角度谈谈你对此案例的思考和看法。

模块 4 | 项目强化训练

一、判断题

1. 国家安全机关有权查询、冻结与扣划单位与个人的存款。   （   ）

2. 已被冻结的存款，其他执行机关要求再行冻结的，须征求原冻结机关意见后，再做相应处理与协助。　　　　　　　　　　　　　　　　　　　　　　　（　　）

3. 账页记载错误无法更改的，须经会计主管人员同意盖章后才能撕毁。　（　　）

4. 检查出纳库房库箱时，被查人员须陪同在场，提供账簿资料但不得参加查库。（　　）

5. 具有查询、冻结权力的机关有人民法院 、海关和审计机关。　　　　（　　）

6. 会计人员对客户类账户进行抹账处理时，只能对银行员工操作失误的进行抹账，不允许应客户要求进行抹账。　　　　　　　　　　　　　　　　　　　　　　（　　）

7. 重要单证在未使用前，不得事先加盖业务公章和私人名章。　　　　（　　）

8. 重要空白凭证的管理要贯彻印证分管的原则，施行专人负责管理。　（　　）

9. 库存现金发生差错，要核对账款、及时查找、及时上报，并填报错款报告单，不准以长补短，长款不报以贪污论，短款自补不报以违反制度论。　　　　　　　　（　　）

10. 商业银行协助扣划存款时，有权机关无权要求提取现金。　　　　（　　）

二、单项选择题

1. 以下不属于会计业务中的重要业务印章为（　　　）。

　　A. 储蓄业务专用章　　B. 签证章　　　　　C. 票据清算章　　D. 现金清讫章

2. 临时存款账户的有效期最长不得超过（　　　）年。

　　A. 半　　　　　　　　B. 1　　　　　　　　C. 2　　　　　　D. 3

3. 隔年错账处理规定正确的是（　　　）。

　　A. 本年错账以反方向红字冲正，上年错账以同方向蓝字冲正

　　B. 本年错账以同方向蓝字冲正，上年错账以反方向红字冲正

　　C. 本年错账以反方向蓝字冲正，上年错账以同方向红字冲正

　　D. 本年错账以同方向红字冲正，上年错账以反方向蓝字冲正

4. 全过程风险控制不包括下列（　　　）项。

　　A. 分工控制　　　　　B. 授权控制　　　　C. 保障控制　　　D. 操作控制

5. 重要空白凭证作废时，应由凭证经管人员切去（　　　）角，并在凭证明显处加盖"作废"戳记。

　　A. 右上　　　　　　　B. 右下　　　　　　C. 左上　　　　　D. 左下

6. 冻结单位存款的最长期限不超过（　　　）。

　　A. 3个月　　　　　　B. 6个月　　　　　　C. 1年　　　　　D. 无期限

7. 以下无权扣划单位和个人的存款的为（　　　）。

　　A. 人民法院　　　　　B. 税务机关　　　　C. 海关　　　　　D. 人民检察院

8. 下列属于前台临柜柜员岗位职责的是 （　　　）。

　　A. 掌管监控设施和特殊业务授权　　　　　B. 编制营业日、月、季报告

　　C. 核对当班收入现金和结存重要凭证　　　D. 稽核前一天会计业务凭证

9. 储蓄业务终了，当日所有业务凭证均在（　　　）由事后稽核员进行全面复核。

　　A. 当日　　　　　　　B. 次日　　　　　　C. 3日内　　　　D. 本周内

10. 各种业务印章使用人员临时离开岗位时，应将业务印章和个人名章（　　　）。

　　A. 随身携带　　　　　　　　　　　　　　B. 交与内勤主任临时保管

　　C. 他人代管　　　　　　　　　　　　　　D. 人离章收

11. （　　　）是明确银行对内对外权责关系的重要依据。

　　A. 储蓄专用章　　　　B. 会计专用章　　　C. 业务公章　　　D. 贷款专用章

12. 发生故障不能正常打印存折时，由（　　）手工补登存折，并由（　　）签章确认。
    A. 经办员本人；经办员本人
    B. 经办员本人；经办员与审核人员双人
    C. 经办员以外的柜员；经办员以外的柜员与审核人员双人
    D. 经办员以外的柜员；经办员以外的柜员

13. 柜员在其授权范围内，可以办理多币种、多种类的各项会计业务，承担相应经济责任的一种劳动组合形式是（　　）。
    A. 双人临柜制　　B. 单柜员制　　C. 储蓄柜员制　　D. 综合柜员制

14. 柜员办理一笔现金收入业务，应使用（　　）。
    A. 结算专用章　　B. 现金付讫章　　C. 现金收讫章　　D. 票据清算专用章

15. 现金短款以个人赔付为主，现金长款（　　）。
    A. 归个人所有　　B. 归银行所有　　C. 抵销现金短款　　D. 归人民银行

三、多项选择题

1. 以下有权查询单位存款，但无权查询个人存款的为（　　）。
    A. 监狱　　　　　　　　　　B. 工商行政管理机关
    C. 证券监督管理机关　　　　D. 走私犯罪侦查机关

2. 作为重要凭证进行管理和使用的凭证有（　　）。
    A. 活期存折　　B. 定期储蓄存单　　C. 利息清单　　D. 存款凭条

3. 下列关于商业银行印章管理说法正确的是（　　）。
    A. 人在章在、人走章锁　　　B. 托人代管、托人签章
    C. 业务印章、名章加盖清晰　　D. 可以超用途使用

4. 以下（　　）是储蓄业务中需要实时复核的业务。
    A. 超限额的存取款交易　　　B. 挂失解挂
    C. 信用卡存取业务　　　　　D. 定期开户

5. 以下（　　）属于重要空白凭证。
    A. 定期存单　　B. 支票　　C. 国库券　　D. 定额存单

6. 重要单证在使用时应符合下列要求（　　）。
    A. 重要单证在使用前必须进行清点，清点方法可以是卡大数点尾数
    B. 每班使用重要单证时，必须顺号使用，不得跳号使用
    C. 任何部门和个人不得以任何名义挪用重要单证
    D. 重要单证一般不得作教学实习或练习使用

7. 空白重要凭证的数量应该严格控制，其控制的量一般是（　　）。
    A. 每个网点按 2 个月的使用量　　B. 每个网点按半年的使用量
    C. 每个柜员按 1 周的使用量　　　D. 每个柜员按 15 天的使用量

8. 有下列（　　）情况的，可以申请开立个人结算账户。
    A. 适用支票、信用卡等信用支付工具的
    B. 办理汇兑、定期借记、定期贷记、借记卡等结算业务的
    C. 自然人可根据需要申请开立个人结算存款账户
    D. 自然人可以在已开立的储蓄账户中选择并向开户银行申请确认为个人结算存款账户

9. 下列执法机关有权查询单位和个人存款的为（　　）。
    A. 人民政府　　B. 公证机关　　C. 海关　　D. 人民法院

10. 对作废的重要空白凭证操作正确的是（　　　　）。

    A. 不得损毁　　　　　　B. 剪角　　　　　　C. 加盖作废章　　D. 专夹保管

四、简答题

1. 简述综合柜员制的优点及其主要风险所在。

2. 综合柜员岗的风险防范措施有哪些？

3. 单位结算账户的种类及各自含义。

4. 如何妥善使用和管理空白重要凭证？

5. 如何妥善使用和保管权限卡？

五、案例分析

农行某支行行长挪用公款炒股、购买彩票

案情梗概

2004 年 1 月至 2005 年 11 月，王××利用担任农行某支行行长职务的便利条件，伙同支行汽车信贷部经理李×指使员工违规编造虚假存单、虚增存款、挪用汽车贷款保证金等手段作案，涉及金额 5 179 万元，用于炒股、购买彩票等。王××、李×已于 2005 年 12 月 2 日被移送司法机关追究刑事责任。根据《中国农业银行员工违反规章制度处理暂行办法》和"四个一律"的规定，给予王××、李×开除处分。

该支行计财信息部经理刘××在发现王××擅自从柜员现金箱拿走 17 万元之后，不抵制，也不向上级行报告，还按照王××的指令，指示柜员虚增存款 8 笔，共 293.68 万元；支行计财信息部坐班主任王×、计财信息部员工毛×、石×在知道王××从柜员现金箱拿款的事后，不抵制、不报告；计财信息部柜员李×，按照王××和刘××授意，空库 77 万元；虚增存款 18 万元。根据《中国农业银行员工违反规章制度处理暂行办法》和"四个一律"的规定，分别给予刘、王、石、毛、李等开除处分。同时对在此案中负有责任的其他有关领导、相关责任人员 33 人也进行了责任追究。

思考分析：

请根据以上案情分别从银行柜台岗位各级人员道德、责任及制度建设、执行等方面对柜台岗位的风险进行分析，并从一名柜员的角度对如何防范柜台风险发表自己的见解。

项目2
柜台服务及柜员技能

学习目标

商业银行前台柜员服务水平和业务技能是加强临柜员工职业道德建设，规范员工工作行为，提高员工整体素质和服务水平的重要内容和环节。通过本项目的学习，学生能够较好地熟悉和掌握以下内容：

（1）银行柜面服务礼仪，涉及服务形象、服务语言及服务纪律；

（2）银行柜面服务的技能技巧；

（3）数字书写规范；

（4）人民币鉴别技能。

知识导入

一、业务释义

服务是指服务行业人员从事的劳动，即服务是指服务主体（服务人员）为直接满足服务客体（客户）的需求，通过一定的方式、方法和手段而进行的劳动。

服务的基本特征如下。

（1）服务是一种无形的劳动，不生产有形产品，具有不可储藏性。

（2）实施过程和消费过程同时进行，服务的生产和消费具有不可分离性。

（3）服务能直接满足客户的某种需求，没有中间转换环节，因此，每一项服务工作、每一个服务过程都必须达到服务质量要求，才能实现客户满意。

银行客户服务原则——以客户为中心。

二、银行客户服务理念

（1）客户永远是对的。

（2）我们永远不说："不"。

（3）100-1=0。

（4）1 = 353。

三、优质文明服务

1. 柜面人员实现优质服务的主要途径

（1）提高自身业务素质是实现优质服务的基础和前提；

（2）树立良好的职业道德观念是实现优质服务的关键；

（3）掌握服务理论、服务方法、服务技巧是实现优质服务的保证。

2. "站立服务"和"微笑服务"

实行站立服务和微笑服务是商业银行为实现优质服务对柜面员工提出的具体工作要求。

（1）站立服务是指站立迎接客户和站立送别客户。站立的姿态要符合礼仪要求。通过站立服务体现银行员工对客户的尊重，反映银行员工良好的精神风貌。站立服务的频率要根据柜台高度和业务繁忙程度灵活掌握。

（2）微笑服务是指员工在接待客户时对客户表现出自然的、亲切的、友好的面部表情。微笑是相对于"冷面孔"而言的，并非一定让客户明显感觉到你在"笑"。通过微笑服务让客户感受到银行员工的亲切、友好，从而与银行员工自然地进行情感沟通，奠定服务营销的基础。

四、银行职员职业道德

（1）忠于职守、爱岗敬业。柜面人员要具有强烈的工作责任心，爱行爱岗、兢兢业业，严格执行相关操作规程，塑造银行良好的企业形象。

（2）精诚合作、密切配合。柜面人员要牢固树立全局观念和整体意识，服从大局，密切配合相关部门及人员的工作，为银行的业务发展勇于奉献。

（3）诚信亲和、尊重客户。讲信用守承诺，对客户的合法权益要高度负责，树立客户至上、信用第一的服务意识，提高职业技能，提高工作效率；要讲究服务艺术，提高服务质量。

（4）求真务实、不断创新。柜面人员要以求真务实的精神，扎扎实实地开展工作，改进服务手段，开展服务创新，实现一流服务。

模块 1 | 银行柜员服务规范

任务 1 　银行柜员服务礼仪规范

一、业务释义

银行柜员服务礼仪是指在银行柜台业务活动中进行的，带有金融行业特点的行为、语言及交往礼节。

二、学习活动

营业场所与设施要求、职业形象、语言及禁语、电话礼仪、服务纪律

学习活动 1 　营业场所和设施要求

（1）讲究环境卫生。地面、柜面、桌面、玻璃要整洁、明亮，营业设施要美观庄重、整齐排列，洁净舒适、方便客户，并逐步达到规范化。

（2）营业场所之外，必须悬挂：银行行名、行徽（储蓄所悬挂储新徽）、营业单位名称、对外营业时间牌。

（3）办理业务的提示性标志要明显，文字要规范、易于辨认。

（4）营业场所内要设置日历牌、业务标志牌、安民告示牌、利率牌、业务品种牌以及便于监督的意见簿（箱）。

（5）营业场所内配备必要的服务用品用具，如桌椅、沙发、笔墨、点验钞机、老花镜等。

（6）营业场所内外的宣传栏（牌）设置要规范，内容要准确，装潢要美观，要适时更换。

学习活动 2 　职业形象

（一）仪容

1．干净整洁

（1）坚持洗澡、洗头、洗脸。

（2）注意修饰体表毛发：没有特殊的宗教信仰和民族习惯，男士不要蓄胡须，要养成每日剃须的习惯，以保持面部的清洁；鼻毛和耳毛要适时地加以修剪；女士要注意修饰腋毛、腿毛、手部的汗毛等，作为职业妇女，尤其要注意。

（3）保持手部卫生：每个人的手是与外界接触最多的一个部位，它最容易沾染脏东西，所以必须要勤洗手，还要经常修剪手指甲，手指甲的长度以不长过手指指尖为宜。

（4）注意口腔卫生：口腔要做到无异味，无异物。

（5）服务号牌规范佩戴。柜面人员上岗必须规范佩戴或摆放统一的服务标志牌，根据业务需要设立的大堂经理（或大厅值班、咨询人员）须佩戴明显标志。

2．头发

男员工不留长发，不剃光头，不蓄胡须，发型轮廓要分明；女员工可留各式短发，发型自然，留长发应束起盘于脑后，佩戴发饰，若有刘海应保持在眉毛上方。

（二）服饰

统一着装，保持整洁。营业网点柜面人员要统一着装并做到以下几点。

（1）保持服装、鞋袜的洁净得体和整齐。

（2）衣、裤口袋尽量不装物品，以免变形，影响美观。

（3）男士西服与衬衫要相配，内衣尽量单薄，系好领带；应穿深色皮鞋，不允许穿拖鞋，鞋面一定要整洁光亮，着深色袜子。

（4）女士着装要避免过分杂乱、过分鲜艳、过分暴露、过分透视、过分短小、过分紧身；不得佩戴过多或过于耀眼的饰物，每只手最多只能戴一枚戒指，饰物设计要简单；不得浓妆艳抹，不涂有色指甲油；应穿黑色或白色皮鞋，袜子应与制服颜色相称，避免露出袜口。

（三）仪态礼仪

1. 站姿

头正：头要端正直颈，两眼平视前方，嘴微闭，下颌微向后收；表情自然，稍带微笑。

肩平：两肩平正，微微放松，稍向后下沉。

臂垂：两肩平整，两臂自然下垂，手指自然弯曲；中指对准裤缝。

躯挺：胸部挺起，腹部往里收，腰部正直，臀部向内向上收紧。

腿并：两腿立直并贴紧，膝盖放松，大腿稍收紧上提；身体重心在脚掌前部，身体重心应尽量提高。女子站立时，脚应成"V"字形，脚跟靠拢，膝和脚后跟应靠紧；两脚尖夹角呈45°～60°。

2. 坐姿

坐姿——文雅、端庄、稳重、大方。

挺直上身，头部端正，目视前方或交谈对象。两手自然放在双膝上或椅子扶手上，正坐时，双手应掌心向下，叠放在大腿上，也可以一左一右扶住座位两侧的扶手；侧坐时，双手叠放或相握，放在身体侧向的那条大腿上。在一般情况下，不要靠座位的背部，只有无人在场，个人休息时，才可以这样做。

临柜受理业务时，手臂可自然放在柜台上，但不准趴在柜台上。

3. 走姿

走姿——从容、稳直、轻盈。

（1）规范的走姿

① 头正肩平。

② 步位直、步幅适当、步速平稳。

（2）禁忌的走姿。

① 方向不定。在行走时，方向不明确，忽左忽右。

② 瞻前顾后。行走时，左顾右盼，反复回头注视身后及身体乱晃不止（给人轻浮，缺少教养之感）。

③ 速度多变。行走时，忽快忽慢，或突然快步奔跑，或突然止步不前。

④ 声响过大。在行走时，用力过猛，脚步声太响，影响别人。

⑤ 八字步态。在行走时，两脚脚尖向内侧伸是内八字，两脚脚尖向外侧伸是外八字，这两种步态都不雅。

同步训练

站姿、坐姿和蹲姿项目训练

实训目标

该项目训练帮助学生掌握站姿、坐姿和蹲姿的基本概念和不同场合下的站姿、坐姿和蹲姿，并纠正一些不良的站姿、坐姿和蹲姿。

实训内容

（1）站姿：抬头，目视前方，挺胸直腰，肩平，双壁自然下垂，收腹，双腿并拢直立，脚尖分呈"V"字形，身体重心放到两脚中间；也可两脚分开，比肩略窄，双手合起，放在腹前或背后。

（2）坐姿：男性一般从椅子的左侧入座，紧靠椅背，挺直端正，双手舒展或轻握于膝盖上，双脚平行，间隔一个拳头的距离，大腿与小腿呈90°角。

（3）蹲姿：一脚在前，一脚在后，两腿向下蹲，前脚全着地，小腿基本垂直于地面，后脚脚跟提起，脚掌着地，臀部向下，就如拾起地上的钥匙。

安排学员进行相关仪态规范的训练，详细说明柜员站姿、坐姿和蹲姿训练中应注意的事项。

实训要求

（1）要求教师帮助学员熟悉柜员的仪态礼仪规范。

（2）要求学员利用平时节假日自觉训练相关仪态。

实训步骤

（1）熟悉站姿训练的基本规范。

（2）熟悉坐姿训练的基本规范。

（3）熟悉蹲姿训练的基本规范。

教学建议

可分组进行基础训练，由教师随机抽出每组中的1~2位学员，各组间进行交互式对抗演练评比打分，以参加对抗演练学员的成绩作为小组的综合成绩。

学习活动3 语言及禁语

（一）文明用语

银行员工在工作和公共场合中经常使用的文明用语：请！您好！欢迎（您）光临！请稍等！对不起！请提意见！谢谢！欢迎再来！再见！

见面称呼时，"姓名"加"同志"或"职务"加"同志"。

一般来说，不管目的是什么，只要劳驾客户，都要在语言前面加个"请"字；不管什么原因，凡是没有满足客户要求都要在语言前面加上"对不起"；不管目的如何，只要客户满足了员工提出的要求都要说一声"谢谢"。

（二）柜员礼仪服务用语

（1）库包未到，请您稍等。

（2）请您到×号柜台办理。

（3）请您用钢笔填写凭条。

（4）您的凭条×项填写有误，请重填一张。

（5）您的现金有误，请重新点一下好吗？

（6）请您慢慢回想密码，不要着急。

（7）请出示您的身份证、户口簿。谢谢您的合作。

（8）××同志，请收好您的现金或存折。

（9）请稍等，我马上重新给您计算一下利息。

（10）对不起，现在机器有故障，请稍等。

（三）禁语

1. 储户询问利率时

禁止说：墙上贴着呢，你不会看吗？不是告诉你了吗，怎么还不明白。有完没完。

2．办理储蓄业务时

禁止说：存不存，要存（取）快点。钱太乱，整好再存。哎，喊你没听见。没零钱，自己换去。

3．客户刚办理存、取款业务，又要求取、存钱时

禁止说：刚存（取）怎么又取钱。以后想好了再存（取）。净找麻烦。

4．客户办理提前支取时，存单与身份证姓名不一致时

禁止说：你自己写错了怨谁。

5．储户对利息提出疑问时

禁止说：利息是计算机计算出来的，还能错。银行还能坑你吗？不信，找人去算。

6．业务忙时

禁止说：急什么，看不见我正忙着。

7．临近下班时

禁止说：结账了，不办了。怎么不早点来。

8．机器（线路）出现故障时

禁止说：我有什么办法，又不是我让它坏的。我也不知道什么时间能修好。到别的所去取钱吧。明天再来吧。

学习活动4 电话礼仪

要正确、有效地使用电话，应该做到亲切文明、简洁准确。打电话时，虽然相互看不见，但是闻其声可知其人。因此，通话时一定要客气礼貌，坚持用"您好"开头，"请"字在其中，"谢谢""不客气"结尾，嗓音要清晰，音量要适中，语速要恰当，通过声音在对方心里树立良好的形象。打电话是为了争取时间，提高信息交流的效率，因此交谈时应力求达意简洁，语言清晰准确，以避免误听。

（1）重要的第一声。

（2）清晰明朗的声音。

打电话过程中绝对不能吸烟、喝茶、吃零食，即使是懒散的姿势对方也能够"听"得出来。如果你打电话的时候，躺在椅子上，对方听你的声音就是懒散的，无精打采的；若坐姿端正，所发出的声音也会亲切悦耳，充满活力。因此打电话时，即使看不见对方，也要当作对方就在眼前，尽可能注意自己的姿势。

（3）迅速准确地接听。

（4）挂电话前的礼貌。

挂电话前为避免错误，应该重复一次电话中的重要事项，再次明确目的之后，向对方说谢谢、再见之类的礼貌语言。为了能给对方留下好的印象，千万不要忽略最后的礼貌。另外，我们要等到对方挂下电话后，再放下话筒，放话筒时，一定要轻轻放下，这既是对对方的一种礼貌，也是为了爱护电话和不致影响其他人员工作。

（5）做好电话咨询的方法。

除了电话礼貌用语以外，对客户打来的业务电话，应该用简洁、准确、通俗的语言回答客户，让客户抓住要点。切忌不能随便使用银行的一些术语，让人莫名其妙；也不要故弄玄虚，让客户摸不着头脑。这就要求从事这项业务的银行员工，既要有熟练的银行业务知识，还要有一定的语言表达能力和服务技巧。

（6）迟到、请假由自己打电话。

（7）外出办事，随时同单位联系。

（8）早晨外出办事应通知单位领导。

（9）同事家中电话不要轻易告诉别人。

学习活动 5　服务纪律

（1）遵守法纪保守秘密。不准违反国家法律、法规及有关金融规章制度，要替客户保守秘密，维护客户权益。

（2）对外服务准时满点。严格按照对外公示的时间营业，未经批准不得中途或提前停止营业。

营业期间因故离柜而中断服务，必须摆放"暂停服务"柜台指示牌，向客户明示并引导客户在其他柜台办理业务，以防客户在无人柜台前等待。

（3）听取意见虚心谦和。接受客户批评和听取意见时，要表示感谢，不要争辩。自己解决不了的，要请示领导解答处理；在工作中受到委屈时要顾全大局，谦和礼让求得理解，禁止与客户争吵。

（4）利用间隙，柜员轧账。柜员轧账必须在柜台无客户情况下进行，严禁出现柜员为轧账或处理内部事务，而随意摆放暂停服务牌停办业务的现象，特殊情况必须征得网点负责人的同意。

（5）点验现金不离视线。点验现金应在客户视线及监控设备范围内进行。现金离柜前必须提醒客户在柜台前清点，避免发生纠纷。

（6）发现差错及时说明。当出现客户交款差错时，应将现金全部交还客户请其清点，长款立即退还客户，短款应主动帮助客户查找现金不足的原因。

（7）遗失物品主动归还。发现客户遗失物品，应主动当面归还，若不能当面归还，应妥善保管并积极与客户联系，将物品归还客户。

（8）办理业务客户优先。柜面服务应坚持"先外后内、先急后缓"的原则，办理业务时如有电话打来，必须办完业务后再接电话，缩短客户等候时间；如有特殊情况必须先接电话的，须征得客户的同意；接听、拨打电话要长话短说、言简意赅，私人电话不超过2分钟。

（9）工作时间不涉他务。柜面人员岗前不得饮酒，当班不得吸烟。营业时间不准擅自离岗、串岗、聊天、大声喧哗或从事与工作无关的事务。

（10）不准以任何方式和借口怠慢、顶撞、刁难、打骂客户。不得利用工作之便为单位和个人谋取不正当利益。

同步阅读

银行柜台服务规范新规与现状

中国银行业协会的《中国银行业柜台服务规范》正在按照要求紧锣密鼓地做提升网点柜台服务准备，市民不久便会体验到全新的柜台服务。下面是新规和现状的大比拼，让我们来看看实施新规后的不同。

现状1：一些市民到银行柜台办业务时，偶尔会遇到工作人员一只手接存折，另一只手在操作电脑鼠标或键盘，或者是工作人员在清点完钞票以后，直接将其从里面甩到防弹玻璃外面。

新规：交接钞、单、卡、折或有关证件时，要双手自然交接，还要给予必要的提示，对需要帮助的客户指导填单；点验现金应在客户视线及监控设备范围内进行；发现假币时，应向客户说明判定为假币的依据，按规定履行假币没收手续。

现状2：一些老年市民到银行柜台办业务时，由于各种单据上面的字号较小，再加上视力又不好，往往要请旁人帮忙。

新规：营业网点要合理配置客户服务设施及无障碍设施，可提供点（验）钞设备、书写用具、老花镜、等候座椅、防滑垫等服务设施；要提供书写整齐规范的单据填写范例，还要在网点醒目位置放置意见（评价）簿。

现状3：许多市民以前在银行办业务时，都遇到过这样的情况——客户在窗口前排着长队等候办业务，窗口里面的工作人员突然说，这个窗口要轧账了，请到另外的窗口去办理。

新规：柜员轧账须在柜台无客户情况下进行，不应出现柜员为轧账或处理内部事务而随意停办业务现象，特殊情况须征得网点负责人的同意；在营业期间，柜员因故离柜而中断服务须及时明示，避免客户在无人柜台前等待。

现状4：一些不习惯用普通话交流的市民，以前在银行办业务时，可能遇到过工作人员执着地说普通话，而自己又听不清楚的情况，弄得双方要花很长时间去沟通。

新规：服务语言要以普通话为主，若遇到使用方言的客户，要以普通话首问，然后根据客户回答情况调整用语，要坚持使用"您好、请、谢谢、对不起、再见"等文明用语；还要倡导掌握外语、哑语等服务语言，实现语言无障碍服务。

现状5：可能一些市民以前在银行办业务时，遇到不懂的事情都习惯找大堂工作人员帮忙解决，一旦大堂人员不在则只得排队向柜台工作人员咨询。

新规：大堂服务人员临时离开岗位时，应安排其他人员替岗。对办理一定金额以下取款、特定缴费、查询、转账等业务的客户，应引导其到自助服务区，必要时指导客户了解、掌握并自行完成自助交易

任务2　商业银行柜面服务技巧

一、柜面客户服务的基本技巧

临柜服务中经常会碰到一些问题，在处理这些问题时，要讲究服务技巧，灵活应对，维护银行的信誉、形象，热情地为客户服务。

（1）首先要说"对不起"，对客户的问题表示理解。这并不是表示我们都错了。如果是银行的问题，要向客户致以歉意。如果不是银行的问题，不要随便承认错误，不随便承诺。

（2）要尊重客户，即使客户错了，也不要批评、指责客户，更不要与客户争论我对你错，着眼点是如何化解矛盾、问题，有理让三分。

（3）在处理服务中问题时，要措辞适当，语气平和，不要心急，即使客户发火吵闹，也要冷静，不要感情用事，要有受委屈的胸怀。

（4）要注意倾听客户的意见，让他把话说完，让他感到我们是诚恳的。对客户提出的不合理的要求，应做好解说工作，不要随便许愿，以免被动。

（5）碰到问题时，如员工业务忙或处理不好，应让基层网点负责人先处理，不要一有问题就上交行领导，要有一个缓冲，以免造成被动。

（6）如客户向新闻媒体反映问题，应及时与新闻媒体沟通，主动做好工作，防止曝光，造成对银行信誉的损害。

同步练习

银行柜台服务典型问题的服务技巧训练

银行柜台服务所遇到的问题很多，情况也很复杂，柜员面对这些问题不能紧张，也不必慌乱，而应该妥善处理。下面列示一些典型问题，请进行思考和针对性的练习。

（1）遇到假币。

（2）在办理业务中客户缺少相应证件。

（3）计算机发生故障。

（4）碰到素质低的客户。

（5）碰到客户忘记密码。

（6）遇到老人不会操作密码。

二、分类服务和优质客户的识别

分类服务的目的就是识别优质客户、引导优质客户，根据客户的需求提供不同的金融服务，争取更加优质的客户资源，创造更加良好的经营效益。

优质客户可以分为核心优质客户和中高端优质客户，还可以分为现有优质客户、现有潜质客户、待争取优质客户。

优质客户服务的总流程分为识别引导、接触营销、业务处理、客户关系维护4个部分，其中识别引导是基础性工作。

优质客户的识别可参考下列渠道。

（1）大额存取现金或汇款。

（2）较大额外汇汇款或转账。

（3）大额存款的挂失。

（4）大额贷款业务及还款。

（5）开大额存款证明。

（6）上门购买基金、大额国库券等投资产品或保险产品。

（7）开立理财账户或对理财业务、高端业务提出咨询。

（8）开设或使用保管箱业务。

（9）客户出示金卡或 VIP 卡。

（10）客户住址是本地高档住宅区。

（11）开立网上银行或电话银行功能。

识别优质客户后，应及时为其提供差别化服务，但要注意不与普通客户服务冲突，要坚持对普通客户提供友好、亲切的服务，避免向普通客户明确表达服务差异。

同步讨论

银行服务是否应该进行分类服务

讨论方式：

将学生分成正反两方，一方为支持分类服务，另一方反对分类服务，各自提出本方的论点论据，并对对方观点进行有针对性的反驳，由教师或指定学生负责组织。

讨论目的：

（1）锻炼学生的自我思考和分析判断能力、训练学生的语言组织能力；

（2）在讨论中进一步增强学生的服务意识和观念。

模块 2 | 银行柜员业务技能

任务 1   银行柜员书写规范

商业银行各种文件、资料、凭证的填写都有比较统一的规定和要求，规范柜员的书写技能不只是业务活动的需要，也是提高服务质量的要求。

学习活动

阿拉伯数字的书写、汉字大写数字书写、票据日期书写

学习活动 1　阿拉伯数字的书写

（1）阿拉伯数字应当一个一个地写，不得连笔写。数字的排列要整齐，数字之间的空隙应均匀，不宜过大。

数的整数部分采用国际通用的千分号节制，从个位向左每 3 位数用千分号"，"分开，例如，69，368，185.39。

（2）账表凭证上阿拉伯数字的书写，如图 2-1 所示。

图 2-1　阿拉伯数字写法

① 阿拉伯数字在书写时应有一定的斜度。倾斜角度的大小应以笔顺书写方便，好看易认为准，不宜过大也不宜过小，一般可掌握在 60° 左右，即数字的中心斜线与底平线为 60° 的夹角；

② 阿拉伯数字书写的高度标准，一般要求数字的高度占凭证横格高度的 1／2 为宜；

③ 书写时要注意紧靠横格底线，使上方能留出一定空位，以便需要进行更正时可以再次书写；

④ 为了防止涂改，对有竖划的数字的写法应有明显区别，如"6"的竖划应偏左，"4""7""9"的竖划应偏右，"1"应写在中间。此外，"6"的竖划应上提为一般数字的 1／4；"7""9"的竖划可以下拉出格至一般数字的 1／4。

（3）在书写过程中，如果发现数字错误应及时订正，在订正时，要先把错误的字用横线完全划掉，然后再把正确的数字填写在长方格的上半部。

学习活动 2　汉字大写数字的书写

1．汉字大写数字的书写

汉字大写数字金额如零、壹、贰、叁、肆、伍、陆、柒、捌、玖、拾、佰、仟、万、亿等，一律用正楷或者行书体书写，不得用 0、一、二、三、四、五、六、七、八、九、十等简化字代替，不得任意自造简化字。

在实际工作中，我们还发现一些不规范的简化大写数字，如以"另"代"零"；以"两什"代"贰拾"等。

大写金额数字到元或者角为止的，在"元"或者"角"字之后应当写"整"字或者"正"字；大写金额数字中有分的，分字后面不写"整"字或者"正"字。例如，人民币 35 680 元，大写金额数字应为"人民币叁万伍仟陆佰捌拾元整"，或为"人民币叁万伍仟陆佰捌拾元正"；又如，人民币 471.90 元，大写金额数字应为"人民币肆佰柒拾壹元玖角整"，或为"人民币肆佰柒拾壹元玖角正"；再如，人民币 2 308.66 元，大写金额数字应为"人民币贰仟叁佰零捌元陆角陆分"。

2．"零"字的写法

（1）阿拉伯金额数字中间有"0"时，汉字大写金额要写"零"字；阿拉伯数字金额中间连续有几个"0"时，汉字大写金额中可以只写一个"零"字。

例如，人民币 105 846 元，应写成"人民币壹拾万零伍仟捌佰肆拾陆元正"。

人民币 1 000 846 元，应写成"人民币壹佰万零捌佰肆拾陆元正"。

（2）阿拉伯金额数字"元"位是"0"，或者数字中间连续有几个"0"，元位也是"0"，但角位不是"0"时，汉字大写金额可以只写一个"零"字，也可以不写"零"字。例如，人民币 1 860.96 元，可以写成"人民币壹仟捌佰陆拾元零玖角陆分"，也可以写成"人民币壹仟捌佰陆拾元玖角陆分"。

阿拉伯金额数字角位是"0"，但分位不是"0"时，汉字大写金额元后面应写"零"字。例如，人民币 105 846.08 元，应写成"人民币壹拾万零伍仟捌佰肆拾陆元零捌分"。

（3）特别在连着写几个"0"时，一定要单个地写，不能将几个"0"连在一起写完。

3．货币名称的书写

大写金额数字前未印有货币名称的，应当加填货币名称，货币名称与金额数字之间不得留有空白。在需要填写大写金额数字的原始凭证上，如果有关货币名称事先未能印好，在填写大写金额数字时，应加填有关的货币名称，然后在其后紧接着填写大写金额数字，如人民币 186 497 元，应当写成"人民币壹拾捌万陆仟肆佰玖拾柒元整"，不能分开写成"人民币 壹拾捌万陆仟肆佰玖拾柒元整"。

学习活动 3 日期的书写

票据的出票日期必须使用中文大写数字书写。如使用小写填写的，银行不予受理；大写日期未按要求规范填写的，银行可以受理，但由此造成损失的，由出票人自行承担。

为防止变造票据的出票日期，应按照以下要求书写。

1．月的写法规定

1 月、2 月、10 月前加"零"，如 1 月应写成"零壹月"，10 月应写成"零壹拾月"。

11 月、12 月前加"壹"，如 11 月应写成"壹拾壹月"。

2．日的写法规定

1 日至 10 日、20 日、30 日前加"零"，如 6 日应写成"零陆日"，20 日应写成"零贰拾日"；

11 日至 19 日前加"壹"，如 16 日应写成"壹拾陆日"。

同步练习

数字和日期书写

1．在下面账页内填写 10 个阿拉伯数字

2．写出以下金额的大写

¥684 364.65   ¥8 628 651.00

¥5 358 712 699.10   ¥75 269 841.06

¥6 884 235.65   ¥68 521 387.12

3. 写出下列日期的中文大写

2011 年 6 月 8 日   2015 年 2 月 6 日

2013 年 7 月 16 日   2009 年 10 月 1 日

2008 年 11 月 20 日   2010 年 1 月 31 日

任务 2　人民币鉴别技能

商业银行前台柜员每日要接触大量的现金，对现金真假的鉴别是对其最基本的技能要求之一，也是其取得反假币上岗资格证的关键要素。

学习活动

人民币鉴别方式、人民币鉴别示例

学习活动 1　货币鉴别方式

（1）观察纸张质量。真人民币纸质有韧性，耐折叠，假人民币纸质通常缺乏韧性，在同一条线上正反连续折叠几次，票面轻轻一拉就断裂。

（2）观察色彩、图案。由于大家经常接触人民币，色彩、图案印象较深。观察色彩、图案时，主要看边缘处是否清晰。真人民币色彩、图案边缘处清晰，假人民币色彩、图案边缘处通常模糊。

（3）擦试。面额大的真人民币色彩、图案清晰，用由深色油墨印刷的图案、花纹在白纸上用力一擦后，白纸上会留下那种色彩痕迹，但票面并不因此模糊。假人民币通常不会如此。

（4）水印。将真人民币展开，对着光亮处，从另一面看，可以看到通常看不见的人像、天安门之类图案，假人民币通常不会如此。

（5）触摸。真人民币采用凹版印刷，票面（特别是新票票面）摸起来有凹凸感。假人民币通常采用照相制版印刷，表面光滑。

（6）保险线与点。近年新版大面额人民币纸中有金属线，或正面右下方都有数个黑点，黑点不是像其他图案一样印上去的，明显有一定厚度，通过观察金属线与黑点的排列位置、厚薄等，也能区别真假人民币。

对于以上几方面，如有一方面产生疑问，就可以断定是假币（以上识别的人民币面额为50 元和 100 元）。

学习活动 2　货币鉴别示例

人民币的鉴别如图 2-2 和图 2-3 所示。

图 2-2　人民币的鉴别（正面）

图 2-3　人民币的鉴别（背面）

同步阅读

第五套人民币的鉴别方法

　　如何识别目前市面上出现的第五套人民币的真假是很多人的烦恼。随着第五套人民币的发行，相应的假币也随之出现，且造假技术不低，单凭感觉已难以鉴别。但是，假钞制作得再逼真，与真币仍然是两种工艺，只要了解真币的防伪特征，识别假币并不是一件难事。就目前来说，第五套人民币有以下 10 种防伪特征。

　　1. 纸张

　　真钞用纸是专用的造币纸，手感薄，整张币纸在紫外线下无荧光反应。币纸中不规则分布着黄蓝色荧光纤维，日光下肉眼可见，在紫外线下纤维有荧光反射。

　　假钞用纸是普通胶版纸或普通书写纸，手感较厚，表面平滑，在紫外光下币纸呈现白色荧光，且无黄蓝色荧光纤维。但是，有时真币也会在紫外光下呈现白色荧光，这是因为纸币被含荧光剂的物质（最普遍的就是日用洗衣粉）污染了。

　　2. 印刷

　　真钞的正背面图案均为雕刻凹版印刷、人物的发丝清晰可辨，线条光洁凸立。仔细摸索，能够感觉到人像上每根头发的纹路。

　　假钞是平印印刷、四色套印，所以图案着墨不匀、纹理不清晰。特别是肖像的头发是由网点油墨堆积成片，因此发丝无法辨认。假钞纸纹同样是由网点组成，如借助 8 倍左右的放大镜观察，根根直线或曲线变成一个个小点形成的线，杂乱错落无序。

　　3. 磁性安全线

　　真钞安全线具有磁性，可用机器辅助识别，肉眼可见安全线内有缩微文字（限于 100 元、50元、20 元），文字清晰，间隔有序，线条宽窄一致。

　　假钞安全线很难做到有磁性，虽也有文字但并不齐整，线有宽窄。由于是手工埋设，纸张褶皱不平，加上塑料质的安全线与纸张伸缩率不同，埋设得又不伏贴，致使安全线两端长出一段，呈银白色的点状线头，由此可以看出蛛丝马迹。

　　4. 水印

　　真钞水印是造纸过程中趁纸浆未完全吃水、干燥之前经模具挤压形成，压力轻重大小形成图像的明暗层次，且层次过渡自然，富有神韵，图像清晰，立体感强。

　　假钞水印由手工制作，质量低劣。目前所知的制作方法有揭开纸张的夹层，在其中涂上一层糊状物，再将两层纸一并合压，趁湿把纸垫在刻有图像的凹版上，经压而成。手工操作动作笨拙，致使具有水印一端的假钞纸张褶皱不平。

5. 正背互补对印

真钞的正背互补对印图案是印钞专用设备正背面一次印刷完成。正背面的互补对印图案，在透视条件下完全吻合，准确无误。

假钞分正背面两次平印印刷，对印图案往往不能吻合，如果加上纸张的伸缩原因，对印偏离更大，如对印图案上下错位，图案间距宽窄不一或叠压等。

6. 无色荧光油墨

真钞正面左上角紫外光下显现出一矩形框"100/50/20/10/5"字样，发出强亮橘黄色荧光。

假钞在紫外光下，同样在上述真钞部位有荧光反映，但颜色浓度、荧光强度均相差甚远，黯淡无色。如发现荧光有异，可与真币进行对比。

7. 光变油墨

真钞正面左下角在号码下面有"100/50/20/10"字样，是用光变油墨印制的，正常视角观察为草绿色，直视或平视都呈现蓝黑色。视角改变过程中色彩渐变。

假钞制作时，由于无法得到这种特别的光变油墨，只得用草绿色油墨印刷"100/50/20/10"字样，不会变色。

8. 隐形数字

真钞正面右上角在"100/50/20/10/5"字样下端团花装饰内有"100/50/20/10/5"字样隐形数字，从右端横向平视钞票时清晰可见，字样由规律性线条组成，用雕刻凹印印刷，直视或平视时产生不同视角效应。

假钞因是平印印刷，线条由网点组成，全然破坏了设计者构想的视角效应，凭此一点也完全可以判断钞票的真伪。平视时没有"100/50/20/10/5"隐形字样的钞票一定是假钞无疑。

9. 号码

真钞的号码是计量数字，绝对没有重号，而且字型工整、标准，墨量、颜色、压力均匀一致，质量好。真钞号码是由凸印印刷，号码部位的背面有压痕。

假钞号码的特点是：号码数字多相同；字型不标准；颜色深浅不一致；由于是平印印刷，背面无压力痕迹。

10. 磁性油墨

真钞正面左下角采用双色横号码（两位冠字、8位号码）具有磁性，可用机器辅助鉴别（新版5元无此设计）。

假钞双色横号码无磁性，但往往制作假钞时会在该部位涂上磁粉，以欺骗机器。

模块3 | 项目强化训练

一、判断题

1. 对经常惠顾的客户，在主动称呼客户时，要加上客户的姓氏或职务，以示对客户的熟记和尊重。（　）

2. 女柜员不得戴戒指。（　）

3. 男柜员不得留长发、胡须，但可适当佩戴饰物。（　）

4. 当设备发生故障不能办理业务时，应说："非常抱歉，请耐心等待"。（　）

5. 应避免在客户面前打哈欠、咳嗽、打喷嚏，难以控制时，应适当遮掩。（　）

6. 上班时间，不得聊天、吃东西，但可以在空闲时看有关业务方面的书。（　　）

7. 柜员遇老人或其他有困难的客户不便填写凭证时，可以在其他柜员监督下代填。（　　）

8. 接待客户时应注意仪容整洁，发式庄重，不得染头发和指甲。（　　）

9. 对个别客户的失礼表现和无理要求，可以不予理睬。（　　）

10. 小写金额￥100 200.00 元，规范的汉字大写金额为"拾万零贰佰元整"。（　　）

二、单项选择题

1. 银行客户服务的原则是（　　）。
   A. 让客户满意　　　　　　　　　　　B. 以客户为中心
   C. 满足客户的需要　　　　　　　　　D. 客户永远是对的

2. 对个别客户的失礼表现和无理要求，要婉转拒绝地说："（　　）"。
   A. 无法满足您的要求　　　　　　　　B. 对不起，银行无此先例
   C. 对不起，很抱歉　　　　　　　　　D. 请找我们领导

3. 上班时间，应在（　　）佩戴总行统一制发的工号牌。
   A. 胸前　　　　B. 服装左前上方　　　C. 左衣领上　　　D. 右上衣领

4. 营业过程中，前台柜员最低保留（　　）个柜员在岗。
   A. 1　　　　　B. 2　　　　　　　　C. 3　　　　　　D. 4

5. 以下数字书写（　　）是正确的。
   A. 壹仟零贰拾元三角陆分整　　　　　B. 捌佰零伍元壹角整
   C. 玖万元　　　　　　　　　　　　　D. 拾伍元整

6. 示意客户时，要用（　　）的手势。
   A. 手心向上五指并拢　　B. 单指　　　C. 手心向下　　　D. 双指

7. 人民币的最小货币单位是（　　）。
   A. 元　　　　　B. 角　　　　　　　　C. 分　　　　　　D. 厘

8. 柜员当班空闲时，可以（　　）。
   A. 与领导聊天　　B. 清点现金　　　　C. 吃饭　　　　　D. 学习新业务教材

9. 下列中文大写正确的有（　　）。
   A. ￥1 008.60 人民币壹千零捌元陆角零分　　B. ￥15.00 人民币拾伍元整
   C. ￥315.00 人民币叁佰壹拾伍元整　　　　　D. ￥1 001.60 人民币壹仟壹元陆角整

10. 以下票据日期书写正确的是（　　）。
    A. 贰零零九年壹拾贰月贰拾陆日　　　B. 贰零零玖年零壹拾月贰拾陆日
    C. 贰零零柒年零壹月贰日　　　　　　D. 贰零壹零年零叁月零陆日

11. 第五套人民币 100 元纸币的光变面额数字的颜色变化是由（　　）。
    A. 绿变金　　　B. 金变绿　　　　　C. 蓝变黄　　　　D. 绿变蓝

12. 提高自身业务素质是实现优质服务的（　　）。
    A. 关键　　　　B. 保证　　　　　　C. 原则　　　　　D. 基础

13. 第五套人民币 100 元、50 元和 10 元纸币上的"阴阳互补对印图案"是（　　）。
    A. 花卉　　　　B. 古钱币　　　　　C. 文字　　　　　D. 人物头像

三、多项选择题

1. 以下是柜台人员应掌握的服务技能的是（　　）。
   A. 柜面知识的全面了解　　　　　　　B. 操作技能的熟练掌握
   C. 处理业务高效准确　　　　　　　　D. 持证上岗定期考核

2. 银行前台综合柜员必须取得以下（　　　）认证后方可上岗。

    A. 会计上岗证   B. 保险从业人员上岗证书

    C. 反假币工作人员资格证   D. 银行从业人员资格证

3. 储蓄机构可以通过（　　　）来吸引储户参储。

    A. 送礼品   B. 储蓄创新   C. 提高利率   D. 提高服务

4. 银行客户需求主要有（　　　）。

    A. 服务功能需求   B. 服务价值需求   C. 精神愉悦需求   D. 成本减少需求

5. 下列关于柜员的职业形象表达正确的有（　　　）。

    A. 柜员上岗时可自由着装

    B. 柜员不得化妆

    C. 柜员不得文身

    D. 柜员上岗时应精神饱满，不能趴在柜台上

6. 鉴别真假人民币的基本方法为（　　　）。

    A. 手感鉴别   B. 听声鉴别

    C. 根据防伪标记鉴别   D. 通过花纹鉴别

7. 下列关于中文大写金额的描述正确的是（　　　）。

    A. 中文大写金额数字到"元"为止的，在"元"之后，应写"整"（或"正"）字。在"角"之后可以不写"整"或"正"字。大写金额数字有"分"的，分后面不写"整"（或"正"）字

    B. 中文大写金额数字前应标明"人民币"字样，大写金额数字有"分"的，"分"后面不写"整"（或"正"）字

    C. 中文大写金额数字前应标明"人民币"字样，大写金额数字应紧接"人民币"字样填写，不得留有空白。大写金额数字前未印"人民币"字样的，应加填"人民币"三字

    D. 在票据大写金额栏内不得预印固定的"仟、佰、拾、万、仟、佰、拾、元、角、分"字样。

8. 《人民币管理条例》所称的人民币包括（　　　）。

    A. 纸币   B. 代币券   C. 硬币   D. 电子货币

9. 第五套人民币中，100 元正面（　　　）部位采用雕刻凹版印刷。

    A. 头像   B. 行名

    C. 国徽   D. 含隐形面额数字的装饰图案

10. 单位和个人持有假币，应当及时上交到（　　　）。

    A. 中国人民银行   B. 办理货币存取款和业务的金融机构

    C. 公安机关   D. 司法机关

四、简答题

1. 怎样理解我们永远不说"不"。

2. 简述"100-1=0"的含义。

3. 简述柜面人员实现优质服务的主要途径？

4. 简述在办理业务中客户缺少相应证件怎么办？

5. 客服人员的基本素质有哪些？

6. 优质文明服务的意义是什么？

五、案例分析

银行服务案例：别在客户面前批评自己的银行

案情梗概

11月2日，雷先生到"批评支行"取款机上取1 000元，正操作时，手机响了，雷先生见吐了卡，赶忙取出卡，转身离开取款机屏风接电话。等电话打完后，再次取款时，发现与他熟悉的开户行的取款机的操作略有不同，这台取款机是先吐卡，后出钞，而且他的卡上已减少了1 000元。这时，他赶紧询问这家支行的员工。

雷先生："我没取到钱，可卡上少了1 000元，是不是这台机器有毛病啊？"

"批评支行"员工："你是怎么操作的？取了卡有没有等一下再离开？"

雷先生："吐卡时未出钱啊，我就接了一个电话。"

"批评支行"员工："可能被后面取款的人拿走了。我们这台机器有时会'反应'慢一些，特别是业务高峰时期。我们行的系统早就落后需要换代了，这台老爷机都该报废了，唉！我们行有问题的地方多着呢。"

雷先生："我的1 000元怎么办？"

"批评支行"员工："谁叫你不等一下再离开，自认倒霉吧！"

雷先生："……"

思考分析：

1. 在此次事件中，该支行员工在服务上有哪些不妥之处？

2. 如果你是这位员工，你会怎样做？

3. 如果你是这家银行的领导，这样的员工应把他放在哪个部门合适呢？

项目3
前台业务规程

学习目标

　　商业银行前台业务的流程及规章制度是银行柜员提高业务水平和质量，减小风险的重要内容。学生通过对银行前台流程及相关现金业务的学习，能够初步了解和掌握以下内容。

　　（1）商业银行前台的流程及步骤；

　　（2）残币兑换的规定；

　　（3）假币收缴的程序和要点；

　　（4）票币整点的技能技巧。

📖 **知识导入**

一、业务释义

综合柜员制业务规程是指商业银行柜台业务各项活动中，应用经验积累和科学研究等方法而制定的业务流程、业务处理办法及规定。

二、业务规程的内容

本项目业务规程主要内容就是网点每日的基本流程及相应业务规范。网点每日工作流程如图 3-1 所示。

图 3-1　网点每日工作流程

商业银行网点的工作以日为单元主要执行以下 3 个部分的内容。

（1）营业前准备：包括柜员到达网点后的准备工作，主机及终端的签到，库车到达，接收库箱。这是网点一日工作的开始，各项工作准备的好坏直接影响网点工作的质量及效率。

（2）日常业务处理：划分为前台涉及的普通业务处理规范和涉及现金的业务处理规范部分，它是柜员每日主要的工作内容，在长期的实践中，各商业银行对前台各项工作环节的具体规定和业务处理规程在各自整理和相互借鉴中已较为相似。对于业务的处理效率、风险的控制已形成了一整套的理论与实践体系。

（3）日终轧账签退：包括日终前台业务的复核轧账，主机及终端的签退，库车到达，送交库箱。这是网点一日工作的最后环节，是总结一日工作质量、进行风险防范的重要环节。

模块 1 | 营业前准备和日终轧账

任务 1　营业前准备及交领库

一、主要业务规定

（1）网点人员每日应提前到达网点，具体提前量根据库车到达时间与银行规定确定。

（2）主机签到要由相应权限的主管或其他人员进行。

（3）现金、库箱移交必须当面办妥交接手续，交接不成捆钞券须及时复点。

（4）办理现金业务的柜员应以"事权划分"为原则，在规定权限范围内操作。

（5）网点现金区域必须做到：柜员操作柜台间隔离，现金操作全方位监控。

（6）网点钱箱必须由网点业务主办级（含）以上的柜员设专岗，由其负责当日网点现金、钱箱的管理，并负责监管柜员的库存现金、大额收付款业务，并可兼办授权操作、兼任网点空白重要凭证内库管理员等不直接对外服务的工作。

（7）网点内现金库箱、领解现金封包、柜员现金零包的开启、装袋和交接必须在监控视线范围内，现金库箱、领解现金封包的开装必须由网点业务主管参加，双人会同；日终柜员的零星钞券必须入袋加封，钱箱的钞券必须装入有内胆的库箱。寄库箱应做到二锁一封签（一次性封签），封签上所有项目应填写齐全。

（8）网点柜员日终人民币零包余额不得超过 2 万元，人民币零包每日应随机交叉发放，换人使用。如网点日常发放的现金零包在 2 个以下（含 2 个），则应在营业结束时，换人复点（人员交叉），双人打数装袋。对柜员当日不动用的现金零包应指定柜员在中午前完成清点。网点营业结束后，外币零包必须全部交清，由钱箱管理员复点后，双人会同打数装袋入箱保管。

（9）办理现金业务的柜员领取钱箱后，必须逐一清点核对钱箱中的库存现金；受理现金业务时，应认真审查现金业务凭证的合法性、有效性，要坚决贯彻"三清"原则（客户认清、钞券点清、一笔一清），认真反假、剔残；所有现金业务必须当日入账，所有业务凭证必须联机打印，并加盖业务清讫章后，方为有效凭证。

（10）网点办理现金调入业务必须使用辖内往来专用章，网点领解现金业务由钱箱管理员申请，并负责办理现金调拨的账务处理，且须经网点业务主管审核网点营业期间，钱箱管理员保管的库存现金和当日不动用的现金零包必须双人会同，入保险柜保管。保险柜钥匙（或密码）由钱箱管理员、指定柜员双人分别保管，现金出入库必须双人会同经复核后方可办理。

二、学习活动

营业前准备、库箱开启与封装、领解现金

学习活动 1 营业前准备

网点人员每日应提前到达网点，做好以下营业前准备工作：

（1）打扫营业柜台内的卫生，清洁和整理各类工作用具与设备；

（2）整理并补充各类存取款凭条、宣传资料等；

（3）检查各类便民服务措施是否齐全，检查利率牌、日历及相关工具的内容是否正确；

（4）检查自身着装并挂好工号牌，检查随身携带物品用具是否符合制度要求；

（5）检查安全防卫器具是否正常完好；

（6）完成前期准备工作后，柜员在业务处理各级系统上签到注册。

学习活动 2 库箱开启与封装

（1）库车到达，柜员与送库人员协同完成接送库，并办理相关交接手续，在库箱进入柜台内后，柜员要进行库箱开启工作，如图 3-2 所示。

图 3-2 库箱开启工作

（2）在每日营业完毕，与以上相对应，网点人员要进行库箱封装与送库工作，如图 3-3 所示。

```
┌─────────┐    ┌─────┐    ┌─────┐    ┌─────┐
│打印柜员尾│──▶│装箱 │──▶│上锁 │──▶│交接 │
│箱余额表 │    │计数 │    │加封 │    │入库 │
└─────────┘    └─────┘    └─────┘    └─────┘
     ⇩            ⇩          ⇩          ⇩
┌─────────┐ ┌──────────┐ ┌──────────────┐ ┌──────────┐
│柜员轧平账务,│ │两柜员会同点│ │两柜员会同对库箱上锁,│ │库车到达,柜│
│打印柜员尾 │ │拥卡把、   │ │锁头加贴封签,封签上注│ │员交出库箱并│
│箱余额表  │ │清点零头、 │ │明日期、行名、库箱金 │ │办妥交接,库│
│       │ │加计总数, │ │额并在封签骑缝处、尾箱│ │箱入库   │
│       │ │将钞券入装箱│ │余额表上加盖名章,余额│ │      │
│       │ │      │ │表随当日传票装订   │ │      │
└─────────┘ └──────────┘ └──────────────┘ └──────────┘
```

图 3-3　库箱封装与送库工作

学习活动 3　领解现金

柜员领解现金业务是柜员根据自己尾箱现金余额与规定限额的比较，并结合当前款项收付的预期，在尾箱现金多时向管库员上缴现金，在现金不足时向管库员领用现金的业务。该业务可根据上级部门有关规定、网点习惯及实际情况在工作时间里随时进行。当库管员保存的网点现金大库不足时，也可向上一级相关出纳部门领解现金。

1. 领用现金，如图 3-4 所示。

```
┌────┐   ┌────┐   ┌────┐   ┌──────┐   ┌──────┐
│申请 │──▶│配款 │──▶│清点 │──▶│领用现 │──▶│款项  │
│   │   │   │   │   │   │金交易 │   │入箱  │
└────┘   └────┘   └────┘   └──────┘   └──────┘
  ⇩        ⇩        ⇩         ⇩          ⇩
┌──────┐ ┌──────┐ ┌──────┐ ┌──────────┐ ┌──────┐
│柜员向管│ │管库员按│ │管库员将│ │管库员使用领│ │柜员将领│
│库员   │ │柜员要 │ │款项交给│ │用现金交易,│ │入   │
│申请领取│ │求的券别│ │柜员,当│ │输入币种、券│ │款项入箱│
│现金,  │ │明细配 │ │场清   │ │别、金额,领│ │保管  │
│管库员同│ │款并自复│ │点,发现│ │用柜员  │ │    │
│意    │ │平衡  │ │差错则全│ │号,柜员确 │ │    │
│     │ │    │ │额退还管│ │认     │ │    │
│     │ │    │ │库员重配│ │      │ │    │
└──────┘ └──────┘ └──────┘ └──────────┘ └──────┘
```

图 3-4　领用现金流程

2. 上解现金，如图 3-5 所示。

```
┌────┐   ┌────┐   ┌──────┐   ┌──────┐
│申请 │──▶│清点 │──▶│上解现 │──▶│款项  │
│   │   │   │   │金交易 │   │入箱  │
└────┘   └────┘   └──────┘   └──────┘
  ⇩        ⇩         ⇩          ⇩
┌──────┐ ┌──────┐ ┌──────────┐ ┌──────┐
│柜员向管│ │柜员同意│ │管库员使用上│ │管库员将│
│库员   │ │管库员在│ │解现金交易 │ │款项入箱│
│申请上解│ │监控下清│ │处理,输入币│ │保管  │
│现金,  │ │点款项,│ │种、券别、 │ │    │
│管库员同│ │发现   │ │金额、上解柜│ │    │
│意    │ │差错如数│ │员号等要素 │ │    │
│     │ │退还柜员│ │      │ │    │
└──────┘ └──────┘ └──────────┘ └──────┘
```

图 3-5　上解现金流程

任务 2　业务复核和日终轧账

一、业务释义

业务复核是对前台的业务进行复查和核对，是严密操作程序，加强制约机制，确保资金安全的重要一环。业务复核包括即时复核、日终轧账复核和事后稽核人员对网点办理业务的全面复核。

日终轧账是每日营业完毕，柜员所做的一系列涉及现金、凭证、业务传票等当日办理的所有业务情况的审查复核工作。

二、主要业务规定

（1）大额业务、重要业务、特殊业务必须进行即时复核并授权。

（2）进行复核后，复核人员应在相应单据、凭证、账簿上签章确认。

（3）负责复核的人员必须认真负责地履行复核职责，除按照制度规定程序和内容进行复核外，还可根据所复核业务的不同类型，灵活地确定需要复核的其他内容。

（4）如发生经过复核的业务出现差错，所造成的经济损失及相关责任将由复核人与初审人员共同承担。

（5）办理现金业务的柜员（含钱箱管理员）应认真执行中午和营业终了的轧账制度，做到日账日清。

（6）柜员发生现金差错（含虚错、误收假币），必须及时向网点负责人报告，并按权限逐级上报，挂账控制，长款不得侵，短款不得自补。对于当日追回的现金差错，必须挂账处理。

三、学习活动

业务复核、日终轧账

学习活动1 业务复核

业务复核是前台或相关工作人员根据相关规定或业务办理情况的需要在营业当中进行的审核工作，主要包括以下内容。

（一）柜员自查

1. 现金复核

当业务中出现涉及现金的业务差错、经济纠纷或规整已办理业务的需要时，前台柜员要对库存现金进行复点与核对。

2. 凭证复核

凭证复核是工作中柜员对凭证使用情况的自我检查，主要检查已使用凭证的记账日期与经济业务发生的时间是否吻合，有无延误、积压和其他问题；确定会计分录是否正确，同一会计事项借贷方金额是否相等；按照结算办法规定由银行填制的凭证，其种类、金额以及赔偿金等有关栏是否正确、齐全；提出票据是否及时、正确，是否有延误、积压；印鉴是否相符；办理业务传票与所用凭证张数及相应附件张数是否相符；审核是否有与规章不符的其他问题。

（二）根据规定进行的实时与非实时业务复核

（1）对超限额的存取款交易、特殊业务、重要业务进行实时授权的复核控制。

（2）非实时复核的业务及凭证要在当日由综合柜员复核完毕，审核业务内容、业务处理是否正确；凭证使用是否符合要求规定；印章是否齐全。

学习活动2 日终轧账

日终轧账如图3-6所示。

图3-6 日终轧账流程

模块 2 | 日常业务处理

任务1 日常业务处理规范

一、日常业务处理流程

办理前台业务是银行柜员日常的主要工作，为简便介绍，这里以现金存取款的混合流程为例，较完整地展示前台业务的办理过程，如图 3-7 所示。

图 3-7 日常业务处理流程

二、学习活动

一般业务处理、特殊业务处理、错账业务处理

学习活动1 一般业务处理

（1）柜员必须根据每笔业务的类型和核算要求选择正确的交易码进行记账处理。

（2）柜员必须根据合法、有效的原始凭证按照系统操作规定输入业务信息。

（3）业务处理顺序：现金收入，先收款后记账；现金支出，先记账后付款。

（4）具体业务的处理，必须有账有据，经审核后，一般业务先记账后监督（复核），超过柜员操作限额的须经授权。

（5）柜员不得擅自取消和中断记账交易中打印的凭证，对柜面记账后产生的凭证、回单或文本要进行妥善保管，并按不同用途及时分发处理。

（6）账务处理实行审核授权制度，操作人员各自在授权范围内进行账务处理。凡经系统设定须经授权才能办理的业务，必须经主管人员审核授权后才能办理，严禁越职越权进行账务处理。

学习活动2 特殊业务处理

（1）特殊业务内容：凡涉及柜员信息、客户信息、账务信息、业务信息修改的交易均为特殊业务。

（2）特殊业务处理原则：柜员须根据会计主管签发的授权书上机操作，事后监督次日通过对授权交易清单和授权书的勾对，对特殊业务处理的合法性和有效性进行检查。

学习活动3 错账业务处理

柜员业务操作中的常见错误主要有：① 多付、少付现金；② 录入、登记数据与信息时数字或汉字的错误（电脑或账簿的）；③ 交易做反；④ 印章漏盖或盖错；⑤ 重要空白凭证的跳号使用或提前盖章；⑥ 客户缺少资料而办理业务；⑦ 遗漏必要的传票或票据。

当发生涉及账务的差错时，应按以下规定处理。

1. 当日、隔日与隔年的错账处理

（1）当日错账处理规定：当日输入的账务数据发生错误时，应经业务主管授权由柜员根据柜员流水号进行抹账。

（2）系统内跨机构抹账交易由原业务发起行写明情况，接收行在书面情况上签字认可后，经办行方可进行冲账处理。

（3）当日现金差错未能查出错账原因的，经会计主管授权使用现金错账交易进行处理，并登记现金出纳长短款登记簿。

（4）隔日错账处理规定：隔日错账、跨年错账的冲正必须填制错账冲正传票，经会计主管审批后方可由柜员使用冲补账交易进行处理，柜员在输入错账冲正传票时必须输入冲账内容和错账日期。

（5）本年错账以同方向红字冲正，上年错账以反方向蓝字冲正。

2．手工记账的错账处理

（1）划线更正法。这是指用划线来更正的方法。这种方法适用于记账后结账前，如果发现账簿记录有错误，而记账凭证无错误，既纯属笔误造成登账时文字或数字出现的错误，应用划线更正法更正。

具体做法是，先将错误的文字或数字全部用红线予以划销；然后在划线上方用蓝字填写正确的记录；更正后经办人应在划线的一端盖章以明确责任。划线更正时应注意以下几个问题：在划线时，如果是文字错误，可只划错误部分，如果是数字错误，应将全部数字划销，不得只划错误数字。划线时必须注意使原来的错误字迹仍可辨认。

（2）红字冲销法。红字冲销法是用红字冲销或冲减原记录数，以更正或调整账簿差错记录的一种方法。这种方法适用于记账后发现由于记账凭证错误而导致记账错误的情况。红字记录表示对原记录的冲减。

（3）补充登记法。这是用补记差额来更正账簿记录错误的一种方法，主要适用于记账依据的会计凭证金额有错误，并且错误金额小于应记的金额，导致账簿记录金额少记，而且会计科目及记账方向均无错误的情况下可用此种方法。

具体做法是：填写一张记账凭证，其会计科目、借贷方向与原始记账凭证一致，但金额为少记金额，在摘要中注明补记××号记账凭证少记的金额，并据以记账。

（4）账页记载错误无法更正时，不得撕毁，须经业务主管同意，另换账页记载，经业务主办复核并在错误账页上交叉红线注销，由经办柜员、业务主办、业务主管盖章证明。注销的账页另行保管，待装订账页时附于该户账页之后备查。

3．计算机错账处理

（1）如果发生存单（折）打印歪斜、重叠或跳格时，应收回原存单（折），另换新存单（折）打印；

（2）当日发生差错，要经主管授权后由柜员用反交易进行冲正。现金业务冲正须同时清点现金；个人现金及转账业务冲正须经客户确认。

任务2　现金收付业务

一、主要业务规定

（1）现金收、付款遵循：先收款后记账，先记账后付款，抵现业务先进行现金收、付记账轧差后办理现金实物收付，现金收付按券别操作，必须做到当面确认、交接清楚、责任分明、有据可查。

（2）办理现金业务的柜员，必须每天午间、日终两次结平现金，中途离岗，钱、章、证入箱加锁；柜员营业时间离开营业网点，必须由主管或主办监督轧账上交钱箱后方可离开。

（3）现金业务冲账：当日反交易必须与正交易要素一致，必须按反交易配款。授权人员必须审核反交易差错的真实性，监督反交易账实同步冲正，必要时反交易后进行柜员轧账，清点钱箱，核对账实。

（4）现金轧账：柜员午间、营业终了分别轧账，清点箱内现金本外币、有价证券实物；管库员在大宗款项出入库、查库结束、管库员交接班，随时核对当时库存，坚持账实核对。

（5）办理现金业务必须坚持"日清日结"，中午停止营业时要进行账款核对。

二、学习活动

现金收款、现金缴款差错、现金付款

学习活动 1　现金收款

现金收款业务流程如图 3-8 所示。

图 3-8　现金收款业务流程

学习活动 2　现金缴款差错

现金缴款差错的处理如图 3-9 所示。

图 3-9　现金缴款差错处理流程

学习活动 3　现金付款

现金付款业务流程如图 3-10 所示。

图 3-10　现金付款业务流程

同步思考

银行柜员多付现金后如何处理

案情介绍

某日上午 10 时左右，被告人闫×手持一张金额为 1 000 元、尚未到期的存期为 1 年的存单进行提前支取，在检验身份证无误后，办理了支取手续，付款过程中，柜员因工作失误，应付 1 000 元，实际却支付了 10 000 元，现请求闫×返还不当得利 9 000 元及所产生的利息。

闫×称，支取日曾到该行营业部取过 1 000 元，但原告并未多付，没有多拿这 9 000 元钱，故不予返还。

思考分析：

银行柜台所遇到的差错情况很多，有的也很复杂，多付现金是其中之一，柜员在发现多付客户现金这种情况时，应如何妥善处理。

同步思考

综合柜台岗位风险的警示

针对刚刚学习银行柜台业务的同学，银行柜台的风险是首先要关注的重点环节之一，风险的产生常常是在不经意间和不注意的环节上引起的，由此提醒同学在学习这门课各项业务的同时，要主动进行风险意识的培养和思考。

案情介绍

某日下午，原告童某到楼下某银行办理存款业务。童某将携带的 8 万元现金放进柜台交易槽内，银行工作人员分两次将其中 7 万元拿进柜台，余下 1 万元因紧贴槽壁未被发现。童某被银行工作人员告知只有 7 万元后，未检查钱是否在交易槽内便立即离开营业厅回车上寻找但未果。其后经调取监控录像才发现当时槽内尚有 1 万元现金，在童某离开后即被一男子偷走。此后公安部门予以立案侦查，迄今尚未结案。客户与银行协商未果告上法院，法院判决由银行赔付。

思考分析：

针对以上案例，试分析如何理解法院的判决？并请从一名银行柜员的角度分析和思考柜员在工作中除了办理业务细心外，还有哪些环节需要引起重视和警惕。

分析提示：

可以从柜台布局、柜员职责、柜台服务的行为言语等多角度思考。

任务 3   其他现金业务

票币兑换、假币收缴和现金整点业务是现金收付业务的延伸，也是前台柜员日常工作中经常操作的现金业务。

学习活动

票币兑换、假币收缴、现金整点

学习活动 1   票币兑换

（一）主要业务规定

（1）残损票币兑换应按《中国人民银行残损人民币兑换办法》办理。

（2）票币兑换基本规定如下：

① 票面剩余 3/4（含 3/4）以上具备规定特征的即可全额兑换；

② 票面剩余 1/2（含 1/2）至 3/4 以下具备规定特征的半额兑换；

③ 纸币呈正十字形缺少 1/4 的残缺、污损人民币只能半额兑换。

全额及半额票币兑换示例如图 3-11 所示。

图 3-11　全额及半额票币兑换示例

（3）兑换残损票币，柜员应当客户面在残损票币上加盖"全额""半额"戳记。

（4）对大宗火烧、虫蛀、鼠咬、霉烂票币，须由持币人所在单位（或当地派出所）出具证明，经业务主管签批（必要时报请人民银行确认签批）后，予以兑换。证明材料附于残损票币后，如有多种券别，应附于金额最多的券别背后，其他券别附清单说明。

（5）停止流通的人民币，按当地人民银行相关规定办理。

（二）票币兑换流程

票币兑换流程如图 3-12 所示。

图 3-12　票币兑换流程

案例分析

残币兑换案例

情况介绍

2007 年 12 月 7 日下午，南昌市民邓先生到中国工商银行某分理处要求兑换一张 2005 年版，面值 10 元的残缺人民币。该分理处的工作人员拒绝为其兑换，并称这张残缺的人民币不能兑换，因为该残缺人民币在分理处也无法使用，该分理处的规模比较小，对于人民币的残缺程度很难界定，并劝他去规模较大的银行兑换。

邓先生在查阅相关法规后得知银行有义务兑换残缺的人民币，然后于12月10日，到中国人民银行南昌支行投诉该分理处。中国人民银行南昌支行通过调查了解和查看那天的监控资料，得出邓先生投诉事实确凿。

处理结果

中国人民银行南昌支行给予该分理处警告处分，并给予2 000元经济处罚；分别给予主管人员和直接责任人员记过处分。

思考分析：

1. 中国工商银行某分理处拒绝兑换残币的做法是否正确？

2. 中国人民银行在残币兑换方面的规定是怎样的？

分析提示：

银行拒绝受理残币兑换业务本身就是一个违规行为。《中国人民银行残缺、污损人民币兑换管理办法》明确规定："凡办理人民币存取款业务的金融机构，应无偿为公众兑换残缺、污损人民币，不得拒绝兑换"，不能因金融机构的规模大小等任何原因拒绝为客户办理残缺、污损人民币兑换业务，更不能将客户劝去其他银行进行兑换。

学习活动2 假币收缴

（一）主要业务规定

（1）只有办理货币存、取款和外币兑换业务的金融机构有权收缴假币。商场、证券、保险、彩票经营等其他机构都没有收缴假币的权力。

（2）办理假币收缴业务的人员，应有反假货币上岗资格证书。所以银行里不是每个员工都可以收缴假币，被收缴人有权要求工作人员出示证件。

（3）临柜人员发现假币时，应由两名出纳人员与持有人当面办理。

（4）鉴定假币只能通过手工或用放大镜的方式，不能以机具鉴别为准。

（5）收缴的假币不得再交于客户，对收缴的假币，应当客户面加盖"假币"戳记，并向持有人开具假币收缴凭证，并登记假币收缴登记簿。

小链接

假币印章的加盖（以100元券为例）

假币印章的加盖如图3-13所示。

图3-13 假币印章的加盖

（6）收缴的假币要装入专用袋中，并在专用袋上标明币种、券别、面额、数量、冠字号码等细项并加盖收缴和复核人员名章。

（7）收缴假币时应向持有人告知其应有的权利。

① 持有人如对被没收的货币真伪有异议的，可在3个工作日内向中国人民银行当地分支机构或人民银行授权的鉴定机构申请鉴定。

② 持有人如对假币收缴程序有异议的，可在60个工作日内向中国人民银行当地分支机构申请行政复议或依法提起行政诉讼。

（8）假币要入库或专用保险箱保管，并于每季季末将收缴的假币上缴中国人民银行。

（9）柜员收缴假币过程中以有下列情形之一的，应立即报告当地公安机关，提供有关线索：

① 一次性发现假人民币20张（含20张）以上、假外币10张（含10张）以上的；

② 属于利用新的造假手段制造假币的；

③ 有制造贩卖假币线索的；

④ 持有人不配合收缴行为的。

（10）金融机构有下列行为之一，但尚未构成犯罪的，由中国人民银行给予警告、罚款处分，同时，责成金融机构对相关主管人员和其他直接责任人给予相应纪律处分：

① 发现假币而不收缴的；

② 未按照本办法规定程序收缴假币的；

③ 应向人民银行和公安机关报告而不报告的；

④ 截留或私自处理收缴的假币，或使已收缴的假币重新流入市场的。

上述行为涉及假人民币的，对金融机构处以1 000元以上5万元以下罚款；涉及假外币的，对金融机构按照规定处以相应数额的罚款。

（二）假币收缴流程

假币收缴流程如图3-14所示。

图3-14　假币收缴流程

同步实训

残币兑换、假币收缴

实训目标

该项目训练帮助学生通过模拟实物加深对残币兑换规定和假币收缴程序的掌握，同时培养学生的服务态度和技能技巧，并在演练中锻炼自己的演讲解说水平、思路创新、行为创新和展示自我的能力。

实训方式和内容

由 4 组同学（每个小组由 3～5 名学生组成）上台模拟各自设计的不同银行柜面场景，分别进行残币兑换和假币收缴的演练。

其中，两组演示不同样品的残币模型，并分别对应各项规定进行解说。另外两组同学演示假币收缴的程序，并向大家解释各步骤的关键点。

每组完成后，由老师进行更正或补充。

实训要求建议

（1）本节课前要求老师指定实训小组和成员。

（2）实训成员在课前要进行残币内容的预习和模拟场景的设计。

考核方式

老师根据实训学生的综合实训效果（场景设计、内容展示、语言高低和技巧、服务技能等），结合其他非参训学生的意见对各参训成员进行评分，作为本学期期末该名学生的平时分评定标准之一。

案例分析

假币收缴案例

案例 1

小李大学毕业后，于 2013 年 7 月 3 日在某银行求职，并顺利获得录用为储蓄柜员。7 月 4 日，小李刚上班的第一份工作内容就是办理张先生存款，对假币略有所知的小李发现其中有一张 100 元纸币像是假币，她将假币交给储蓄主管，储蓄主管将这 100 元纸币拿到二楼办公室，和同事仔细辨别后，确认是假币，于是盖上假币章，并开具了假币没收凭证，盖好章，回到柜台将凭证交给张先生，张先生悻悻离去。

思考分析： 请指出上述案例中的操作是否违反假币收缴程序，为什么？

案例 2

2013 年 7 月 15 日，某银行国际业务部小张办理顾客美元存款时，发现一张 100 美元假币，当即在钞票正、背两面加盖"假币"章戳，填制中国人民银行统一印制的中英文对照版"假币收缴凭证"，同时叫来储蓄主管复核签章。然后将"假币收缴凭证"交顾客签字，并告知顾客享有的权利。

思考分析： 请指出上述案例中的操作是否违反假币收缴程序，为什么？

案例 3

2013 年 10 月 9 日，某货币真伪鉴定机构工作人员小刘接到李女士电话要求鉴定其于 9 月 30 日被某银行收缴的一张 100 元假币，小刘将假币券别、张数、冠字号码、收缴机构等做了详细的记录。10 月 13 日（10 月 11 日、12 日为双休日）小刘出差回来后通知收缴单位送达待鉴定货币，并于当日按规定程序进行了鉴定。

思考分析： 请指出上述案例中的操作是否违反假币鉴定程序，为什么？

案例 4

张先生到某银行存款，储蓄柜台小李发现其中有一张 50 元纸币像是假币，她马上叫来储蓄主管，两人经过仔细辨别后，确认这张 50 元纸币是从未见过的假币种类，于是当着张先生的面盖上假币章，开具了假币没收凭证，盖好章，将凭证交给张先生签字，并告知其权利。张先生虽予以了配合，但仍不服气，又递进一张 50 元纸币要求换出假币去人民银行鉴定。小李和储蓄主管商量片刻，确认递进来的 50 元纸币是真币后，将假币交给了张先生。

思考分析：请指出上述案例中的操作是否违反假币收缴程序，为什么？

📚 同步讨论

银行柜台或取款机取到假钱应该如何处理

情况介绍

银行一般柜员机分 ATM 和 CDM，前者是取款机，后者为存款机，即便有的一体机可以同时存款和取款，但仍然是存取分开（两个钱箱不通，即该机箱存款不会从取款箱取出）。

银行的存款机对存入现金有 4 次验钞，故假钞是无法存入的，但取款口无验钞功能，即便是白纸也可以取出，所以取出假钞是完全有可能的。

在某些柜台，操作人员将储户的钱未通过验钞机而直接给用户，里面也可能有假钞存在。

思考讨论：

如果储户取到了假钞，并对储户的消费或因假钞在其他方面造成了不良影响或损失，银行是否要进行合理的赔偿？

银行在某些工作方面的失职使假钞流通于市场，对市场造成一定的影响，是否要对银行进行处罚？或是责令其规范操作，改进措施，以提高大众对银行的信任度？

学习活动 3　现金整点

（一）主要业务规定

1．柜员在收付、整点人民币时，要随时挑出损伤币

（1）待整点钞券和未整点钞券必须整点。

（2）整点后现金达到点准、挑净、蹾齐、捆紧、盖章清楚的标准。

2．损伤人民币标准

（1）纸币票面缺少面积在 20mm^2 以上。

（2）纸币票面裂口两处以上，长度每处超过 5mm；裂口 1 处，长度超过 10mm。

（3）纸币票面存在纸质绵软，起皱较明显、脱色、变色、变形、不能保持票面防伪功能等情形之一。

（4）纸币票面污渍、涂写字迹面积超过 2cm^2，或者不超过 2cm^2 但遮盖了防伪特征之一。

（5）硬币有穿孔、裂口、变形、磨损、氧化及文字、面额数字、图案模糊不清。

（二）现金整点流程

步骤 1：接收款项

收到整点款，看券别、点捆、卡把、加计总数，一笔一清，交接严密，责任分明。

（1）拆捆前看券别、卡把，逐把逐张清点；清点细数时做到一笔（捆、把）一清。一捆（把）票币未点清前，不得将原封签（原纸张）扔掉；一笔款项未点清前不得清点其他款项。

（2）逐张清点票币时，要查看票面，防止混入假币和夹版。清点票币时发现残券，应予挑出，复点无误后，用纸条扎把，加盖整点员名章。

（3）对外币现钞进行清点时，应注意是否有误收的币种、残币、假钞等，把各种货币按币种、版别、券别分开整理，复点无误后，用纸条扎把，加盖"整点员"名章。

步骤 2：清点细数

以面额大小按序清点。如在清点中发现差错，则按以下方法处理。

（1）封包款错款处理：整点封包款发现错款或假币，经换人复核证实后，在原捆腰条上注明长款或短款，假币的券别、张数、金额和日期，加盖整点员名章，登记差错事故登记簿，按全同（封包）收款协议规定，及时退还长款、收回短款、收缴假币或送验可疑货币，禁止寄库或空库。

（2）柜员待整点款项错款处理：整点员发现错款或假币，应立即通知当事人确认后，长退短补，并登记差错事故登记簿，双方签章备查。如有疑问，应及时轧账核对，经查找确为错款的，按出纳错款处理办法办理。

步骤 3：捆扎票币

（1）检查票币是否够把或够捆，券别是否一致，整点员名章是否清楚。

（2）每把钞票的腰签必须扎在钞票中间统一位置，使整捆钞票腰签整齐划一；凡经整理的票币，均应逐把在同一侧面加盖带行号的经手人名章。

（3）整点无误的票币，标准捆扎，分券别每 100 张为 1 把、10 把为 1 捆。扎捆时，第一把票券应正面朝上，第十把票券应背面朝下，并用线绳双"十"字捆扎。每捆须在绳头结扣处封签，注明行名、券别、金额、封捆日期，并加盖封捆员、复核员名章。

（4）硬币按不同面额分类，同面额币百枚（50 枚也可）为 1 卷，10 卷为 1 捆，每把（卷）须盖带行号的经手人名章。

（5）回笼券及损伤券应将新、旧版的钞票分清；损伤券要分开扎把，并在票币两头各用纸条捆扎分开成捆。

📚 同步练习

捆扎票币

练习目标： 训练帮助学生票币扎把和打捆的技能。

练习方式和内容： 每名学生进行票币扎把和打捆的练习。

练习要求： 课前要为每名学生准备练钞券、扎把条和打捆绳。

模块 3 | 项目强化训练

一、判断题

1. 现金的收、付应坚持日清日结，每天必须进行一次日终现金轧账，做到账款、账实相符。 （　　）

2. 柜员可以将盖章齐全的整捆、整把现金直接对外支付，但付出外币时应逐张清点，不得整捆付出。 （　　）

3. 纸币票面裂口 2 处以上，长度每处超过 5mm 的或裂口 1 处，长度超过 10mm 的，符合不宜流通人民币挑剔标准。 （　　）

4. 一次性发现当事人 10 张以上（含）假人民币，应立即报告当地公安机关。 （　　）

5. 凡发现挖补、拼凑、揭去一面以及有意损坏、涂抹等被破坏的人民币，原则上均应没收。经追查如确系误收的，可按残缺人民币兑换办法给予兑换。 （　　）

6. 凡办理人民币存取款业务的金融机构均应无偿为公众兑换残缺、污损人民币，不得拒绝兑换。 （　　）

7. 柜员发现假币并收缴后，假币持有人对收缴程序有异议的，可在 7 个工作日内向人民银

行当地分支机构申请行政复议或依法提起行政诉讼。 （　　　）

8. 纸币呈正十字形缺少 1/4 的，按原面额兑换。 （　　　）

9. 库存现金发生差错，要核对账款、及时查找、及时上报，并填报"错款报告单"，不允许以长补短，长款不报以贪污论处，短款自补不报以违反制度论处。 （　　　）

10. 残缺人民币的处理包括残缺人民币的兑换和损伤币的挑剔两项。 （　　　）

二、单项选择题

1. 以下（　　　）业务处理方式是正确的。

　　A. 现金收入与付出，均须先收付现金，后记账。

　　B. 资金划收，先记账后收报

　　C. 资金划付，先记账后发报

　　D. 转账业务，先记贷后记借

2. 每日营业结束，先由柜员轧账后由（　　　）进行总轧账后进行签退。

　　A. 后台综合柜员　　　B. 业务主管　　　C. 事后稽核员　　　D. 其他柜员

3. 柜员发现假币并收缴后，假币持有人对收缴程序有异议的，可在（　　　）个工作日内向人民银行当地分支机构申请行政复议或依法提起行政诉讼。

　　A. 3　　　　　　　　B. 7　　　　　　　C. 30　　　　　　　D. 60

4. 柜员发现假币并收缴后，假币持有人对货币真伪有异议的，可在（　　　）个工作日内向中国人民银行当地分支机构或人民银行授权的鉴定机构申请鉴定。

　　A. 3　　　　　　　　B. 7　　　　　　　C. 30　　　　　　　D. 60

5. 收款中发现现金有误，应立即向缴款人说明情况，待确认后，可采取按原缴款单金额多退少补，也可由（　　　）重新填制现金缴款单。

　　A. 大堂经理　　　　B. 临柜柜员　　　C. 库管员　　　D. 缴款人

6. 营业开始前现金柜员领取现金尾箱时，应仔细检查箱体、箱锁是否完好无损，如有可疑之处，应报告（　　　）。

　　A. 库管员　　　　　B. 分行保卫处　　　C. 分行会计部　　D. 会计主管

7. 库管员应将开启金库门的钥匙存放于（　　　）中，不得随身携带或委托他人代管。

　　A. 专用保险柜　　　B. 上锁抽屉　　　C. 尾箱　　　D. 只能随身携带

8. 出纳员收到现金时，按款项券别顺序点收，第一步先做（　　　）。

　　A. 点捆、卡把　　　　　　　　　　　B. 点尾数

　　C. 核对总数　　　　　　　　　　　　D. 与现金收款凭证核对

9. 现金收款时，出纳员清点中发现有误，应首先做的是（　　　）。

　　A. 重新清点　　　B. 返回款项　　　C. 向客户声明　　D. 要求客户补足现金

10. 出纳员按照现金付款凭证进行付款时，应首先做的是（　　　）。

　　A. 提醒客户当面清点　　　　　　　B. 收回对号单或号牌

　　C. 将款项交客户　　　　　　　　　D. 问清户名、取款金额

11. 票币兑换，以下做法错误的是（　　　）。

　　A. 先收款后兑付　　　　　　　　　B. 兑换单由客户填写

　　C. 兑换单由出纳员填写　　　　　　D. 兑换单由出纳员留存备查

12. 整点现金，以下操作不正确的是（　　　）。

　　A. 每把钞票的上端和右端要墩齐　　B. 纸币每一百张为一把，每捆十把

　　C. 残损币挑净，符合"七成新"标准　D. 扎把的腰条应在票面的 1/2 处

13. 对需要收缴的假币（纸币）应当在（　　　　）位置加盖"假币"戳记章。
　　A. 随意　　　　　　　　　　　　　　B. 正面
　　C. 正面水印窗和背面中间位置　　　　D. 左上角或右上角

三、多项选择题

1. 下列人民币可半额兑换的有（　　　　）。
　　A. 能辨别面额，票面剩余 3/4，其余图案、文字能照原样连接的
　　B. 能辨别面额，票面剩余 1/2，其余图案、文字能照原样连接的
　　C. 纸币呈十字形缺少 1/4，其余图案、文字能照原样连接的
　　D. 故意挖补的票币

2. 柜面业务复核一般包括（　　　　）。
　　A. 柜员即时复核　　　　　　　　　　B. 客户即时复核
　　C. 柜员日终轧账前复核　　　　　　　D. 事后稽核人员的全面复核

3. 柜员收缴假币过程中有下列情形之一的，应当立即报告当地公安机关（　　　　）。
　　A. 一次性发现假人民币 10 张以上、假外币 10 张以上的
　　B. 属于利用新的造假手段制造假币的
　　C. 有制造贩卖假币线索的
　　D. 持有人不配合收缴行为的

4. 柜员现金箱管理中要求柜员应在（　　　　）轧点现金尾箱。
　　A. 营业开始　　　　B. 临时离岗　　　　C. 中午休息前　　　D. 营业终了

5. 现金收付款业务要做到"三清"，是指（　　　　）。
　　A. 收款当面点清　　　B. 钞券当面交清　　　C. 内外必须分清　　D. 金额当面问清

6. 不予兑换的残缺人民币有（　　　　）。
　　A. 票面残缺 1/2 以上的人民币
　　B. 票面污损严重不能辨别真假
　　C. 拼凑但票面完整的票币
　　D. 纸币呈正十字形缺少 1/4，其余图案、文字能照原样连接的

7. 下列损伤人民币应予以挑剔（　　　　）。
　　A. 纸币票面缺少面积在 10mm^2 以上
　　B. 纸币票面裂口两处以上、长度每处超过 5mm
　　C. 纸币票面脱色，不能保持票面防伪功能
　　D. 纸币票面涂写字迹面积超过 2cm^2

8. 柜员上解现金业务时，管库员使用上解现金交易处理，输入（　　　　）等要素，柜员确认。
　　A. 币种　　　　　　B. 券别　　　　　　C. 金额　　　　　　D. 上解柜员号

9. 下列有关假币收缴、鉴定管理说法正确的是（　　　　）。
　　A. 对假人民币应当面加盖"假币"字样的戳记
　　B. 持有人不配合收缴行为的，应立即向当地公安机关报告
　　C. 假币持有人对假币真伪存有异议，可在 2 个工作日内提出书面鉴定申请
　　D. 办理假币收缴业务的人员，应取得"反假货币上岗资格证书"

10. 居民可以到（　　　　）兑换残损币。
　　A. 人民银行　　　　B. 中国银行　　　　C. 信用社　　　　D. 商业银行

四、简答题

1. 假币持有人被没收假币后有什么权利？
2. 网点柜台人员营业前准备工作有哪些？
3. 兑换残币的标准有哪些？
4. 如何挑拣残损人民币？
5. 现金收、付款遵循的原则是什么？

五、请做出下列业务的流程图并对主要环节予以说明

1. 柜员领用和上缴现金业务。
2. 现金交款差错处理业务。
3. 假币收缴业务。

六、案例分析

现金收付案例

【案例一】现金离柜后发现问题，银行不负责任

某储户上午到银行取款，经办人员进行完账务处理，将现金和存折一起交储户，并请储户当面点清。储户当时未提出异议便离开了柜台。当天下午，储户返回银行，称上午所取的现金少了一张，要求银行给个说法。

【案例二】中途离岗造成现金短款

某储户到柜台要求存入 6 000 元人民币，柜员接过现金还未来得及清点，就因有电话找他而离开柜台。等他接完电话回来清点现金时，发现只有 5 900 元，便告知客户。这时客户提出异议，称当时给的钱是正好的，正因为柜员半途离开而短款，经过一番争执，还是柜员赔上了这 100 元钱。

【案例三】客户办理业务造成现金短款

甲储户到柜台存入人民币 55 000 元。他先交给经办人员 50 000 元，另外 5 000 元还在他手中清点。经办人员接过现金后进行了清点，并等待甲储户缴纳其他的现金。此时有乙储户来办理取款业务，经办人员为减少乙储户的等待时间，就先为乙储户办理了取款业务，并从甲储户已交来的现金中拿出一部分付给乙储户。乙储户走后，经办人员向甲储户索要未缴纳的现金。甲储户称，所有现金都已交给经办人员，经办人员短缺的款项可能是多付给乙储户了。双方争执不下，经办柜员就和甲储户一起调阅录像资料。结果由于录像资料不清楚，不能给银行方面提供有力证据，甲储户的态度就越发强硬起来。最终由经办人员赔付了短款。

【案例四】如何没收假钞

某储户来银行办理存款，经办人员清点现金时发现了一张假钞，并向客户讲明。储户显出很不信任的样子，非要经办人员将假钞给他看一下不可，没有经验的经办人员就将假钞交给储户看。储户随即将假钞放进自己的另一叠的钞票里，然后放进口袋。经办人员怎么也要不回来，最后就找保卫人员出面做储户的工作。储户就将钱拿出来说：你看吧，哪张钱是假钞。其实，储户已经借机将假钞给了他同来的伙伴，弄得银行人员也无可奈何。

思考分析：

现金收付因其特殊性而具有较大的风险。上述 4 个案例都涉及现金收付业务，请分别指出以上案例中柜员的失误之处及正确的工作规范。

项目4
商业银行存款业务

学习目标

　　存款是商业银行最基本的业务之一，没有存款就没有贷款，也就没有银行。存款业务是银行柜员最常办理的业务，因此，通过本项目的学习，学生要熟悉和掌握以下内容：

　　（1）存款的分类和特征；

　　（2）各项存款业务的办理流程和操作要点；

　　（3）存款的计息和存款的挂失。

知识导入

一、业务释义

存款是存款人基于对银行的信任而将资金存入银行，并可以随时或按约定时间支取款项的一种信用行为。存款是银行对存款人的负债，是银行最主要的资金来源。

存款业务是银行的传统业务。从产生时间来看，存款业务的出现早于银行。中国在唐代就出现了专门收受和保管钱财的柜坊，存户可凭类似支票的"贴"或其他信物支钱。中世纪在欧洲出现的货币兑换商也接受顾客存钱，属钱财保管性质，不支付利息，是商业银行存款业务的萌芽。随着银行和其他金融机构的出现，银行的存款业务得到了迅速发展。

二、主要业务规定

（1）单位存款是指企业、事业、机关、部队和社会团体等单位在金融机构办理的人民币存款，包括定期存款、活期存款、通知存款、协定存款及经中国人民银行批准的其他存款。

（2）除经中国人民银行批准办理单位存款业务的金融机构外，其他任何单位和个人不得办理此项业务。

（3）财政拨款、预算内资金及银行贷款不得作为单位定期存款存入金融机构。

（4）任何单位和个人不得将公款以个人名义转为储蓄存款。

（5）任何个人不得将私款以单位名义存入金融机构；任何单位不得将个人或其他单位的款项以本单位名义存入金融机构。

三、存款的分类

存款的分类如表4-1所示。

表4-1　　存款的分类

	单位	个人储蓄	外汇
活期	单位活期	个人活期	外汇活期
定期	单位定期	普通定期	外汇定期
		零存整取	
		教育储蓄	
通知存款	1天通知期	1天通知期	
	7天通知期	7天通知期	
其他	单位协定	定活两便	
		存本取息	

模块 1 | 单位存款业务

任务 1　单位活期存款

一、业务释义

单位活期存款是指商业银行吸收企业、事业、机关、部队、社会团体及其他经济实体存入的可随时取用的存款。

单位银行结算账户是单位客户在银行开立的办理资金收付结算的人民币活期存款账户。单位结算账户按用途分为基本存款账户、一般存款账户、临时存款账户和专用存款账户。

单位活期存款有以下特点：

（1）存取款灵活方便，自由支配；

（2）适用于单位日常收支和存放暂时闲置资金的需要；

（3）活期利息收入且无须缴纳利息收入所得税。

二、主要业务规定

（1）金融机构对单位活期存款实行账户管理。

（2）单位活期存款每季末月20日按计提日利率计提利息。

（3）单位存款按实际存入的款项入账，银行不予垫款。

三、学习活动

开户、转账、销户、计息

学习活动1 开户

单位活期存款的开户流程如图 4-1 所示。

图 4-1 单位活期存款开户流程

学习活动2 转账

单位活期存款的转账流程如图 4-2 所示。

图 4-2　单位活期存款转账流程

学习活动 3　销户

单位活期存款的销户流程如图 4-3 所示。

图 4-3　单位活期存款销户流程

学习活动 4　计息

活期存款账户统一按人民银行规定的计息范围和利率计息。单位活期存款按结息日挂牌公告的活期存款利率计息。每季末月 20 日为计息日，利息于次日入账，遇存款账户结清时同时计息。利息收入无须缴纳利息收入所得税。

利息采取由计算机自动计算，于计息日批量产生并打印存款账户利息清单。利息清单核对后作存款账户计息凭证，存款账户中的冻结户属于被法院判决赃款的，冻结期间不计利息，否则给予计息。

任务 2　单位定期存款

一、业务释义

单位定期存款是指商业银行吸收客户单位长期闲置资金并约定提取期限，到期支付本息的一种存款。

二、主要业务规定

（1）单位定期存款的起存金额为 1 万元，多存不限，通常采用一本通账户管理。

（2）单位定期存款的期限分为 3 个月、半年、1 年、2 年、3 年、5 年 6 个档次。

（3）单位定期存款按存入日利率计提，计提日为每季末月 20 日。

（4）单位定期存款可以全部或部分提前支取，但只能提前支取一次。

（5）存款单位支取定期存款只能以转账方式将存款转入其基本存款账户，不得将定期存款用于结算或从定期存款账户中提取现金。

三、学习活动

开户、销户、计息

学习活动1　开户

单位定期存款的开户流程如图4-4所示。

图4-4　单位定期存款的开户流程

学习活动2　销户

单位定期存款的销户流程如图4-5所示。

图4-5　单位定期存款的销户流程

学习活动3　计息

（1）存款到期按存款存入日挂牌公告的定期存款利率计付利息，期间遇利率调整不分段计息，不计复利，到期日为例假日，可在例假日前一天支取并扣除相应提前天数的利息。

（2）提前支取部分按支取日挂牌公告的活期存款利率计付利息。

（3）单位定期存款到期不取，逾期部分按支取日挂牌活期存款利率计付利息。

（4）利息收入无须缴纳利息收入所得税。

任务3　单位通知存款

一、业务释义

单位通知存款是指存款人在存入款项时不约定存期，支取时提前通知银行，约定支取存款日期和金额方能支取的存款形式。

二、主要业务规定

存入时：

（1）人民币最低起存金额 50 万元，最低支取金额 10 万元。外币最低起存与最低支取金额均为 50 万美元或其他等值外币；

（2）通知存款为记名式存款，存款凭证须注明"1 天通知存款"或"7 天通知存款"字样；

（3）通知存款存入时，存单或存款凭证上不注明存期和利率，金融机构按支取日挂牌公告的相应利率和实际存期计息，利随本清。

支取时：

（1）存款的实际取款网点应与通知时约定的取款网点一致；

（2）通知存款部分支取时留存部分高于最低起存金额的，按留存金额、原起存日期、原约定通知存款品种出具新的存款证实书，原证实书收回。留存部分低于起存金额的予以清户，按清户日挂牌公告的活期存款利率计息或根据存款人意愿转为其他存款。

三、学习活动

开户、通知、取款、计息

学习活动 1　开户

单位通知存款的开户流程如图 4–6 所示。

图 4–6　单位通知存款的开户流程

学习活动 2　通知

单位通知存款的通知流程如图 4–7 所示。

图 4–7　单位通知存款的通知流程

学习活动3 取款

单位通知存款的取款流程如图4-8所示。

图4-8 单位通知和存款的取款流程

学习活动4 计息

单位通知存款支取时，按下列情况计息。

（1）实际存期不足通知期限的，按活期存款利率计息。

（2）未提前通知而支取的，支取部分按活期存款利率计息。

（3）已办理通知手续而提前支取或逾期支取的，支取部分按活期利率计息。

（4）支取金额超过约定金额的，超过部分按活期利率计息。

（5）支取金额不足约定金额的，不足部分按照活期利率计息。

（6）支取金额不足最低通知金额的，按活期利率计息。

（7）通知存款如已办通知手续而不支取或在通知期限内取消通知的，通知期限内不计息。

任务4 单位协定存款

一、业务释义

单位协定存款是指开户单位与银行签订协定存款合同，约定期限并商定其结算账户须保留的基本存款额度，由银行对基本存款额度内的存款按结息日或支取日活期存款利率计息，超过基本存款额度部分的存款按结息日或支取日人行公布的高于活期存款，低于6个月定期存款利率的协定存款利率给付利息的一种存款种类。

二、主要业务规定

单位开立协定存款账户应与银行签订协定存款合同，约定合同期限，规定基本存款额度。合同期限最长为1年，到期任何一方若无提出终止或修改，则自动延期。

三、学习活动

开户、取消、计息

学习活动1 开户

单位协定存款的开户流程如图4-9所示。

学习活动2 取消

单位协定存款的取消流程如图4-10所示。

图 4-9　单位协定存款的开户流程

图 4-10　单位协定存款的取消流程

学习活动3　计息

单位协定存款按季结息，在结息期内，单位协定存款结算户内的每日余额低于最低留存额的部分，按活期利率计息；超过最低留存额的部分，按协定存款利率计息。

模块 2 | 个人储蓄存款业务

知识导入

一、业务释义

（一）储蓄

储蓄是指居民个人将手中待用或节余的货币有条件地存入储蓄机构的一种信用活动。储蓄机构是指经中国人民银行或其分支机构批准的银行、信用社及邮政企业依法办理个人储蓄业务的机构。

（二）我国实行保护和鼓励的储蓄政策

这是指居民个人在储蓄机构合法的储蓄存款受国家保护，任何单位和个人都不得侵犯。保护内容如下：

（1）承认居民个人对储蓄存款的占有权；

（2）尊重居民个人对储蓄存款的使用权；

（3）尊重居民个人对储蓄存款的处置权。

（三）储蓄的原则

储蓄的原则是存款自愿、取款自由、存款有息、为储户保密。

二、主要业务规定

开立个人储蓄存款账户时，必须遵照国家颁布的《个人存款账户实名制规定》的要求；客户必须出示本人的有效身份证件，代理开户的应同时出示代理人的有效身份证件；对大额储蓄存取款业务（人民币5万元以上或等值1万美元外币）及定期类储蓄存款的提前支取客户均应出示存款人、代理人的有效身份证件。

（1）柜员必须认真审核凭证要素，保证存单（折）与凭证上的账号、户名、金额相符。

（2）一般业务当面复核，提前支取、挂失、解挂等特殊业务必须经有权人当场复核并授权。

（3）大额存取款业务（人民币5万元以上或等值1万美元）、无折存款等特殊业务必须经有权人当场复核并授权。

（4）业务差错须进行冲销的，经复核并经业务主管审核批准后方可办理。

（5）手工计息的储蓄品种，柜员计算应付利息并经复核后方可支付。

（6）办理储蓄业务必须坚持"逐笔清"的原则。

三、存款利率表

中国人民银行决定，从2015年10月24日起，下调金融机构人民币贷款和存款基准利率。同时，对商业银行和农村合作金融机构等不再设置存款利率浮动上限，如表4-2所示。

表4-2   2015年最新银行存贷款基准利率表

各项存款利率	利率
活期存款	0.35
整存整取定期存款	**利率**
3个月	1.10
半年	1.30
1年	1.50
2年	2.10
3年	2.75
各项贷款	**利率**
6个月	4.35
1年	4.75
1～5年	4.90
公积金贷款	**利率**
5年以下（含5年）	2.75
5年以上	3.25

注：以上利率为人民银行公布的基准利率，自央行调整存款利率浮动区间后，各个银行的存款利率都在基准利率的基础上有所上浮。

任务1　个人活期储蓄存款

一、业务释义

个人活期储蓄存款是指不固定存期，随时可以存取的一种储蓄存款。

二、主要业务规定

（1）开立个人活期储蓄存款账户时，必须遵照国家颁布的《个人存款账户实名制规定》的要求。

（2）个人活期储蓄存款1元起存。

（3）个人活期储蓄存款账户只能办理现金存取业务和同名账户转账业务。

（4）个人活期储蓄存款办理无折续存业务用于冲正及其他经批准的业务时必须注意核对客户姓名与账号姓名相一致。

（5）个人活期储蓄每季末月20日结息，利息于次日入账。

三、学习活动

开户、存取款、销户、计息

学习活动1　开户

个人活期储蓄存款的开户流程如图 4-11 所示。

图 4-11　个人活期储蓄存款的开户流程

学习活动2　存取款

个人活期储蓄存款的存取款流程如图 4-12 所示。

图 4-12　个人活期储蓄存款的存取款流程

学习活动3　销户

个人活期储蓄存款的销户流程如图 4-13 所示。

图4-13　个人活期储蓄存款的销户流程

学习活动4　计息

个人活期储蓄存款在存期内遇利率调整，按结息日挂牌公告的存款利率计付利息。

与其他存款不同，活期存款利息按存入日的对应月对应日进行计算日期，其中，按每月30日，每年360日计算利息。例如：

1月1日存入，2月1日计算利息天数为30日，利息=活期存款利率×30/360

1月15日存入，2月18日计算利息天数为33日，利息=活期存款利率×33/360

1月15日存入，2月10日计算利息天数为25日，利息=活期存款利率×25/360

同时，与其他存款不同，是根据支取日的利率水平计算利息，活期存款利息随央行利率调整而及时调整。

知识链接

银行利息税变化时间表

利息税始于1950年，当年颁布的《利息所得税条例》规定，对存款利息征收10%（后降为5%）的所得税，1959年利息税停征，1999年11月1日再次恢复征收。

储蓄存款在1999年11月1日前孳生的利息所得，不征收个人所得税。

储蓄存款在1999年11月1日至2007年8月14日孳生的利息所得，按照20%的比例税率征收个人所得税。

储蓄存款在2007年8月15日至2008年10月8日孳生的利息所得，按照5%的比例税率征收个人所得税。

储蓄存款在2008年10月9日（含）后孳生的利息所得，暂停征收个人所得税。

个人活期存款在每个季度的最后一个月20日结息一次，涉及的2008年10月9日之前孳生的利息所得，还要按照5%的比例税率征收个人所得税。

任务2　整存整取定期储蓄存款

一、业务释义

整存整取定期储蓄存款是指在开户时本金一次存入，由储蓄机构发给储户存单，到期凭存单支取存款本金和利息的一种定期储蓄存款形式。

二、主要业务规定

（1）开立整存整取定期储蓄存款账户时，必须遵照《个人存款账户实名制规定》的要求。

（2）整存整取定期储蓄存款 50 元起存；存期分为 3 个月、半年、1 年、2 年、3 年和 5 年 6 个档次。

（3）整存整取定期储蓄存款可由客户约定转存期，到期后按约定的转存期无限次自动转存；若客户未约定转存期的，在存款期按原定利率计息，逾期按支取日活期挂牌利率计息。

（4）客户如急需用钱，全部或部分提前支取存款，必须凭存单和存款人的身份证件办理。若委托他人代理，则由委托人携带本人及存款人身份证件办理。

（5）整存整取定期储蓄存款只能部分提前支取一次。

三、学习活动

开户、提前或部分支取、销户、定期一本通、计息

学习活动 1　开户

整存整取定期储蓄存款的开户流程如图 4-14 所示。

图 4-14　整存整取定期储蓄存款的开户流程

学习活动 2　提前或部分支取

整存整取定期储蓄存款的提前或部分支取流程如图 4-15 所示。

图 4-15　整存整取定期储蓄存款的提前或部分支取流程

学习活动 3　销户

整存整取定期储蓄存款的销户流程如图 4-16 所示。

学习活动 4　计息

整存整取定期储蓄到期支取，期间不论利率是否调整，均按存单开户日挂牌公告的相应的定期储蓄存款利率计付利息。逾期支取时，其超过原定存期的部分，均按支取日挂牌公告的活期储蓄利率计付利息。

图4-16　整存整取定期储蓄存款的销户流程

任务3　零存整取定期储蓄存款和教育储蓄

一、业务释义

零存整取储蓄存款是指由储户在存款时约定存期，在存期内每月存入固定的金额，到期一次支取本金和利息的一种定期储蓄存款业务。它是定期储蓄的最基本存款形式之一。

教育储蓄是以储蓄存款方式，为子女接受非义务教育（指九年义务教育之外的全日制高中、大中专、大学本科、硕士和博士研究生）积蓄资金，是零存整取定期储蓄存款的一种。

二、主要业务规定

（一）零存整取储蓄存款

（1）开立零存整取储蓄存款账户时，必须遵照国家颁布的《个人存款账户实名制规定》的要求。

（2）零存整取储蓄存款5元起存。存期分为1年、3年、5年3个档次。

（3）零存整取储蓄存款无折续存业务用于冲正及其他经批准的业务。

（4）零存整取储蓄存款金额由客户自定，每月以约定的固定金额存入。在存期内若中途漏存一次，应在次月补齐；未补存或漏存次数在一次以上的，视同违约，存折上打印违约标志，对违约后存入的部分，支取时按活期利率计息。

（二）教育储蓄

（1）开立教育储蓄存款账户时，必须遵照国家颁布的《个人存款账户实名制规定》要求。

（2）教育储蓄存款50元起存。本金合计的最高限额为2万元。可选择按月方式存入，也可根据自身情况与银行网点协商存入次数（不少于2次）和金额（本金最高不超过2万元）。

（3）存期分为1年、3年、6年3个档次。

（4）教育储蓄存款无折续存业务用于冲正及其他经批准的业务。

（5）教育储蓄销户时，客户凭存折和学校开出的录取通知书或正在接受非义务教育的学生身份证明一次支取本金和利息。支付本金和利息后，应在证明原件上加盖"已享受一次利率优惠"等字样的印章。每份证明可以享受一次利率优惠，若客户不能提供证明，存款不享受利率优惠，按正常个人零存整取业务办理，并应按有关规定征收利息所得税。

（6）逾期支取时，其超过原定存期的部分，按支取日活期储蓄存款利率计付利息，并按有关规定征收储蓄存款利息所得税。

（7）零存整取定期储蓄和教育储蓄提前支取时，只能全额支取，不能部分提前支取。

三、学习活动

开户、存款、销户、计息

学习活动 1　开户

零存整取定期储蓄存款/教育储蓄存款的开户流程如图 4-17 所示。

图 4-17　零存整取定期储蓄存款/教育储蓄存款的开户流程

学习活动 2　存款

零存整取定期储蓄存款/教育储蓄存款的存款流程如图 4-18 所示。

图 4-18　零存整取定期储蓄存款/教育储蓄存款的存款流程

学习活动 3　销户

零存整取定期储蓄存款/教育储蓄存款的销户流程如图 4-19 所示。

图 4-19　零存整取定期储蓄存款/教育储蓄存款的销户流程

学习活动 4　计息

（一）零存整取定期储蓄存款

（1）零存整取定期储蓄存款采取"日积数"计息法，开户和续存时，积数为发生额乘以存入日至存款到期日的实际天数。到期时，存款的累计积数乘以开户日利率即为到期利息。

（2）零存整取定期储蓄存款中途如有漏存，应在次月补存，未补存者，视为违约，对违约后存入的部分，支取时按活期储蓄存款利率计息。

（3）零存整取定期储蓄存款到期支取、提前支取、逾期支取的利息计算比照相应的整存整取定期储蓄存款利息计算规定办理。

（二）教育储蓄

（1）教育储蓄存款支取时，凡能提供学校出具的非义务教育学生身份证明，其存款可享受所规定相应档次的优惠利率，即 1 年、3 年期按开户日挂牌公告的 1 年、3 年整存整取定期储蓄存款利率计付利息；6 年期按开户日公告的 5 年期整存整取定期储蓄存款利率计付利息。凡不能提供证明者，其存款支取时不享受所规定相应档次的优惠利率，只能按相应档次的零存整取定期储蓄存款利率计付利息。客户提供的证明，一份证明只能享受一次利率优惠。

（2）教育储蓄利息免征个人利息所得税。

同步阅读

3 万元存款转眼变成"保单"

案情介绍

罗家英家住长丰县烟墩乡新街村，2009 年 9 月 16 日，罗家英让女儿李晓燕去存款，钱顺利地被"存"进了中国银行合肥三里庵支行。

2009 年年底的一天，罗家英打算将存款取出来，再找儿女支持一下买个小房子。不料到银行一问才知道，不要利息存款也取不出来。仔细一了解，原来是存款被办理了保险。

2010 年 1 月 1 日，罗家英一家和保险公司进行了交涉，对方表示如果退保须扣除 3 000 元违约金。

"当时银行工作人员说存这个钱，白送一份保险。"李晓燕说，当时她也没有搞清楚，另外"又是在银行柜台办理的"，她就相信了是存钱，稀里糊涂地办了保险。

记者看到这是一份分红型保险。从保险单上可以看到，罗家英女士的这份保单从 2009 年 9 月 17 日生效，到 2014 年 9 月 17 日结束，时间为 5 年。保险公司为泰康人寿保险股份有限公司安徽分公司。

"这是在银行柜台上办理的，这不是误导人这是什么！"钱没法取出来，罗家英一家都觉得是受骗了。

签字就等于认可了？

泰康人寿却另有说法。

"她是成年人，保险也是她签字的，这说明她是认可的。"泰康人寿保险股份有限公司安徽分公司一名叶姓经理介绍说，这是银行和保险公司推出的理财产品，5 年期连本带利，收益肯定高于银行存款收入。

记者问道，在柜台上进行是不是有误导的嫌疑？

"当时我们说清了，不存在误导人。"叶某表示银行推出这项业务跟代理国库券、销售基金等没有什么区别。

中国银行合肥三里庵支行一位负责人也称，这是一种代理业务，相当于存款，在银行是很普遍的。

最后，银行方面表示，原定的 3 000 元违约金也不用交了，罗女士的保单可以退，不会扣钱，

3 万元如数退还。

市民存款时要问仔细。

对于罗女士的遭遇，理财师潘金花解释说：发生这种纠纷，一方面是部分银行工作人员为了拿提成，对不明真相的储户推销保险业务时，只说好听的，夸大高收益、高回报，误导储户购买保险；另一方面是许多储户对银行业务并不清楚，以为银行就是存钱、贷款的地方，其实随着银行业务的不断拓展，银行代理保险已经成为当前保险销售的重要渠道之一。

"现在很多银行都存在'混业经营'的情况，市民存款时一定要看清楚，问清楚。"她提醒说，要想杜绝这种纠纷，除了行业的规范与自律，还需要储户本身多注意。储户进了银行一定要多问问情况，根据实际情况选择适合自己的理财方式，不要糊里糊涂就把字签了。

思考分析：

请从一名柜员的角度分析理解目前各银行非常热衷的产品营销行为。

任务 4　其他储蓄存款

其他储蓄业务内容如下。

定活两便储蓄、存本取息定期储蓄、个人通知存款

学习活动 1　定活两便储蓄

（一）业务释义

定活两便储蓄指以存单为取款凭证，存款时不约定存期，随时可以提取，利率随存期长短而变动的一种介于活期和定期之间的储蓄业务品种。

（二）主要业务规定

（1）开立定活两便储蓄存款账户时，必须遵照国家颁布的《个人存款账户实名制规定》的要求。

（2）定活两便储蓄存款 50 元起存；单笔定活两便存入金额不能超过 50 万元。

（3）定活两便储蓄只能办理现金存取业务和同名账户转账业务。

（4）新开定活两便储蓄存单时，5 万元（含）以下使用普通存单，5 万元以上至 50 万元（含）使用大额定期存单，50 万元以上使用特种大额存单。

（三）计息

（1）定活两便储蓄存款，存期不满 3 个月的，按支取日挂牌公告活期储蓄存款利率计息。

（2）存期 3 个月（含）以上不满半年的，整个存期按支取日挂牌公告的整存整取 3 个月定期储蓄存款利率打 6 折计息。

（3）存期半年以上（含）不满 1 年的，整个存期按支取日挂牌公告的整存整取半年定期储蓄存款利率打 6 折计息。

（4）存期在 1 年以上（含），无论存多长，整个存期按支取日挂牌公告的整存整取 1 年定期储蓄存款利率打 6 折计息。

学习活动 2　存本取息定期储蓄

（一）业务释义

存本取息定期储蓄是一次存入本金，按约定时间分次支取利息，到期归还本金的定期业务。

（二）主要业务规定

（1）开立存本取息定期储蓄存款账户时，必须遵照国家颁布的《个人存款账户实名制规定》的要求。

（2）存本取息定期储蓄存款 5 000 元起存，分为 1 年、3 年、5 年 3 个档次。

（3）存本取息定期储蓄只能办理现金存取业务和同名账户转账业务。

（4）客户需要提前支取本金，须出示本人有效身份证件，若代办的，还应同时出示代理人证件。

（三）计息

（1）存本取息定期储蓄存款存期内按月计付利息，计付时间按"对月、对日"计算。

（2）取息日未到不得提前支取利息，如到取息日未取的利息，以后可随时支取，但不计复利。

（3）存本取息定期储蓄的到期支取、提前支取及逾期支取的利息计算，比照相应的整存整取储蓄存款利息计算规定办理。

学习活动 3　个人通知存款

（一）业务释义

个人通知存款是指存款人在存入款项时不约定存期，支取时须提前通知金融机构，约定支取存款日期和金额方能支取的存款。

（二）主要业务规定

（1）开立个人通知存款账户时，必须遵照国家颁布的《个人存款账户实名制规定》要求。

（2）人民币个人通知存款最低起存金额为 5 万元，最低支取金额为 5 万元。存款人须一次存入，可以一次或分次支取。外币最低起存与最低支取金额均为 5 000 美元或等值外币。

（3）个人通知存款分为"1 天通知存款"或"7 天通知存款"。外币个人通知存款只有 7 天通知存款。

（4）个人通知存款部分支取后留存部分低于起存金额的予以清户，按清户日挂牌公告的活期存款利率计息或根据存款人意愿转为其他存款。

（三）计息

个人通知存款支取时，按下列情况计息。

（1）实际存期不足通知期限的，按活期存款利率计息。

（2）未提前通知而支取的，支取部分按活期存款利率计息。

（3）已办理通知手续而提前支取或逾期支取的，支取部分按活期利率计息。

（4）支取金额超过约定金额的，超过部分按活期利率计息。

（5）支取金额不足约定金额的，不足部分按活期利率计息。

（6）支取金额不足最低通知金额的，按活期利率计息。

（7）通知存款如已办通知手续而不支取或在通知期限内取消通知的，通知期限内不计息。

课外阅读

怎样存款最划算

1. 存钱只图方便一定不划算

有的人仅仅为了方便支取就把数千元乃至上万元钱都存入活期，这种做法当然不可取。假若活期存款年利率为 0.36%，1 年期年利率为 2.25%，3 年期年利率为 3.33%，5 年期年利率为 3.60%。假如以 5 万元为例，扣除利息税后，3 年期获得的存款利息约为 3 024 元，5 年期获得的利息约为 5 580 元，假如把这 5 万元存为活期，1 年只有 288 元利息，即使存 3 年利息也只有千元左右。由此可见，同样是 5 万元，存的期限相同但存款方式不同，3 年活期和 3 年定期的利息差距还是不小的。

2. 存期越长不一定越划算

不少人为了多得利息，把大额存款都集中到 3 年期和 5 年期上，而没有仔细考虑自己预期的使用时间，盲目地把余钱全都存成长期。如果急需用钱，便要办理提前支取，这就会出现"存期越长，利息越吃亏"的现象。现在针对这一情况，银行规定对于提前支取的部分按活期算利息，没提前支取的仍然按原来的利率算。所以，个人应按各自不同的情况选择存款期限和类型。

从目前的存款利率来看，定期存款宜选择短期。一方面，存款期限长短对利率的影响已经不大，1 年期存款利率和 5 年期存款利率的差距现在只有每月 0.675‰；另一方面，如今存款利率已是历史最低，利率再次下调空间较小，如果今后出现利率上调，若现在选择长期存款，在利率调高时无法享受较高的利率，就要受到损失，而短期存款流动性强，到期后马上可以重新存入。

3. "滚雪球"的存钱方法比较划算

在具体的操作上，不妨采用一种巧妙的方法。可以每月将家中余钱存 1 年定期存款。1 年下来，手中正好有 12 张存单。这样，不管哪个月急用钱都可取出当月到期的存款。如果不需用钱，可将到期的存款连同利息及手头的余钱接着转存 1 年定期。这种"滚雪球"的存钱方法保证不会失去理财的机会。

而且现在银行都推出了自动转存服务。在储蓄时，应与银行约定进行自动转存。这样做，一方面是避免了存款到期后不及时转存，逾期部分按活期计息的损失；另一方面是存款到期后不久，如遇利率下调，未约定自动转存的，再存时就要按下调后利率计息，而自动转存的，就能按下调前较高的利率计息。如到期后遇利率上调，也可取出后再存。

同步思考

思考分析： 通知存款与活期和定期存款相比有哪些优点？

分析提示： 从期限规定和利率方面思考。

任务 5　存款计息

一、存款利息计算的有关规定

（1）存款计息起点为元，元以下角分不计利息。利息金额算至分位，分以下尾数四舍五入。除活期储蓄在每季末月结息时并入本金外，各种储蓄存款不论存期多长，一律不计复息。

（2）存期计算："算头不算尾"，计算利息时，存款天数一律算头不算尾，即从存入日起算至取款前一天止。

（3）定期到期支取：按开户日挂牌公告的整存整取定期储蓄存款利率计付利息。

（4）定期提前支取：按支取日挂牌公告的活期储蓄存款利率计付利息。部分提前支取的，提前支取的部分按支取日挂牌公告的活期储蓄存款利率计付利息，其余部分到期时按开户日挂牌公告的整存整取定期储蓄存款利率计付利息，部分提前支取以一次为限。

（5）定期逾期支取：自到期日起按存单的原定存期自动转期。在自动转期后，存单再存满一个存期（按存单的原定存期），到期时按原存单到期日挂牌公告的整存整取定期储蓄存款利率计付利息；如果未再存满一个存期支取存款，此时将按支取日挂牌公告的活期储蓄存款利率计付利息。

（6）定期储蓄存款在存期内如遇利率调整，仍按存单开户日挂牌公告的相应的定期储蓄存款利率计算利息。

（7）活期储蓄存款在存入期间遇有利率调整，按结息日挂牌公告的活期储蓄存款利率计算利息。

（8）大额可转让定期存款：到期时按开户日挂牌公告的大额可转让定期存款利率计付利息。不办理提前支取，不计逾期利息。

（9）基本公式：

$$利息=本金×利率×存期$$

二、学习活动：利息的具体计算方法

活期利息、定期和零存整取利息、存本取息和定活两便利息

学习活动1　活期存款利息计算

（1）活期储蓄存款在办理存取业务时，应逐笔在账页上结出利息余额，储户清户时一次计付利息。

（2）活期储蓄（存折）存款每季末月20日结息。结息时可把"元"以上利息并入本金，"元"以下角分部分转入下年利息余额内。

（3）活期储蓄存款在存入期间遇有利率调整，按结息日挂牌公告的活期储蓄存款利率计算利息。全部支取活期储蓄存款，按清户日挂牌公告的活期储蓄存款利率计付利息。

（4）活期储蓄的利息计算公式：

$$活期储蓄的利息 \begin{matrix} =\sum（积数×日利率） \\ =\sum（每日变动的存款余额×实存天数×日利率） \end{matrix}$$

【例4-1】某储户活期存折记载如表4–3所示。

表4-3　　　　　　　　　　　　　某储户活期存折记载

年	月	日	存入（元）	支取（元）	余额（元）	存期（元）	积数（元）
2013	8	2	1 000		1 000	34	34 000
	9	5		200	800	3	2 400
	9	8		100	700	12	8 400
	9	20	200		900	11	9 900
	10	1	销户	900	0		∑54 700

如果活期储蓄月利率为1.8‰，那么，

销户日利息=54 700×0.001 8÷30=3.28（元）

学习活动2　定期和零存整取存款利息计算

（一）定期存款利息

（1）基本公式：

$$定期利息=本金×利率×存期$$

（2）确定存期：在本金、利率确定的前提下，要计算利息需要知道确切的存期。在现实生活中，储户的实际存期很多不是整年整月的，一般都带有零头天数，这里介绍一种简便易行的方法，可以迅速、准确地算出存期，即采用以支取日的年、月、日分别减去存入日的年、月、日，其差数为实存天数。

例如，支取日2013年6月20日−存入日2000年3月11日=3年3月9日，按储蓄计息对于存期天数的规定，换算天数为：3×360（天）+3×30（天）+9，如果发生日不够减时，可以支取"月"减去"1"化为30天加在支取日上，再各自相减，其余类推。这种方法既适合用于存取时间都是

当年的，也适用于存取时间是跨年度的。

（二）零存整取存款利息

（1）零存整取的储蓄利息到期时以实存金额按开户日挂牌公告的零存整取定期储蓄存款利率计付利息。逾期支取时其逾期部分按支取日挂牌公告的活期储蓄存款利率计付利息。

（2）零存整取定期储蓄计息方法有几种，一般家庭宜采用"月积数计息"方法。

公式：

$$利息=月存金额×累计月积数×月利率$$

其中：

$$累计月积数=（存入次数+1）÷2×存入次数$$

据此推算 1 年期的累计月积数为（12+1）÷2×12=78，以此类推，3 年期、5 年期的累计月积数分别为 666 和 1830，储户只须记住这几个常数就可按公式计算出零存整取储蓄利息。

【例 4-2】某储户 2012 年 3 月 1 日开立零存整取户，约定每月存入 100 元，定期 1 年，开户日该储种利率为月息 4.5‰，按月存入至期满，其应获利息为：100×78×4.5‰=35.1 元

学习活动 3　存本取息和定活两便存款利息计算

（一）存本取息存款利息

计算存本取息的储蓄利息，储户于开户的次月起每月凭存折取息一次，以开户日为每月取息日。储户如有急需可向开户银行办理提前支取本金（不受理部分提前支取），按支取日挂牌公告的活期储蓄存款利率计付利息，并扣回每月已支取的利息。逾期支取时其逾期部分按支取日挂牌公告的活期储蓄存款利率计付利息。该储种利息计算方法与整存整取定期储蓄相同，在算出利息总额后，再按约定的支取利息次数平均分配。

【例 4-3】某储户 2015 年 7 月 1 日存入 1 万元存本取息储蓄，定期 3 年，利率年息 7.47%，约定每月取息一次，计算利息总额和每次支取利息额为：

利息总额=10 000×3（年）×7.47%=2 241 元。每次支取利息=2 241÷36（月）=62.25 元。

（二）定活两便存款利息

定活两便储蓄具有定期或活期储蓄的双重性质。存期 3 个月以内的按活期计算，3 个月以上的，按同档次整存整取定期存款利率的 6 折计算。存期在 1 年以上（含 1 年），无论存期多长，整个存期一律按支取日定期整存整取 1 年期存款利率打 6 折计息。

公式：

$$利息=本金×存期×利率×60\%$$

因定活两便储蓄不固定存期，支取时极有可能出现零头天数，出现这种情况，适用于日利率来计算利息。

【例 4-4】某储户 2015 年 2 月 1 日存入定活两便储蓄 1 000 元，2015 年 6 月 21 日支取，应获利息多少元？

先算出这笔存款的实际存期为 140 天，应按支取日定期整存整取 3 个月利率（年息 2.88%）打 6 折计息。应获利息=1 000 元×140 天×0.08‰（日利率）×60%=6.72 元

📚 同步练习

定期逾期的利息计算

某储户于 2014 年 6 月 13 日存入一笔 1 年定期存款 20 000 元，1 年定期利率为 2.5‰，（当时活期利率为 0.35%）。

问题：

1. 2015 年 8 月 17 日支取时储户所得利息。

2. 如该笔定期到期后能自动转存，请问利息该如何计算？

任务 6　个人存款挂失

一、业务释义

个人存款挂失业务是指存款人因各种原因遗失存款单（折、卡）、遗忘存款密码，要求银行将有关存款账户止付，并按规定手续补发存单（折、卡）、密码重置或支取存款。

二、主要业务规定

（1）申请挂失的必须是记名式的存单（折、卡）、国债，不记名的不能挂失。

（2）挂失的方式有口头挂失、正式挂失、密码挂失。

（3）在特殊情况下，储户可以用口头函电形式申请挂失，但必须在同城口头挂失的 5 天或异地挂失的 15 天之内补办书面挂失手续，否则口头挂失将自动失效。

（4）挂失必须持本人有效身份证明，并提供存款人姓名、开户时间、储蓄种类、金额、账号及住址等有关情况，向开户的营业网点正式书面申请挂失。营业网点在确认该笔存款未被支取的前提下，方可受理挂失。

（5）挂失时可委托他人代理，被委托人必须出示有效身份证件；但挂失期满补领新存单（折、卡）时或支取存款时，只能由原存款人办理而不能代办。

（6）开通通存通兑业务的网点可办理跨网点口头挂失，但正式挂失和密码挂失必须是开户网点方可办理。

（7）正式挂失 7 天后，储户方可到原挂失网点补领存单（折、卡）、密码重置或支取存款。

（8）储户用函电形式或委托他人要求撤销挂失申请的，不予受理。

（9）挂失业务属于特殊业务，须由业务主管或指定负责人授权办理。

三、操作活动

口头挂失、正式挂失、解除挂失、密码挂失和重置

学习活动 1　口头挂失

个人存款的口头挂失流程如图 4-20 所示。

图 4-20　个人存款的口头挂失流程

学习活动 2　正式挂失

个人存款的正式挂失流程如图 4-21 所示。

业务受理 → 审核 → 查询客户信息 → 正式挂失交易 → 授权 → 打印并签章 → 客户签字 → 收费 → 后续

柜员审核客户填写的挂失申请书和客户身份证，查询客户信息并核对

柜员获得授权进行挂失，登记挂失止付登记簿

柜员填开挂失手续费收据，并收取手续费，将一联挂失申请书和手续费收据交客户

图 4-21　个人存款的正式挂失流程

学习活动 3　解除挂失

个人存款的解除挂失流程如图 4-22 所示。

业务受理 → 审核 → 查询客户信息 → 解除挂失交易 → 授权 → 打印并签章 → 客户签字 → 后续

客户持身份证、存单（折、卡）、挂失申请书办理解除挂失手续

柜员获得授权进行解除挂失交易，登记挂失止付登记簿，在挂失申请书上注明"某年某月某日撤销挂失"字样

图 4-22　个人存款的解除挂失流程

学习活动 4　密码挂失和重置

个人存款的密码挂失和重置流程如图 4-23 所示。

业务受理 → 审核 → 查询客户信息 → 挂失交易 → 授权 → 打印并签章 → 客户签字 → 重置密码交易 → 授权 → 收费 → 后续

客户持身份证、存单（折、卡）、挂失申请书办理密码挂失手续

柜员获得授权进行挂失，登记挂失止付登记簿

柜员使用密码重置交易，由客户输入新密码，并获得授权；柜员开收据收取手续费

图 4-23　个人存款的密码挂失和重置流程

模块 3 ｜ 项目强化训练

一、判断题

1. 零存整取提前支取时，必须全额支取，不能部分提前支取。　　　　　　　　（　　　）

2. 一次性提款 10 万元以上需要授权。   （　　　）

3. 储蓄账户仅限于办理现金存取业务，不得办理转账结算。   （　　　）

4. 定期存款支取时，如非本人支取，须同时出示存款人及代理人的身份证件。   （　　　）

5. 个人通知存款的本金起存金额是 5 000 元。   （　　　）

6. 单位活期存款的结息日为每年 6 月 30 日。   （　　　）

7. 定期存款在存期内遇有利率调整，均按存单开户日所定利率计付利息。   （　　　）

8. 电话和口头挂失后，应于 5 日内补办书面申请挂失手续。   （　　　）

9. 整存整取定期储蓄存款开户时 10 元起存。   （　　　）

10. 储蓄存款挂失前已被他人支取的，储蓄机构不负赔偿责任。   （　　　）

二、单项选择题

1. 我国储蓄存款的原则是（　　　）。

   A. 实行统一的利率政策

   B. 存款自愿，取款自由，存款有息，为储户保密

   C. 实行鼓励政策

   D. 实行保护政策

2. 整存零取定期储蓄存款（　　　）元起存。

   A. 100　　　　　　　B. 500　　　　　　　C. 1 000　　　　　　　D. 5 000

3. 下列（　　　）可作为存款实名制的有效证件。

   A. 机动车驾驶证　　　　　　　　　B. 法定身份证的复印件

   C. 临时居民身份证　　　　　　　　D. 学生证

4. 活期储蓄存折户（　　　）为结息日。

   A. 每年 6 月 30 日　　B. 每月 20 日　　C. 每季末月 20 日　　D. 每季末月 21 日

5. 通过电话、电报、信函等方式进行口头挂失的，必须在挂失（　　　）天以内补办书面挂失手续，否则挂失自动失效。

   A. 4　　　　　　　　B. 5　　　　　　　C. 6　　　　　　　D. 7

6. 未到期定期储蓄存款，全部提前支取的，按支取日挂牌公告的（　　　）利率计付利息。

   A. 活期储蓄存款　　　　　　　　　B. 相应档次的定期储蓄存款

   C. 相应档次的定期储蓄存款打 6 折　D. 相应档次的定期储蓄存款打 5 折

7. 零存整取存款中途如有漏存，应在（　　　）补齐。

   A. 当月　　　　　　B. 次月　　　　　　C. 3 个月　　　　　　D. 随时

8. 某客户于 2014 年 6 月 3 日存入定期 1 年储蓄存款 10 000 元，假定支取日为 2015 年 8 月 20 日，存入日 1 年期存款利率 2.25%，2015 年 8 月 18 日调整为 2.52%，活期储蓄存款利率为 0.72%，则应支付客户的金额为（　　　）元。

   A. 10 219　　　　　B. 10 192.48　　　　C. 10 192.32　　　　D. 10 240.60

9. 某储户存一笔 6 年期的教育储蓄，每月最高存入的金额为（　　　）元。

   A. 347.22　　　　　B. 277.78　　　　　C. 555.56　　　　　D. 416.67

10. 若储户找到已经被挂失的存单（折），储户用函电方式或委托他人要求撤销挂失申请的，（　　　）受理。

   A. 可以　　　　　　B. 不予　　　　　　C. 不确定　　　　　　D. 以上都不对

11. 对教育储蓄业务下列叙述正确的是（　　　）。

   A. 教育储蓄部分提前支取，能提供学校证明的，按实际存期和开户日同档次整存整取定

期存款利率计算

    B. 教育储蓄提前支取，不能提供学校证明的，按实际存期和同开户日同档次零存整取定期存款利率计算

    C. 教育储蓄逾期支取，超过原定存期的部分，按支取日活期利率计付利息并按规定征收利息所得税

    D. 教育储蓄分 1 年、3 年、6 年 3 个档次，到期支取能提供学校证明的，分别按实际存期和同开户日同档次整存整取定期存款利率计算

12. 零存整取是定期储蓄的一种，本金（　　　）起存，存期分为（　　　）。

    A. 10 元；3 个月、1 年、3 年　　　　　　B. 5 元；半年、1 年、3 年

    C. 10 元；半年、1 年、3 年　　　　　　D. 5 元；1 年、3 年、5 年

13. 教育储蓄的对象为在校小学（　　　）以上学生。

    A. 三年级（含）　　　　　　　　　　B. 四年级（含）

    C. 五年级（含）　　　　　　　　　　D. 六年级（含）

14. 定期储蓄存款的期限分为（　　　）。

    A. 1 年、2 年、3 年、5 年

    B. 半年、1 年、2 年、3 年、5 年

    C. 3 个月、半年、1 年、2 年、3 年、5 年

    D. 3 个月、半年、1 年、2 年、3 年、5 年、8 年

15. 储户凭未到期的定期储蓄存款存单部分支取次数（　　　）。

    A. 只限一次　　　　　　B. 只限两次　　　　　　C. 只限三次　　　　　　D. 只限四次

三、多项选择题

1. 储蓄的职能有（　　　）。

    A. 借贷职能　　　　　B. 投资职能　　　　　C. 分配职能　　　　　D. 延期消费职能

    E. 积累职能

2. 口头挂失方式包括（　　　）。

    A. 电话　　　　　　　B. 电报　　　　　　　C. 信函　　　　　　　D. 电子邮件

3. 零存整取定期储蓄存款的存期分为（　　　）。

    A. 6 个月　　　　　　B. 1 年　　　　　　　C. 2 年　　　　　　　D. 3 年

    E. 5 年

4. 储蓄利息在现实经济生活中主要具有下列作用（　　　）。

    A. 鼓励作用　　　　　B. 报酬作用　　　　　C. 补偿作用　　　　　D. 杠杆作用

5. 下列做法属于"使用不正当手段吸收存款"的是（　　　）。

    A. 利用广播、电视等媒体做宣传

    B. 以散发有价馈赠品为条件吸收储蓄存款

    C. 利用汇款、贷款或其他业务手段强迫储户存款

    D. 利用各种名目多付利息、奖品或其他费用

6. 储蓄利息计算的基本规定有（　　　）。

    A. 利随本清，不计复利

    B. 定活两便储蓄支取日的相应档次的整存整取定期储蓄存款利率打 6 折计息

    C. 本金以元为起息点，元以下不计息

    D. 活期储蓄按结息日或销户日银行挂牌公告的活期储蓄存款利率计息

7. 储蓄操作员办理交接时必须交接的事项有（　　　）。

　　A. 现金　　　　　　　　　　　　　　B. 密码

　　C. 部分重要空白凭证　　　　　　　　D. 全部重要空白凭证

8. 不能由他人代理的储蓄挂失业务有（　　　）。

　　A. 密码挂失　　　B. 挂失到期取款　　C. 书面挂失　　D. 挂失预留印鉴

9. 对储蓄存单（折）挂失业务说法正确的有（　　　）。

　　A. 营业网点在确认该存款属实并未被支取的前提下，方可办理挂失手续

　　B. 未成年存款人没有身份证申请办理挂失手续的，要出具户口簿和监护人的身份证

　　C. 通存通兑的存折遗失，储户可在通存通兑范围内任一联网柜台办理正式挂失手续

　　D. 挂失业务属于特殊业务，必须经主管授权

10. 储蓄存款的存期计算"算头不算尾"是指（　　　）。

　　A. 存款的当日计息　　　　　　　　　B. 存款的次日计息

　　C. 取款当天计息　　　　　　　　　　D. 取款当天不计息

11. 柜员办理整存整取定期储蓄存款时，应在计算机上录入的是（　　　）。

　　A. 户名　　　　　　　　　　　　　　B. 金额

　　C. 地址　　　　　　　　　　　　　　D. 身份证件名称和号码

12. 整存整取定期储蓄部分提前支取时，柜员应计算机打印的有（　　　）。

　　A. 原存单　　　B. 新存单　　　C. 计息单　　　D. 存款凭证

13. 如果存折满页需要换新存折时，存折上不变化的是（　　　）。

　　A. 存折账号　　　B. 户名　　　C. 存折凭证号　　D. 存折积数

14. 整存整取定期储蓄存款销户时，以下说法正确的是（　　　）。

　　A. 如为提前支取，应审查存单与支取人身份证件是否相符，不必登记

　　B. 如凭印鉴支取，须折角核对印鉴

　　C. 凭密码支取的，由储户输入密码

　　D. 如为提前支取，应审查存单与支取人身份证件是否相符，在存单背面登记证件名称及号码

15. 柜员接到委托人交来的存单、身份证件及需要办理异地托收的证明时，应审查（　　　）。

　　A. 存单户名与身份证明是否一致　　　B. 是否符合受理托收的范围和条件

　　C. 是否为本行签发　　　　　　　　　D. 是否须凭密码、印鉴支取

四、简答题

1. 我国的储蓄政策原则是什么？

2. 现行的储蓄种类有哪些？

3. 存款挂失的种类和主要规定是什么？

4. 什么是个人存款实名制？

5. 储蓄存款提前支取有什么特殊规定？

6. 哪些人可以办理教育储蓄？在哪些学习阶段可以享受教育储蓄免税优惠？一个人至多可以享受几次教育储蓄免税优惠？

五、请做出下列业务流程图并对关键环节予以说明

1. 个人活期存款开户。

2. 个人定期存款的提前支取。

3. 个人零存整取存款的正式挂失与解挂。

4. 单位活期存款的续存与转账。

5. 教育储蓄存款的销户。

六、案例分析

存款挂失案例分析

【案例一】

孙某 2012 年 10 月 15 日存入某银行网点储蓄存款 10 000 元，存期 3 年，2014 年 10 月 16 日于某持孙某的存款单前来提前支取，网点当班柜员只向于某索取了身份证件，就办理了提前支取，2015 年 5 月 20 日孙某到该网点要求挂失，发现存款已被冒领，再找于某已下落不明。请问该事件中柜员的失误是什么？

【案例二】

王某在 2015 年 8 月 19 日发现未到期的储蓄存单 1 000 元遗失，即向原存款储蓄所申请挂失。柜员张某经查核，该存单已于 2015 年 8 月 15 日被支取，经办人为李某，复核员林某，支取人身份证件登记为吴某，于是不受理挂失。王某要求赔偿本息。储蓄所经调查证实，决定李某、林某赔偿本息。请问该储蓄所的处理决定是否正确并说明理由。

【案例三】

2015 年 2 月 20 日 15 时 17 分 47 秒徐某因储蓄存单被盗去某储蓄所挂失。储蓄员告知挂失必须凭身份证，徐某即离开柜台回家。15 时 23 分，储蓄员腾出手来再处理挂失的事，徐某只提供了姓名，没告知账号，储蓄员灵机一动，迅速找来当地制药厂的职工清单（徐某所在厂工资转存账户），当查到徐某账号已是 15 时 26 分 58 秒，而徐某一笔 900 元存款已于 15 时 22 分 35 秒在另一储蓄所被冒领。等到 15 时 48 分徐某持着身份证来办理正式挂失手续时，她的存款已全部被冒领。请问该事件中储蓄员是否有失职之处？

【案例四】

个体工商户业主张某今年 1 月在某银行存款 7 800 元，3 月的一天，存折被盗，张某当即向公安机关报案，并向银行挂失。该行工作人员接到挂失电话后，经电脑查对确有该笔款项，并口头告知张某存款未被冒领。第二天，张某去银行，银行告知存款已被冒领。现公安机关尚未侦破此案。请问在这种情况下银行有无责任？张某能否要求银行赔偿？

思考分析：

在商业银行前台存款业务中，最大的风险之一就来源于存款挂失业务的办理。上述 4 个案例都涉及存款的挂失业务，请分别指出以上案例中柜员的办理不当之处及正确的工作规范并回答案例后的问题。

项目5
商业银行贷款业务

学习目标

　　贷款是商业银行及其他金融机构取得利润的主要途径，它的规模和结构，直接影响着金融机构的经营成败。本项目通过介绍商业银行前台柜员办理公司和个人贷款发放和回收的操作核算过程，使学员了解和熟悉以下内容：

　　（1）贷款的含义和分类；

　　（2）一般贷款的发放和收回核算规程；

　　（3）贴现业务的核算规程；

　　（4）个人和外汇贷款的核算规程。

知识导入

一、业务释义

商业银行贷款指商业银行根据国家政策以一定的利率将资金发放给资金需要者，并约定期限归还的一种经济行为或信用行为。

贷款资产是我国商业银行最重要的资产业务，是银行取得利润的主要途径。贷款的规模和结构对商业银行的经营成败具有关键性的意义，其经营的结果直接影响商业银行安全性、流动性和营利性目标的实现。

二、商业银行的贷款原则

（1）安全性原则。该原则包括两重含义，一是指作为授信的贷款银行，要保证贷款的发放或分配不至于引起存款提取时受到威胁或影响；二是指作为授信的借款方，要保证贷款在使用过程中不至于产生贷款本息的漏损。

商业银行在贷款业务中必须贯彻安全性原则，这是由商业银行资金结构的性质决定的。与企业相比，商业银行的自有资本比例非常低，这决定其抗风险能力是极其薄弱的。同时，贷款又是商业银行最大的资产业务，是风险的聚集地。

（2）流动性原则。该原则指银行在以最小的损失或者是无损失的状态下，把贷款资产转换为现金的能力。

双重要求是指：一是银行在全部资产负债中，应经常性地保持对负债的及时支付能力；二是要求借款企业在整个资产营运的过程中，能够保持变现的能力，以确保及时归还银行贷款的能力。

（3）效益性原则。该原则指贷款的分配和使用都必须以最小的贷款投入或费用取得最大的收益或效用为原则。这是商业银行贷款业务经营中必须坚持的一项根本原则，每一笔贷款的发放与收回都要考虑贷款的赢利能力，全面贯彻和执行效益性原则。

商业银行在本质上是企业，追求利润也应始终是商业银行的根本性目标。

三、办理贷款业务的基本程序

办理贷款业务的基本程序如下所述。

客户申请—受理—调查—审查—审议与审批—与贷款客户签订合同—贷款发放—贷后管理—贷款收回

（一）贷款申请

借款人需要贷款，应当向主办银行或其他银行的经办机构提出书面申请，填写包括借款币种、金额、期限、用途、担保方式、偿还能力及还款方式等主要内容的借款申请书，并提供相关资料。

（二）贷款申请的受理

银行经办部门客户经理受理借款申请，初步接洽有关事项，对客户基本情况及项目可行性进行初步调查，认定客户是否具备贷款的基本条件。根据初步认定结果和商业银行资金规模等情况，决定是否受理申请的贷款。

对同意受理的贷款业务，商业银行根据信贷业务品种，通知客户填写统一制式的申请书，同时提供相关资料。

（三）贷款调查

银行经办部门受理借款人申请后，应当对借款人的信用等级以及借款的合法性、安全性、营利性等情况进行调查，核实借款人的基本条件、抵押物、质物、保证人情况，测定贷款的风险度，送交贷款审查人员审查确认。

（四）贷款审查

信贷管理部门是贷款的审查部门，对下级上报的客户资料和贷款调查资料进行审查。

（五）贷款审议和审批

贷款审批主要是在贷款调查的基础上，根据信贷政策，决定贷与不贷、贷多贷少，期限长短问题。把好贷款关是放好、用好贷款的关键性步骤，要坚持按贷款政策、原则和制度逐笔审批，按贷款权限审批。

（六）签订借款合同

所有贷款应当由贷款人与借款人签订借款合同。借款合同应当约定借款种类、借款用途、金额、利率、借款期限、还款方式，借贷双方的权利、义务、违约责任和双方认为需要约定的其他事项。保证贷款、抵押贷款、质押贷款可以单独与保证人、抵押人、抵押人签订保证合同、抵押合同、质押合同，并依法办理有关登记。

（七）贷款的发放

银行应根据贷款合同的生效时间办理贷款发放手续。超授权贷款业务，银行必须在合同附加条款中注明：本合同须经上级信贷管理部门审查认可后方正式生效。在合同生效前不得加盖公章。

（八）贷款业务发生后的管理

银行要进行信贷业务发生后的管理，信贷资料的保管和贷款业务日常管理。

（九）贷款到期处理

贷款管理人要在每笔贷款到期前10天，填制一式三联的贷款到期催收通知书，一联发送贷款方并取得回执；一联发送保证人、抵押人或质押人并取得回执；一联留存备查。

贷款到期归还要按照贷款合同约定的期限和还款方式，由借款人主动归还。企业借款人与贷款银行签订有"划款授权书"的，银行可按"划款授权书"的约定自动从借款人的账户中予以扣收。

借款人还清全部贷款后，银行应将抵押、质押的权利凭证交还抵押人、质押人并作签收登记。设定抵押、质押登记的，要及时向抵押登记部门出具有关手续。

贷款到期尚未归还的贷款，从贷款到期的次日起计收逾期利息。

因特殊原因借款人到期无力偿还贷款时，可申请办理贷款展期。

四、贷款的分类

贷款的分类如表5-1所示。

表5-1　　　　　　　　　　　　　　　贷款的分类

分类	类型	释义
期限	短期	金融企业根据有关规定发放的期限在1年以下（含1年）的各种贷款，包括质押贷款、抵押贷款、保证贷款、信用贷款、进出口押汇等
	中期	金融企业发放的贷款期限在1年以上5年以下（含5年）的各种贷款
	长期	金融企业发放的贷款期限在5年（不含5年）以上的各种贷款

续表

分类	类型		释义
周转性质	流动资金		用于满足借款人正常生产经营过程中,为在耗用或销售而储存的种类存货,季节性物资储备等生产经营周转性或临时性的资金需求
	固定		用于借款人新建、扩建、改造、开发和购置等固定资产投资项目的贷款
方式	信用		以借款人信誉发放的贷款
	担保	保证	按《中华人民共和国担保法》规定的保证方式,以第三人承诺在借款人不能偿还贷款时,按约定承担一般保证责任或者连带责任而发放的贷款
		抵押	按《中华人民共和国担保法》规定的抵押方式,以借款人或第三人的动产或权利作为抵押物发放的贷款
		质押	按《中华人民共和国担保法》规定的质押方式,以借款人或第三人的动产或权利作为质物发放的贷款
	票据贴现		贷款人以购买借款人未到期商业票据的方式发放的贷款
贷款损失	正常		借款人能够履行合同,有充分把握按时足额偿还本息
	关注		尽管借款人目前有能力偿还本息,但存在有些可能对偿还产生不利影响的因素
	次级		借款人的还款能力出现明显问题,依靠其正常的经营收入已无法保证足额偿还本息
	可疑		借款人无法足额偿还本息,即使执行抵押或担保,也肯定要造成一部分损失
	损失		在采取所有可能的措施和一切必要的法律程序之后,本息仍然无法收回,或只能收回极少部分
贷款账户	正常		贷款期内
	展期		贷款到期后,客户申请延期还款
	逾期		贷款到期后(展期)仍未收回贷款
	催收		呆滞贷款,逾期90天以上或生产经营已停止,还款困难
	呆账		逾期3年准备核销

模块 1 | 人民币贷款业务

任务 1　一般人民币贷款业务

学习活动

发放、抵押、质押的核算、收回

学习活动 1　发放

一般人民币贷款业务的发放流程如图 5-1 所示。

学习活动 2　抵押、质押的核算

一般人民币贷款业务的抵押、质押核算流程如图 5-2 所示。

学习活动 3　收回

一般人民币贷款业务的收回流程如图 5-3 所示。

图 5-1　一般人民币贷款业务的发放流程

图 5-2　一般人民币贷款业务的抵押、质押核算流程

图 5-3　一般人民币贷款业务的收回流

任务 2　贴现业务的核算

一、业务释义

贴现是指商业汇票的收款人或持票人，在汇票到期日前，为了取得资金而将票据权利转让给

银行的票据行为。

二、主要业务规定

（一）汇票贴现的条件

汇票的持票人向商业银行或其他经人民银行批准的金融机构申请办理贴现，应具备以下条件。

（1）经工商行政管理机关（或主管机关）核准登记的企（事）业法人、其他经济组织、个体工商户，并依法从事经营活动。

（2）持票人资信状况良好。

（3）与出票人（或直接前手）之间具有真实合法的商品或劳务交易关系，并对票据贸易背景的真实性负责。

（4）持有尚未到期且合乎法定要式、要式完整的银行承兑汇票。

（5）在贴现银行开立存款账户。

（二）持票人申请办理汇票贴现须提交的资料

（1）银行承兑汇票贴现申请书。

（2）经持票人背书的尚未到期且合乎法定要式的汇票。

（3）经年检的营业执照或事业单位法人证书、组织机构代码证、贷款卡、法定代表人身份证和经办人身份证。

（4）持票人与出票人（或直接前手）之间签订的真实、合法的商品或劳务交易合同原件，或其他能够证实商品或劳务交易关系真实性的书面证明。

（5）持票人与出票人（或直接前手）之间发生商品或劳务交易的增值税发票或普通发票原件。

（三）贴现利息计算

贴现利息的计算：

$$贴现利息=汇票金额×贴现天数×日贴现率$$
$$实付贴现金额=汇票金额-贴现利息$$
$$贴现天数=贴现日至票据到期日的实际天数（异地的要加3天）$$

同步练习

贴现利息计算

某公司于 8 月 15 日拿一张银行承兑汇票申请贴现，面值 1 000 000 元，贴现率 2.62%，此银行承兑汇票签发于当年 4 月 30 日，到期日为 10 月 29 日，贴现利息如何计算？

三、学习活动

发放、到期核算

学习活动 1　发放

贴现业务的发放流程如图 5-4 所示。

学习活动 2　到期核算

贴现业务的到期核算流程如图 5-5 所示。

柜员应每日检查贴现凭证票据到期日，对到期贴现，将贴现凭证底卡联和贴现票据抽出。

（1）如付款人在本行开户，柜员通过贴现归还交易处理，同时进行代保管品出库交易处理，成功后，柜员将贴现凭证底卡联和汇票作为机制凭证附件，并打印一联客户扣款回单。

（2）如票据付款人不在本行开户，则通过托收处理。

图 5-4　贴现业务的发放流程

图 5-5　贴现业务的到期核算流程

模块 2 | 个人贷款及外汇贷款业务

任务 1　个人贷款业务

一、业务释义

个人贷款业务分类如表 5-2 所示。

表 5-2 个人贷款业务分类

个人投资贷款			也称个人和家庭贷款,是指银行向具有民事责任和能力的自然人提供信用
个人消费贷款	个人住房消费贷款	自营性个人住房贷款	是商业银行运用信贷资金对购房借款人发放的一种商业性住房贷款
		个人住房担保委托贷款	也称个人住房公积金委托贷款或政策性个人住房贷款,是由各地方或各部门的住房公积金管理中心或部门,运用住房公积金委托国有独资银行向实行住房公积金制度的单位中住房公积金缴存人或汇款单位的离退休职工发放的住房担保贷款
		个人住房组合贷款	是由各地方或各部门的住房公积金管理中心或部门,运用住房公积金和银行运用信贷资金向同一借款人,发放的用于购买同一套自用普通房的个人住房贷款
	个人非住房消费贷款	汽车贷款	银行对购买汽车的个人和家庭提供的分期还款的担保贷款
		耐用消费品贷款	银行对个人和家庭购买家用电器、个人计算机、家具、乐器、照相摄影器材、通信器材等物品提供的短期贷款
		旅游贷款	银行对个人和家庭度假旅游费用支出提供的短期贷款
		个人小额质押贷款	银行对城乡居民个人发放的,以银行认可的存单、国债等有价证券作为抵押的贷款
		助学贷款	我国现行的助学贷款包括国家助学贷款和一般商业性助学贷款两类
		信用卡透支贷款	银行对信用卡持有人给予一定的透支额度,在透支额度内持卡人先消费后结算的一种贷款方式

二、个人质押贷款

个人质押贷款是指借款人以合法有效的,符合贷款银行规定条件的权利凭证(一般包括本人或他人的银行存单、国债、保险单、银行理财产品、大额可转让存单等)作为质押,从贷款银行取得一定金额的人民币贷款,并按期归还贷款本息的个人贷款业务。

质押物范围包括:借款人或第三人的由本行签发的储蓄存单(折)、贷款行代理发行的凭证式国债、记名式金融债券;银行间签有质押止付担保协议的本地其他商业银行签发的储蓄存单(折),与贷款行签有质押止付担保协议的邮政储蓄机构签发的邮政储蓄存单;贷款行代理销售的个人柜台交易记账式国债;与贷款行签有质押止付协议的保险公司签发的符合一定规定的个人人寿保险单等。

三、个人质押贷款主要业务规定

(1)个人质押贷款起点金额为人民币 1 000 元,并以百元的整数倍计算,无最高贷款额度限制。一般以人民币及美元定期储蓄存款存单(折)、凭证式国债作质押的,贷款最高额度不超过质押物累计面额的 95%;以其他外币定期储蓄存款存单(折)或保险单据作质押的,贷款最高额度不超过存单(折)累计面额或保险单据出质时现金价值的 90%;对以外币个人定期储蓄存款作质押申请人民币个人质押贷款的,其累计面额应根据贷款发放日贷款行公布的外汇(钞)买入价折合人民币计算。

(2)贷款期限一般为 1 年,最长不超过 3 年(含)。贷款利率执行中国人民银行同期同档次期限利率。以个人凭证式国债质押的,贷款期限内如遇利率调整,贷款利率不变。

(3)凡到期、逾期、所有权有争议、已作担保、挂失、失效或被冻结的存单和凭证式国债不得作为质押品。存本取息在质押期间停止取息。

(4)个人质押贷款的最长期限不得超过质押品的到期日;若用不同期限的多张存单(折)质押,以距离到期日最近的存单剩余时间确定贷款期。

（5）个人质押贷款一般不办理展期。确因不可抗拒或意外事故而影响如期还贷的，可在原贷款网点办理展期，但每笔贷款只限展期一次，且展期最长期限不得超过质押存单到期日或约定转存的到期日。

四、学习活动

个人质押贷款发放、个人质押贷款到期或提前归还

学习活动 1　个人质押贷款发放

（一）申请人提供资料

借款人向银行申请个人质押贷款，书面填写申请表，同时提交以下资料。

（1）申请人本人的有效身份证件，以第三人质物质押的，还须提供第三人有效身份证件。

（2）有效质物证明。以第三人质物质押的，还须提供受理人、借款申请人和第三人签署的同意质押的书面证明。

（3）银行规定的其他资料。

（二）业务规程

个人质押贷款发放的业务流程如图 5-6 所示。

图 5-6　个人质押贷款发放的业务流程

学习活动 2　个人质押贷款到期或提前归还

个人质押贷款到期或提前归还的业务流程如图 5-7 所示。

图 5-7　个人质押贷款到期或提前归还的业务流程

任务 2　外汇贷款业务

一、业务释义

（一）外汇贷款

外汇贷款是银行以外币为计算单位向企业发放的贷款。外汇贷款有广义和狭义之分，狭义的外汇贷款仅指我国银行运用从境内企业、个人吸收的外汇资金，贷放于境内企业的贷款；广义的外汇贷款还包括国际融资转贷款，即包括我国从国外借入，通过国内外汇指定银行转贷于境内企业的贷款。

外汇贷款是商业银行经营的一项重要资产业务，是商业银行运用外汇资金，强化经营机制，获取经济效益的主要手段，也是银行借以联系客户的一条主要途径。

外汇贷款的开办对于利用外资和引进先进技术设备，促进我国对外贸易和国际交往的发展，以及应对国际商品市场和国际金融市场的变化，都具有十分重要的意义。

（二）外汇贷款的特点

外汇贷款除了具有银行其他信贷业务的一般特点外，还具有以下特点。

（1）借外汇还外汇，实行浮动利率，收取承担费。

（2）借款单位必须有外汇收入或其他外汇来源。

（3）政策性强，涉及面广，工作要求高。

二、主要业务规定

（1）外汇贷款实行借外汇还外汇，借什么货币还什么货币的原则。

（2）外汇贷款发放的对象主要是有外汇支付需求的企（事）业法人或经济实体，包括中资国有、集体企（事）业，股份制企业，中外合资、合作企业，外商独资企业，港澳台商投资企业等。

（3）外汇贷款一般实行浮动利率制，通常采用中国人民银行公布的当日公告利率。外汇流动资金贷款一般采用 1 年以内（含 1 年）3 个月浮动利率。外汇固定资产贷款一般根据贷款期限采用 3 个月或 6 个月浮动利率。

（4）外汇贷款期限：从贷款合同签订日起至合同规定的全部债务清偿日止。

① 流动资金贷款，一般不超过 1 年（可含 1 年）。

② 周转性流动资金贷款，一般期限不超过 1 年（可含 1 年）。

③ 临时贷款期限一般不超过 6 个月。

④ 国家重点项目贷款期限，一般不超过 5 年，个别特殊项目最长不超过 7 年。对外商投资企业的贷款，不得超过其营业执照限定的经营期结束前 1 年。

三、学习活动

一般外汇贷款发放、一般外汇贷款还款

学习活动1 一般外汇贷款发放

一般外汇贷款发放的业务流程如图 5-8 所示。

图 5-8 一般外汇贷款发放的业务流程

学习活动2 一般外汇贷款还款

一般外汇贷款还款的业务流程如图 5-9 所示。

图 5-9 一般外汇贷款还款的业务流程

📖 同步阅读

外汇贷款发放条件

从宏观上来讲，外汇贷款有两个基本条件：一是贷款项目必须按程序上报，经批准纳入计划；二是国内配套设备要落实。借款人还应具备以下条件。

（1）经济效益好，产品适销对路，有偿还外汇贷款本息的能力。

（2）外汇贷款借款人必须具有独立法人资格，实行独立核算，持有贷款证，在银行开立账户；

有健全的财务会计制度，资产负债率一般不超过75%；注册资本金已按期到位，并经合法核资。

（3）固定资产贷款项目须符合国家产业政策，并经有权机关批准，项目配套人民币资金、设备、物资、技术条件落实。

（4）建设项目投资总额中自筹资金不低于30%，新建项目企业法人所有者权益与项目总投资比例一般不低于30%。

（5）借款人申请外汇贷款须提供贷款人认可的相关资料。

模块3 | 项目强化训练

一、判断题

1. 贷款资产是我国商业银行最重要的负债业务。　　　　　　　　　　　　　　（　　）

2. 中期贷款是指金融企业发放的贷款期限在1年以上3年以下（含）的各种贷款。　（　　）

3. 贷款流程为：客户申请—调查—受理—审查—审议与审批—与贷款客户签订合同—贷款发放—贷后管理—贷款收回。　　　　　　　　　　　　　　　　　　　　　　（　　）

4. 票据贴现是指贷款人以购买借款人已到期商业票据的方式发放的贷款。　　（　　）

5. 贷款五类风险分类法按风险等级分为正常、次级、关注、可疑、损失五类。　（　　）

6. 个人质押贷款起点为金额为人民币1 000元，并以50元的整数倍计算，无最高贷款额度限制。　　　　　　　　　　　　　　　　　　　　　　　　　　　　　　（　　）

7. 个人质押贷款在期限内如遇利率调整，贷款利率也要做相应调整。　　　　（　　）

8. 可疑类贷款的基本特征就是"缺陷明显，可能损失"。　　　　　　　　　　（　　）

9. 学校、幼儿园、医院等以公益为目的的事业单位、社会团体是优良的保证人。　（　　）

10. 关注贷款是指借款人的还款能力出现明显问题，依靠其正常的经营收入已无法保证足额偿还本息。　　　　　　　　　　　　　　　　　　　　　　　　　　　（　　）

二、单项选择题

1. 个人质押贷款的贷款人须持本人名下的（　　　）到银行办理。

　　A. 整存整取定期存单、房产证、凭证式国库券、金银首饰

　　B. 大额可转让定期存单、金银首饰、活期存折、存本取息定期存单

　　C. 整存整取定期存单、活期存折、房产证、存本取息定期存单

　　D. 凭证式国债、大额可转让定期存单、存本取息定期存单、整存整取定期存单

2. 银行发放的没有任何担保，仅凭借款人的信用状况的贷款是（　　　）。

　　A. 担保贷款　　　　B. 抵押贷款　　　　C. 质押贷款　　　　D. 信用贷款

3. 借款人的还款能力出现明显问题，依靠其正常经营收入已无法保证足额偿还本息时，按贷款损失程度分类可分为（　　　）。

　　A. 关注　　　　　　B. 次级　　　　　　C. 可疑　　　　　　D. 损失

4. 借款人无法足额偿还本息，即使执行抵押或担保，也肯定要造成一部分损失，按贷款损失程度分类可分为（　　　）。

　　A. 关注　　　　　　B. 次级　　　　　　C. 可疑　　　　　　D. 损失

5. 质押与抵押的最大不同之处在于（　　　）。

　　A. 担保物的占有权是否发生转移　　　　B. 担保物的种类

　　C. 合同生效的时间　　　　　　　　　　D. 能否重复设置担保权

6. 信贷管理中，首先追求的应是贷款的_____，其次才是_____和_____。（　　　　）

  A. 效益性、安全性、流动性   B. 安全性、利润性、流动性

  C. 流动性、安全性、效益性   D. 安全性、效益性 、流动性

7. 抵押贷款中，银行可接受的动产抵押物是（　　　　）。

  A. 企业厂房   B. 学校教学楼   C. 医院救护车   D. 原材料

8. 质押贷款到期经业务人员多次催收，逾期超过（　　　　）以上的，才可对质押品进行强制支取。

  A. 1 个月   B. 3 个月   C. 半年   D. 1 年

9. 小额质押贷款期限最长为（　　　　）。

  A. 3 个月   B. 6 个月   C. 1 年   D. 2 年

10. 贷款逾期（　　　　）天以上，转入呆滞贷款。

  A. 180   B. 90   C. 360   D. 270

11. 王某持我行开具的人民币个人定期储蓄存款存单 80 万元要求办理质押贷款，王某最高可贷（　　　　）万元。

  A. 10   B. 20   C. 64   D. 72

12. 个人汽车贷款期限最长不超过（　　　　）年。

  A. 3   B. 5   C. 10   D. 15

13. 信贷业务调查阶段不包括（　　　　）。

  A. 客户评价   B. 业务评价   C. 担保评价   D. 风险评价

14. 担保贷款不包括（　　　　）。

  A. 委托贷款   B. 保证贷款   C. 抵押贷款   D. 质押贷款

15. 票据贴现是银行的（　　　　）。

  A. 资产业务   B. 负债业务   C. 中间业务   D. 表外业务

三、多项选择题

1. 商业银行贷款的三性原则是指（　　　　）。

  A. 安全性   B. 流动性   C. 营利性   D. 风险性

2. 担保贷款分为（　　　　）。

  A. 委托贷款   B. 抵押贷款   C. 质押贷款   D. 保证贷款

3. 贷款"三查"制度是指（　　　　）。

  A. 贷前调查   B. 贷时审查   C. 贷后检查   D. 书面审查

4. 信贷资产分为正常、关注、次级、可疑和损失 5 类，其中（　　　　）为正常信贷资产。

  A. 正常   B. 关注   C. 次级   D. 可疑

5. 短期贷款的种类有（　　　　）。

  A. 质押贷款   B. 保证贷款   C. 信用贷款   D. 进出口押汇

6. 信贷业务受理阶段主要包括（　　　　）。

  A. 客户申请   B. 资格初审   C. 提交材料   D. 初步审查

7. 质押贷款受理时，借款人须提交（　　　　）。

  A. 有效存单   B. 本人身份证   C. 贷款申请书   D. 质押贷款合同

8. 下列可以作为小额质押贷款质物的是（　　　　）。

  A. 整存整取存单 B. 凭证式国债   C. 人寿保险单   D. 活期储蓄存单

9. 柜员审核借款人的质押申请时，须认真审核（　　　　）。

    A. 证件是否有效   B. 资料的内容是否正确、齐全

    C. 质物是否有效   D. 申请的贷款金额是否符合规定

10. 下面财产不能作为抵押的有（　　　）。

    A. 土地所有权   B. 房产所有权

    C. 社会公益设施   D. 学校

四、简答题

1. 贷款 5 级分类的核心定义是什么？

2. 信贷管理的"三性"原则及之间的辩证统一关系是什么？

3. 什么是非住房消费贷款并举例？

4. 个人质押贷款主要业务规定有哪些？

5. 外汇贷款期限是怎样规定的？

6. 柜员对到期的贴现票据应怎样进行处理？

五、请做出下列业务流程图并对主要环节予以说明

1. 一般贷款收回。

2. 贴现发放。

3. 个人质押贷款发放。

4. 个人质押贷款到期或提前归还。

六、案例分析

存单质押贷款风险

案情梗概

2012 年 9 月 3 日，个体经营户王某用其父名下 10 万元人民币定期存单做质押，向 A 行申请 1 年期人民币贷款 10 万元，该存单为 2012 年 7 月 5 日存入的 5 年期定期存单。A 行办理存单冻结手续后，向其发放人民币贷款 10 万元，但在办理贷款手续时，未坚持让出质人本人当面签字，而是由王某代签。

贷款到期后，A 行积极催收。王某因经营不善，始终无力偿还，且出质人以质押合同为王某代签，自己没有同意为质押为由，拒绝银行处置存单。经多次协商未果，2015 年年初，A 行提起诉讼，2015 年 7 月 8 日，经法院调解，出质人同意处置该存单，A 行提前支取存单后收回贷款本金 10 万元及利息 2 961.75 元，剩余 49 693.23 元利息经 A 行多次催收，王某仍未能履行还款义务。2015 年 10 月 11 日，王某因车祸死亡，致使剩余利息形成损失。

思考分析：

在商业银行个人贷款业务中，质押贷款是风险性较小的贷款产品，但如果在操作中违反相关规定，质押贷款同样会给商业银行造成损失。请结合质押贷款的主要规定及其他相关的贷款知识，从质押贷款的受理审核及到期处理方面分析该笔质押贷款形成损失的原因。

项目6
商业银行中间业务

学习目标

目前各家商业银行积极开展了多种多样的中间业务，既满足了经济社会对商业银行金融服务的需求，又为商业银行吸引了更多顾客，增加了其经营利润。同时，相对于贷款业务，中间业务风险较低的特性也得到了商业银行的青睐。通过本项目的学习，学生可以了解和掌握以下内容：

（1）中间业务的含义和主要种类；

（2）银行卡业务的种类及业务规程；

（3）票据结算的种类和业务规程要点；

（4）代理业务的主要种类及其业务规程要点。

知识导入

一、业务释义

中间业务是指商业银行在资产业务和负债业务的基础上，利用技术、信息、机构网络、资金和信誉等方面的优势，不运用或较少运用银行的资产，以中间人和代理人的身份替客户办理收付、咨询、代理、担保、租赁及其他委托事项，提供各类金融服务并收取一定费用的经营活动。在资产业务和负债业务两项传统业务中，银行是作为信用活动的一方参与；而中间业务则不同，银行不再直接作为信用活动的一方，扮演的只是中介或代理的角色，通常实行有偿服务。

二、中间业务的种类

目前，我国商业银行开展的中间业务主要有银行卡业务、结算业务、代理业务、咨询业务、保管业务、信托业务、租赁业务、信用证及电子计算机服务等多种业务。

（一）银行卡业务

银行卡业务是指商业银行提供的围绕银行发行的有支付结算、汇兑转账、储蓄功能、消费信贷、个人信用、综合服务等全部或部分功能的信用支付工具而展开的相关业务。银行卡主要分为借记卡和贷记卡。

（二）结算业务

结算业务是指商业银行通过提供结算工具，为收付双方或购销双方完成货币收付、划账行为的业务。当前的主要结算方式如下。

（1）票据结算：目前商业银行结算用票据主要是支票、银行汇票、商业汇票、银行本票等。这些票据具有要式性、无因性、流通性等特点。

（2）转账结算：即通过银行将款项从付款人账户划转到收款人账户的货币给付及资金清算行为，实质是以存款货币的流通代替现金流通。

（3）托收承付：即指根据购销合同由收款人发货后委托银行向异地付款人收取款项，由付款人向银行承认付款的结算方式。办理托收承付结算的款项，必须是商品交易款项以及因商品交易活动而产生的劳动供应款项。

（4）汇兑结算：是指汇款人委托银行将款项汇给异地收款人的一种结算方式。通常可分为电汇和信汇，使用时可由汇款人选择。

（5）委托收款：是指收款人委托银行向付款人收取款项的结算方式。通常单位和个人都可以办理委托收款结算，其范围限于已承兑的商业汇票（含商业承兑汇票和银行承兑汇票）、债券、存单等付款人债务证明。

（三）代理业务

代理业务是指商业银行接受单位或个人委托，以代理人的身份，代表委托人办理一些经双方议定的有关业务，主要有代理收付款业务、代理国债业务、代理基金业务、代理保险业务等。

（四）其他业务

其他业务主要有咨询业务、保管业务、代理会计事务、基金托管业务、信托业务、租赁业务、信用证及电子计算机服务等。

模块 1 │ 银行卡业务

一、业务释义

银行卡是指由商业银行向社会发行的具有消费信用、转账结算 、存取现金等全部或部分功能的信用支付工具。在现代经济生活中，银行卡已经影响了人们生活的方方面面。

银行卡按结算方式的分类如表6-1所示。

表 6-1 银行卡按结算方式分类

银行卡	借记卡（不具备透支功能）	转账卡	实时扣账的借记卡，具有转账结算、存取现金和消费功能
		专用卡	具有专门用途，在特定区域使用的借记卡，具有转账结算、存取现金功能
		储值卡	这是发卡银行根据持卡人要求将其资金转至卡内储存，交易时直接从卡内扣款的预付钱包式借记卡
		联名卡	这是商业银行与营利机构合作发行的银行卡附属产品
	信用卡（可透支）	准贷记卡	这是指持卡人须先按发卡银行要求交存一定金额的备用金，当备用金账户余额不足以支付时，可在发卡银行规定的信用额度内透支的信用卡
		贷记卡	这是指发卡银行给予持卡人一定的信用额度，持卡人可在信用额度内先消费后还款的信用卡

二、主要业务规定

（1）开立银行卡账户时，必须遵照国家颁布的《个人存款账户实名制规定》的要求。

（2）个人申请银行卡，应向发卡银行出示本人有效身份证件；经发卡银行审查合格后，为其开立记名账户；银行卡及其账户只限发卡银行批准的持卡人本人使用，不得出租和转借。

（3）持卡人在还清全部交易款项，透支本息和有关费用后，可申请办理销户。

（4）准贷记卡和贷记卡的业务规定如表6-2所示。

表 6-2 准贷记卡和贷记卡的业务规定

异同	项目	准贷记卡	贷记卡
相同点	是否有一定信用额度	是	是
	透支取现产生利息	万分之五/日	万分之五/日
	异地取现手续费	0.5%～1%	0.5%～1%
	跨行 ATM 取现手续费	2 元/笔	2 元/笔
不同点	申请方式	保证金	授信
	存款利息	存款有息（活期）	存款无息
	免息期与最低还款额规定	无	有——消费透支
	取现手续费	无	3%
	透支取现额	信用额度	授信额一半
	ATM 每日取现数量	20 000 元	2 000 元
	透支利息计算	按月计收单利	按月计收复利

三、学习活动

信用卡申请、信用卡领卡、借记卡申领、银行卡存取现金、销卡、银行卡挂失、其他业务

学习活动 1 信用卡申请

信用卡申请的业务流程如图6-1所示。

图6-1 信用卡申请的业务流程

学习活动2 信用卡领卡

信用卡领卡的业务流程如图6-2所示。

图6-2 信用卡领卡的业务流程

学习活动3 借记卡申领

借记卡申领的业务流程如图6-3所示。

图6-3 借记卡申领的业务流程

学习活动4 银行卡存取现金

银行卡存取现金的业务流程如图6-4所示。

学习活动5 销卡

银行卡销卡的业务流程如图6-5所示。

学习活动6 银行卡挂失

(一)挂失业务

银行卡挂失的业务流程如图6-6所示。

图6-4　银行卡存取现金的业务流程

图6-5　银行卡销卡的业务流程

图6-6　银行卡挂失的业务流程

（二）密码重置业务

银行卡密码重置的业务流程如图6-7所示。

图6-7　银行卡密码重置的业务流程

学习活动 7 其他业务

（一）换卡业务

银行卡换卡的业务流程如图 6-8 所示。

图 6-8 银行卡换卡的业务流程

（二）加磁业务

银行卡加磁的业务流程如图 6-9 所示。

图 6-9 银行卡加磁的业务流程

同步实训

银行卡业务实训

实训目标

该训练项目帮助学生通过模拟银行前台办理银行卡的场景，使学生更直观地了解银行卡不同业务的办理流程和业务要点，同时培养学生前台的服务语言和技能技巧，并在演练中锻炼临场发挥、处理问题的能力。

实训方式和内容

由两组同学（每个小组由 3～5 名学生组成）上台模拟各自设计的不同银行柜面场景，分别进行银行卡申请、领卡、换卡、挂失等业务办理的操作演练。

每组完成后，由老师进行更正或补充。

实训要求

（1）本节课前要求教师指定实训小组和成员。

（2）各小组要分配好所涉及的不同角色。

（3）实训课在存款项目授课结束后进行。

考核方式

教师根据实训学生的综合实训效果（场景设计、内容展示、语言高低和技巧、服务技能等），结合其他非参训学生的意见对各参训成员进行评分，作为本学期末该名学生的平时分评定标准之一。

案例分析

存款挂失冒领

案情介绍

2014 年 6 月，张某在某银行申领了一张储蓄卡，并自行设置了密码。当年 10 月 8 日晚 19 时许，其通过拨打银行客户服务中心电话，以所持储蓄卡、身份证等物品被盗为由申请口头挂失，该中心核对相关信息无误后确认挂失，并告知其挂失止付存款金额为 9 997.22 元，挂失有效期为 5 日。此外，其当晚还进行了报警登记。

当张某次日再次致电银行客户服务中心确认挂失时，却被告知挂失的存款当天已分 9 000 元和 900 元两次被他人领取。随后，其向事发银行一储蓄所咨询才得知，当天上午 9 时，他人持张某的身份证以使用 ATM 机取款发生"吞卡"为由到该储蓄所办理领卡手续，该储蓄所经查验他人提交的张某的身份证并在确认一次性正确输入密码后，为其办理了领卡业务。他人领卡后，又向该储蓄所申请解除口头挂失，该所凭他人提供的张某的身份证、卡片，并验证密码后撤销挂失。随后，他人通过输入密码在柜台支取了存款 9 000 元，并于当日在 ATM 机上又支取存款 900 元。

因此，张某认为银行在其本人未亲自申请解除挂失的情况下，擅自解除口头挂失，导致存款被他人冒领，具有明显的过错，应承担赔偿责任，故要求银行返还其存款 9 900 元。

思考分析：

1. 本案中银行的处理方式是否妥当？如不妥，在哪些环节有所疏漏？
2. 持卡者本人是否也存在过失？

模块 2 | 支付结算业务

一、业务释义

（一）支付结算

支付结算是指单位、个人在社会经济活动中使用票据、信用卡和汇兑、托收承付、委托收款等结算方式进行货币支付及其资金清算的行为。本模块主要介绍一些目前商业银行常见的结算业务。

（二）银行支付结算的种类

银行支付结算的种类有支票、银行汇票、商业汇票、银行本票、汇兑、托收承付和委托收款。

（1）支票是出票人签发的，委托办理支票存款业务的银行在见票时无条件支付确定金额给收款人或者持有人的票据。

（2）银行本票是银行签发的，承诺自己在见票时无条件支付确定金额给收款人或者持票人的票据。它分为不定额本票和定额本票。定额本票面额为 1 000 元、5 000 元、1 万元和 5 万元。银行本票可以用于转账，注明"现金"字样的可以用于支取现金。

（3）银行汇票是出票银行签发的，由其在见票时按照实际结算金额无条件支付给收款人或持票人的票据。银行汇票的出票银行为银行汇票的付款人。

（4）商业汇票是出票人签发，委托付款人在指定日期无条件支付确定的金额给收款人或持票人的票据。商业汇票按承兑人的不同分为商业承兑汇票和银行承兑汇票。银行承兑汇票是在承兑银行开立账户的存款人签发，由其开户银行承兑付款的票据。

（5）汇兑是汇款人委托银行将其款项支付给收款人的结算方式。单位和个人的各种款项的结算均可使用汇兑结算方式。汇兑分为信汇、电汇两种，由汇款人选择使用。

（6）托收承付是指根据购销合同由收款人发货后委托银行向异地付款人收取款项，由付款人向银行承认付款的结算方式。托收承付结算按款项的划回方法分为邮寄和电报两种。

（7）委托收款是收款人委托银行向付款人收取款项的结算方式。

（三）支付结算原则

（1）恪守信用、履约付款。

（2）谁的钱进谁的账，由谁支配。

（3）银行不垫款。

二、主要业务规定

1．票据和结算凭证规定

票据和结算凭证的金额、出票或签发日期、收款人名称不得更改，更改的票据无效，更改的结算凭证银行不予受理。对票据和结算凭证上的其他记载事项，原记载人可以更改，更改时应当由原记载人在更改处签章证明。

2．办理支付结算需要交验的证件

办理支付结算需要交验的个人有效身份证件是指居民身份证、军官证、警官证、文职干部证、士兵证、户口簿、护照、港澳台同胞回乡证等符合法律、行政法规以及国家有关规定的身份证件。

3．票据上的签章

票据上的签章为签名、盖章或签名加盖章。单位、银行在票据上的签章和单位在结算凭证上的签章为该单位、银行的盖章加其法定代表人或其授权的代理人的签名或盖章，个人在票据和结算凭证上的签章，应为个人本名签名或盖章。

4．票据背书的规定

（1）背书人应在票据背面记载背书人签章，被背书人栏填写被背书人名称、背书日期（未填日期的视为到期日前背书）。委托收款背书和票据质押背书的，除背书人签章和记载背书日期外，在被背书人栏填写持票人的开户银行名称或填写质权人名称。同时在背书人签章栏记载"委托收款"或"质押"字样。

（2）票据可以背书转让，但标明"现金"字样的银行汇票、银行本票、用于支取现金的支票和正面记载"不得转让"字样的票据均不得背书转让。区域性银行汇票仅限于在本区域内背书转让。银行本票、支票仅限于在其票据交换区域内背书转让。

（3）背书转让的票据，背书应当连续。背书连续是指票据第一次背书转让的背书人是票据上记载的收款人，前次背书转让的被背书人是后一次背书转让的背书人，依次前后衔接，最后一次背书转让的被背书人是票据的最后持票人。背书栏不够使用的，可以使用统一格式的粘单，粘单上的第一记载人，应当在票据和粘单的粘接处签章。

5．票据的挂失

（1）已承兑的银行承兑汇票、支票、填明"现金"字样和代理付款人的银行汇票以及填明"现金"字样的银行本票丧失，可以由失票人通知付款人或者代理付款人挂失止付。未填明"现金"字样和代理付款人的银行汇票以及未填明"现金"字样的银行本票丧失，不得挂失止付。

（2）允许挂失止付的票据丧失，失票人需要挂失止付的，应填写挂失止付通知书并签章。挂失止付通知书应当记载下列事项：票据丧失的时间、地点、原因；票据的种类、号码、金额、出票日期、付款日期、付款人名称、收款人名称；挂失止付人的姓名、营业场所或者住所以及联系方式。

欠缺上述记载事项之一的，银行不予受理。

（3）付款人或者代理付款人收到挂失止付通知书后，查明挂失票据确未付款的，应立即暂停支付。付款人或者代理付款人自收到挂失止付通知书之日起12日内没有收到人民法院的止付通知书的，自第13日起，持票人提示付款并依法向持票人付款的，不再承担责任。

6. 办理支付结算业务应收费用

办理各项支付结算业务应分别收取手续费、凭证工本费、挂失手续费、电子汇划费或邮电费，除财政金库全部免收、存款不计息账户、救灾、抚恤金等款项免收邮电费、手续费外，对其他单位和个人都要按照规定收取费用。

7. 票据期限

票据期限最后一日是法定休假日的，以休假日的次日为最后一日。按月计算期限的，按到期月的对日计算；无对日的，月末日为到期日。

任务1 支票

一、业务释义

支票是出票人签发的，委托办理支票存款业务的银行在见票时无条件支付确定金额给收款人或者持有人的票据。

支票分为现金支票、转账支票和普通支票。支票上印有"现金"字样的为现金支票，现金支票只能用于支取现金；支票上印有"转账"字样的为转账支票，转账支票只能用于转账；未印有"现金"或"转账"字样的为普通支票，可以支取现金，也可以转账，普通支票左上角划两条平行线的，为划线支票，只能用于转账。

二、主要业务规定

（1）支票可用于单位和个人在同一票据交换区域的各种款项的结算。

（2）签发支票应用碳素墨水填写，人民银行另有规定的除外。

（3）支票提示付款期限为10天，委托开户行收款的，以持票人向开户银行提交支票日为准。人民银行另有规定的除外。

（4）支票在提示付款期限内可以转让，但其背书必须连续。现金支票、未填写金额和收款人名称、支票正面填明"不得背书转让""委托收款"字样的支票不得背书转让。

（5）现金支票或支取现金的普通支票的收款人向出票人开户行提示付款时，应在支票背面注明证件名称、号码及发证机关，不得委托代取。

（6）出票人签发存款不足的空头支票，与预留印鉴不符或支付密码错误的支票，出票人开户行应退票并按票面金额处以5%但不低于1 000元的罚款。

（7）支票没有金额起点也没有最高限额。

三、学习活动

现金支票、转账支票、交换提回、票据挂失

学习活动1 现金支票

受理现金支票的业务流程如图6-10所示。

图 6-10 受理现金支票的业务流程

学习活动 2 转账支票

受理转账支票的业务流程如图 6-11 所示。

图 6-11 受理转账支票的业务流程

学习活动 3 交换提回

受理交换提回的业务流程如图 6-12 所示。

学习活动 4 支票挂失

受理支票挂失的业务流程如图 6-13 所示。

图6-12　受理交换提回的业务流程

图6-13　受理支票挂失的业务流程

同步阅读

支票填写及盖章示例

支票填写及盖章示例如图6-14所示。

图6-14　支票填写及盖章示例

任务2　银行汇票

一、业务释义

银行汇票是出票银行签发的，由其在见票时按照实际结算金额无条件支付给收款人或持票人的票据。银行汇票的出票银行为银行汇票的付款人。

二、主要业务规定

（1）银行汇票必须记载以下事项：表明"银行汇票"的字样、无条件支付的承诺、出票金额、收付款人名称、出票日期及出票人签章。欠缺记载上列事项之一的，银行汇票无效。

（2）持票人向银行提示付款时，必须同时提交银行汇票和解讫通知，缺少任何一联，银行不予受理；申请人缺少解讫通知联要求退款的，出票行应在汇票提示付款期满1个月后办理。

（3）签发转账银行汇票一律不指定代理付款行；签发现金银行汇票必须指定代理付款行。

（4）银行汇票在提示付款期限内可以背书转让，其背书必须连续；现金银行汇票、正面填写"不得转让"字样的银行汇票不得背书转让。

（5）银行汇票的出票日期和出票金额必须大写。

（6）签发现金银行汇票的，申请人和收款人必须均为个人，并交存现金。

（7）银行汇票没有金额起点也没有最高限额。

三、学习活动

银行汇票签发、银行汇票付款、银行汇票结清、退款和逾期付款、其他汇票业务

学习活动1　银行汇票签发

（一）银行汇票的签发录入、复核、授权

（1）申请书记载事项是否齐全，内容有无更改痕迹，金额、出票日期、收款人名称是否有更改，其他事项是否由原记载人签章证明，各联次内容是否一致。

（2）申请书上的签章与预留签章是否相符，使用支付密码的其密码是否正确。

（3）申请人要求汇票不得转让的，是否在汇票申请书的备注栏注明"不得转让"字样，且出票行应当在汇票正面的备注栏内注明"不得转让"字样。

（4）签发现金银行汇票的，代理付款行名称和行号应与客户提交的业务委托书上填明的代理付款行一致；要注意银行不得为企业单位签发和解付现金银行汇票。

（5）签发转账银行汇票一律不得填写代理付款行名称。

（二）签发流程

银行汇票的签发流程如图6-15所示。

图6-15　银行汇票的签发流程

同步阅读

银行汇票交易流程

2009年7月，北京金谷商贸有限责任公司需要购进一批钢材作为原材料，派采购员前往广州蓝天公司进行业务洽谈，由于是异地结算，并且实际金额无法确定，因此北京金谷商贸有限公司向其开户行中国工商银行西城支行申请签发了一张金额为150 000元的银行汇票，交采购员带往广州，经洽谈，北京金谷商贸有限公司购买了价值为125 000元的钢材，货物发出后，广州蓝天通过其开户行中国工商银行白云支行结清了款项。双方通过银行汇票圆满完成了交易。

业务流程示意图如图6-16所示。

图6-16　业务流程示意图

学习活动2　银行汇票付款

（一）银行汇票付款时的审核、复核和处理

1．审核和复核内容

（1）汇票和解讫通知是否齐全，汇票号码和记载内容是否一致。

（2）汇票是否为统一规定印制的，汇票是否有规定的防伪标记。

（3）汇票是否在提示付款期内。

（4）客户提交的收款人或持票人是否在本行开户，未开有账户的是否为个人；交换提入的汇票上是否加盖交换章；汇票上的持票人或收款人与进账单上的收款人名称是否一致。

（5）汇票上必须记载事项是否齐全，出票日期、出票金额、实际结算金额、收款人名称是否有更改，其他更改事项是否由原记载人签章证明；压数金额是否是由总行统一规定制作的压数机压印，与大写金额是否一致。

（6）汇票的实际结算金额大小写是否一致，是否在出票金额以内，与进账单金额是否一致，多余金额结算是否正确。

（7）收款人或持票人是否在汇票背面"持票人向银行提示付款签章"栏签章；客户提交的，收款人或持票人在本行开户的，其签章是否与其预留签章一致；收款人或持票人为未在本行开户个人的则审查其身份证件是否真实、有效；委托他人提交的现金银行汇票的，委托人是否作成委托背书、摘录委托人的身份证件名称、号码及发证机关；被委托人是否在持票人向银行提示付款签章处签章，记载身份证件名称、号码及发证机关，并提交收款人和被委托人身份证件及其复印件留存备查。

（8）客户提交现金银行汇票，要求支取现金的，还应审查汇票的申请人和收款人是否均为个人；现金大写金额前是否写明"现金"字样；代理付款是否为本行。

（9）汇票正面记载"不得转让"字样的汇票不得背书转让，允许背书转让的汇票的背书是否连续，是否在规定的范围内转让。

（10）本行代理付款的银行汇票上的汇票专用章或结算章与印模是否一致。

（11）代理兑付其他商业银行的银行汇票还应按有关规定审查。

经审查无误后，使用汇票核押交易核验系统内全国汇票的密押是否正确，密押前有"J"字的使用应急密押器核验其密押是否正确。对有疑问的银行汇票及系统内签发的 50 万元以上的现金银行汇票和 100 万元以上的转账银行汇票，应向出票行发出查询。无误后，分别情况进行处理。

2．处理规定

出票行为本系统的处理规定如下。

（1）收款人或持票人在本行开户或在辖内开有通存通兑账户的，柜员使用转账发报录入交易输入凭证内容，进账单作贷方传票，汇票联和解讫通知联交复核员经复核后发出借方报文。汇票联作进账单附件，解讫通知联作为发报依据附当日发报清单后。

（2）收款人或持票人未在本行开户的个人，分转账付款和现金支付分别处理。

对转账支付的，以持票人姓名开立应解汇款科目临时存款账户，并预留银行签章，解付处理手续与收款人或持票人在本行开户同；临时存款账户只付不收，付清后销户。

对现金银行汇票审查无误后，发给持票人对号单，通过相应交易进行账务处理，根据汇票联和解讫通知联使用发报录入交易录入发报数据，同时联机打印轧账凭条。汇票联和解讫通知联交复核员经复核后发出借方报文。汇票联作进账单附件，解讫通知联作为发报依据附当日发报清单后。进账单回单联加盖解讫章后交持票人。

支付现金时，应填制支款凭证，摘录原持票人的身份证件名称、号码及发证机关并由持票人签章，使用现金支取交易进行账务处理、收回对号单，并办理付款。

出票行为跨系统的处理规定如下。

对见票即付、出票行为跨系统的银行汇票，按规定进行账务处理和复核后提出交换。

（二）付款流程

银行汇票付款的流程如图 6-17 所示。

图 6-17　银行汇票付款的流程

学习活动 3　银行汇票结清

1．系统内划回的

出票行收到代理付款行通过资金划汇系统划回的已解付银行汇票借报后，系统自动销记汇票登记簿并进行账务处理。汇票有多余款的，系统自动进行多余款入账处理；对未在银行开立账户的，多余金额系统自动转入应解汇款科目，汇票多余款挂账户核算。

日终，有多余款的打印多余款入账凭证和收账通知，不能打印的根据来账清单手工填制一式两联特种转账凭证，分别作贷方凭证和收账通知。对未在银行开立账户的申请人，多余金额应先转入其他应付款科目，以解讫通知代其他应付款科目贷方凭证；同时通知申请人持本人身份证来行办理领款手续。领取时，以多余款收账通知作为借方凭证附件。

2．同城交换提入的

柜员根据同城交换提入的汇票解讫通知联的实际结算金额，使用同城提回代付交易记载账务，同时打印出其他应收款过渡账户的借方记账凭证。

根据解讫通知联使用汇票退回交易进行销卡，解讫通知联作借方凭证，有多余款的，手工填制一式两联的特种转账凭证，由主管签批后，一联作贷方凭证留存，一联作客户回单。

学习活动 4　退款和逾期付款

（一）退款和逾期付款处理规定

1．申请人要求退款的处理

申请人由于超过付款期限或其他原因要求退款的，应向出票行交回银行汇票、解讫通知。申请人为单位的，应由单位出具说明原因的正式公函，申请人为个人的，应出示有效身份证件。

柜员收到客户提交的银行汇票、解讫通知按解付汇票要求审核无误后，在汇票和解讫通知的实际结算金额大写栏填写"未用退回"字样。申请人为单位的，票款只能退回原申请人账户；申请人为个人且交存现金的，可凭本人身份证件支取现金。使用汇票结清交易销记汇票卡片。

销卡成功后，填制两联特种转账传票，使用转账交易进行账务处理。一联特种转账传票作记账凭证，另一联特种转账传票作客户的入账通知。

申请人为个人并交存现金签发的汇票，填制支款凭证、摘录身份证件的名称、号码和发证机关，使用现金支付交易向申请人支付现金。

申请人由于缺少解讫通知要求退款的，应当备函向出票行说明原因，并交回持有的汇票，出票行于提示付款期满 1 个月后比照退款手续办理退款。

2．持票人超过付款期限付款的处理

持票人超过提示付款期限未获付款的，在票据权利时效内，应备函说明原因，向出票行请求付款，并提交汇票及解讫通知。持票人为个人的，应出示有效身份证件并要求留存身份证件复印件备查。

柜员按解付汇票要求对汇票及进账单审核无误后，在汇票第二、第三联的备注栏填写"逾期付款"字样，经主管签批后办理付款手续。其余手续比照未用退回操作，将汇票款支付给持票人。

（二）退款和逾期付款流程

银行汇票退款和逾期付款的业务流程如图 6-18 所示。

学习活动 5　其他汇票业务

（一）挂失与止付

1．临柜受理现金银行汇票挂失

柜员收到客户提交一式三联的挂失止付通知书，应认真审查以下内容：挂失申请书的内容是否齐全、符合要求；挂失的汇票是否为现金银行汇票；本行是否为代理付款行或出票行；挂失的汇票经查询核实确未付款。

图 6-18　银行汇票退款和逾期付款的业务流程

审查无误经主管签批后，手工登记票据挂失止付登记簿。

分情况处理方式如下。

本行为代理付款行的，柜员使用兑付行汇票挂失交易，输入原汇票号码、签发行行号、签发日期、出票金额及现金转账标志后，由系统自动登记兑付行挂失止付登记簿，将第二、第三联挂失止付通知书专夹保管，凭此掌握止付。如失票人委托代理付款行通知出票行挂失的，代理付款行应即通过资金汇划系统向出票行发出挂失止付通知，在第一联挂失止付通知书上加盖业务公章作为受理回单交挂失申请人。解挂时，使用兑付行汇票解挂交易处理。

本行为出票行的，柜员使用签发行汇票挂失交易，输入原汇票号码，系统自动调出该笔汇票内容，经核对后，由系统在汇票登记簿中注上挂失标志及日期，作挂失处理，第二、第三联挂失止付通知书专夹保管，凭此掌握止付，在第一联挂失止付通知书上加盖业务公章作为受理回单交挂失申请人。如失票人委托出票行通知代理付款行挂失的，应立即向代理付款行发出挂失止付通知。解挂时，可使用签发行汇票解挂交易进行解挂处理。

2. 收到挂失查询

柜员收到出票行或代理付款行挂失通知时，应及时办理挂失手续，处理与临柜受理相同。

3. 撤销挂失

在挂失止付期间，失票人查找到原丢失的汇票来行办理撤销挂失手续时，已接到法院止付通知的，仍由法院通知本行撤销止付；未接到法院止付通知的，申请人为单位的提交单位证明，申请人为个人的提交个人有效身份证件撤销止付。柜员应收回原挂失回单，经主管签批后登记手工挂失登记簿，办理解挂手续。

失票人挂失止付后，如在 12 日内收到法院的止付通知书，应按照止付通知书的要求继续止付。如到期未收到法院的止付通知书，自第 13 日起撤销止付责任，经主管签批后登记手工挂失（止付）登记簿，办理解挂手续。

4. 转账银行汇票的止付

柜员收到法院的转账银行汇票止付通知书，应立即办理该票据的止付手续，处理手续比照现金银行汇票挂失。

（二）丧失银行汇票的付款或退款

丧失汇票的，失票人凭人民法院出具的其享有该汇票票据权利以及实际结算金额的证明，向出票银行请求付款或要求退款时，柜员经审查汇票确未支付的，比照银行汇票的退款和超过提示付款期限的付款手续处理。

（三）缺陷银行汇票的处理

柜员受理有缺陷的银行汇票时，应在保证资金安全的情况下，根据具体情况适当处理。汇票上压数机压印的金额、签章模糊不清或密押不符的，经主管审核签字后经办柜员开具收据并将汇票暂时收存不予付款，出票行为系统内的通过资金汇划系统，出票行为跨系统的通过电报或同城交换向出票行发出查询；对于同城交换提入的银行汇票，填制退票理由书附一联查询书通过票据交换提交原提出行。待出票行补来清晰的签章，压数机压印的金额或正确的密押查复书并经主管签批后进行相应处理。

同步实训

汇票业务训练

实训目标

熟悉银行汇票业务的业务处理，主要是签发和解付银行汇票的具体操作过程。

实训方式和内容

1. 实训准备

模拟银行操作柜台、复写纸、回行针、大头针、模拟印章、印台、计算器、模拟银行凭证、模拟银行账簿、模拟银行日报表等。

2. 实训资料

业务内容——模拟银行当日发生下列业务。

（1）李炎提交现金 28 万元及银行汇票申请书申请签发现金银行汇票 1 份，收款人为赵明，代理付款行为长沙市工行。

（2）王平提交现金银行汇票申请兑付现金，银行汇票系大连市工行（26598）签发，金额为193 000 元，原申请人为王洁婷。联行往账账号：000141100000016。

实训要求

根据模拟银行当日发生的银行汇票业务进行操作训练，通过实训，掌握银行汇票业务凭证的填制、审核以及银行汇票业务处理的操作步骤和方法。

考核方式

教师根据实训学生的综合实训效果（业务办理熟悉程度、语言高低和技巧、服务技能等），结合其他非参训学生的意见对各参训成员进行评分，作为本学期末该名学生的平时分评定标准之一。

任务3　商业汇票

一、业务释义

商业汇票是出票人签发，委托付款人在指定日期无条件支付确定的金额给收款人或持票人的票据。商业汇票按承兑人的不同分为商业承兑汇票和银行承兑汇票。银行承兑汇票是在承兑银行开立账户的存款人签发，由其开户银行承兑付款的票据。

二、主要业务规定

（1）商业汇票必须记载以下事项：标明"商业承兑汇票"或"银行承兑汇票"的字样、无条件支付的承诺、出票金额、收付款人名称、出票日期及出票人签章。欠缺记载上列事项之一的，商业汇票无效。

（2）商业汇票的收、付款人必须是在银行开立存款账户的法人或其他组织，在同城或异地均可使用。

（3）商业汇票的付款期限自出票日开始计算，最长为 6 个月，商业汇票的提示付款期限，自汇票到期日起 10 日，商业汇票只能转账，不能支取现金。

（4）持票人提示付款时，应通过开户银行委托收款或直接向付款人提示付款。

（5）商业汇票在提示付款期限内可以背书转让，其背书必须是连续的；出票银行在商业汇票上填明"不得转让"字样的以及作成委托收款背书的商业汇票不得背书转让。

（6）银行承兑汇票申请人于汇票到期日未能足额交存票款的，应对出票人尚未支付的汇票金额按照每日万分之五计收利息。

三、学习活动

银行承兑汇票承兑、到期、托收、付款、未使用注销、汇票挂失处理

学习活动 1　银行承兑汇票承兑

（一）银行承兑汇票承兑业务处理

（1）银行承兑汇票的出票人（承兑申请人）向银行申请承兑，经银行信贷部门按照有关规定进行审核同意后与承兑申请人签订银行承兑汇票承兑协议，信贷部门填制空白银行承兑汇票申领单，随同单位填制的凭证请领单向会计部门领取空白银行承兑汇票。

经办人员收到信贷部门要求领取空白银行承兑汇票的申领单和承兑申请人填制的凭证请领单，应认真审查申领单和凭证请领单的要素是否齐全，申领单上是否有有权人签章，承兑申请人在凭证请领单上的签章与预留签章是否一致，无误后登记空白承兑汇票使用登记簿，发给信贷员空白银行承兑汇票，并由信贷员在登记簿上签收。

信贷部门领用的空白银行承兑汇票必须在 3 个工作日内使用或缴回会计部门，在规定时间内不使用或缴回的，经办人员应及时催收，并报告主管。

（2）承兑申请人交存保证金的，应提交转账支票和进账单。柜员使用扣划保证金交易进行处理，支票作借方凭证，第一联进账单加盖转讫章交承兑申请人，第二联进账单作贷方凭证。

（3）柜员收到信贷部门交来同意办理承兑协议副本、待承兑的银行承兑汇票和邮电手续费凭证，应认真审查以下内容：

① 银行承兑汇票上必须记载的事项是否齐全，与承兑协议内容是否一致；

② 汇票上出票人账号、名称、签章是否与存款户账号、名称、预留签章一致；

③ 承兑协议是否经有权人审批签章，承兑手续费计收是否正确。

审查无误后，在银行承兑汇票第一、第二联上注明承兑协议编号，并在第二联凭证上加盖银行汇票专用章和经办人名章，将承兑汇票第二、第三联交承兑申请人。银行承兑汇票第一联下附承兑协议副本，按汇票到期日先、后专夹保管。同时在空白银行承兑汇票使用登记簿批注承兑日期，填制表外科目收付方凭证，进行表外账务处理。

（二）承兑流程

银行承兑汇票承兑流程如图 6-19 所示。

图 6-19　银行承兑汇票承兑流程

学习活动 2　银行承兑汇票到期业务

银行承兑汇票到期的业务流程如图 6-20 所示。

图 6-20　银行承兑汇票到期的业务流程

学习活动 3　银行承兑汇票托收业务

银行承兑汇票托收的业务流程如图 6-21 所示。

图 6-21　银行承兑汇票托收的业务流程

学习活动 4　银行承兑汇票付款业务

银行承兑汇票付款的业务流程如图 6-22 所示。

图 6-22　银行承兑汇票付款的业务流程

学习活动 5　银行承兑汇票未使用注销业务

银行承兑汇票未使用注销的业务流程如图 6-23 所示。

图 6-23　银行承兑汇票未使用注销的业务流程

学习活动 6　银行承兑汇票挂失的处理

已承兑的银行承兑汇票丧失，失票人到承兑银行挂失时，应提交三联挂失止付通知书。承兑行经办柜员应认真审查挂失止付通知书记载的下列事项是否齐全：

（1）票据丧失的时间、地点、原因；

（2）票据的种类、号码、金额、出票日期、付款日期、付款人名称、收款人名称；

（3）挂失止付人的姓名、营业场所或者住所以及联系方法。

欠缺上述记载事项之一的，银行不予受理。无误后从专夹中抽出第一联汇票卡片和承兑协议副本，核对相符确未付款的，将挂失申请书和第一联承兑汇票卡片交主管审核签章，在第一联挂失止付通知书上加盖业务公章作为受理回单，第二、第三联用于登记汇票挂失登记簿后与第一联汇票卡片一并另行保管，凭此控制付款。

已承兑的银行承兑汇票丧失，失票人凭人民法院出具的其享有票据权利的证明向承兑行请求付款时，经办柜员审查确未支付的，应根据人民法院出具的证明，抽出原专夹保管的第一联汇票卡片核对无误，在汇票提示付款期满后，填制一借两贷特种转账凭证，经主管审批签章后将款项付给失票人。

同步练习

银行承兑汇票票样及背书

银行承兑汇票票样及背书如图 6-24 所示。

图 6-24　银行承兑汇票票样及背书

同步阅读

银行承兑汇票的流转程序

情况介绍

2009 年 3 月 10 日,北京金谷商贸有限公司购买北京世纪科贸中心货物,货款 150 000 元,北京世纪科贸中心对北京金谷商贸有限公司的资信情况还不甚了解,因此要求以银行承兑汇票结算,双方签订交易合同时,在合同中注明采用银行承兑汇票进行结算,北京金谷商贸公司按合同规定签发了银行承兑汇票交于北京世纪科贸中心,北京世纪科贸中心在汇票到期前委托自己的开户行中国工商银行科园分理处收取款项。

银行承兑汇票流转程序示意图如图 6-25 所示。

图 6-25　银行承兑汇票流转程序示意图

任务 4　汇兑

一、业务释义

汇兑是汇款人委托银行将其款项支付给收款人的结算方式。单位和个人的各种款项的结算,均可使用汇兑结算方式。汇兑分为信汇、电汇两种,由汇款人选择使用。

签发汇兑凭证必须记载下列事项:

(1)表明"信汇"或"电汇"的字样;

(2)无条件支付的委托;

(3)确定的金额;

(4)收款人名称、汇款人名称;

(5)汇入地点、汇入行名称;

(6)汇出地点、汇出行名称、委托日期;

(7)汇款人签章。

汇兑凭证上欠缺上列记载事项之一的,银行不予受理。

汇兑凭证记载的汇款人名称、收款人名称,其在银行开立存款账户的,必须记载其账号,欠缺记载的,银行不予受理。

委托日期是指汇款人向汇出银行提交汇兑凭证的当日。

二、主要业务规定

（1）汇兑凭证上记载收款人为个人的，收款人需要到汇入银行领取汇款，汇款人应在汇兑凭证上注明"留行待取"字样；留行待取的汇款，需要指定单位的收款人领取汇款的，应注明收款人的单位名称；信汇凭收款人签章支取的，应在信汇凭证上预留其签章。

汇款人确定不得转汇的，应在汇兑凭证备注栏注明"不得转汇"字样。

汇款人和收款人均为个人，需要在汇入银行支取现金的，应在信、电汇凭证的"汇款金额"大写栏，先填写"现金"字样，后填写汇款金额。

汇出银行受理汇款人签发的汇兑凭证，经审查无误后，应及时向汇入银行办理汇款，并向汇款人签发汇款回单。

汇款回单只能作为汇出银行受理汇款的依据，不能作为汇款已转入收款人账户的证明。

（2）汇入银行对开立存款账户的收款人，应将汇给其的款项直接转入收款人账户，并向其发出收账通知。

收账通知是银行将款项确已收入收款人账户的凭据。

未在银行开立存款账户的收款人，凭信、电汇的取款通知或留行待取的，向汇入银行支取款项，必须交验本人的身份证件，在信、电汇凭证上注明证件名称、号码及发证机关，并在收款人签盖章处签章；信汇凭签章支取的，收款人的签章必须与预留信汇凭证上的签章相符。银行审查无误后，以收款人的姓名开立应解汇款及临时存款账户，该账户只付不收，付完清户，不计付利息。

（3）支取现金的，信、电汇凭证上必须有按规定填明的"现金"字样，才能办理。未填明"现金"字样，需要支取现金的，由汇入银行按照国家现金管理规定审查支付。

收款人须委托他人向汇入银行支取款项的，应在取款通知上签章，注明本人身份证件名称、号码、发证机关和"代理"字样以及代理人姓名。代理人代理取款时，也应在取款通知上签章，注明其身份证件名称、号码及发证机关，并同时交验代理人和被代理人的身份证件。

（4）转账支付的，应由原收款人向银行填制支款凭证，并由本人交验其身份证件办理支付款项。该账户的款项只能转入单位或个体工商户的存款账户，严禁转入储蓄和信用卡账户。

转汇的，应由原收款人向银行填制信、电汇凭证，并由本人交验其身份证件。转汇的收款人必须是原收款人。原汇入银行必须在信、电汇凭证上加盖"转汇"戳记。

（5）汇款人对汇出银行尚未汇出的款项可以申请撤销。申请撤销时，应出具正式函件或本人身份证件及原信、电汇回单。汇出银行查明确未汇出款项的，收回原信、电汇回单，方可办理撤销。

汇款人对汇出银行已经汇出的款项可以申请退汇。对在汇入银行开立存款账户的收款人，由汇款人与收款人自行联系退汇；对未在汇入银行开立存款账户的收款人，汇款人应出具正式函件或本人身份证件以及原信、电汇回单，由汇出银行通知汇入银行，经汇入银行核实汇款确未支付，并将款项汇回汇出银行，方可办理退汇。

转汇银行不得受理汇款人或汇出银行对汇款的撤销或退汇。

汇入银行对于收款人拒绝接受的汇款，应立即办理退汇。汇入银行对于向收款人发出取款通知，经过2个月无法交付的汇款，应主动办理退汇。

三、学习活动

汇出款项、汇入款项

学习活动1 汇出款项

汇出款项的业务流程如图6-26所示。

图 6-26　汇出款项的业务流程

学习活动2　汇入款项

汇入款项的业务流程如图 6-27 所示。

图 6-27　汇入款项的业务流程

同步实训

汇兑业务训练

实训目标

熟悉汇兑业务的操作过程，掌握汇入行和汇出行办理汇兑的业务处理。

实训方式和内容

一、实训准备

模拟银行操作柜台、复写纸、回行针、大头针、模拟印章、印台、计算器、模拟银行凭证、模拟银行账簿、模拟银行日报表等。

二、实训资料

业务内容——模拟银行当日发生的下列业务。

（1）丁一新提交现金36万元及汇兑业务委托书申请办理汇兑业务，收款人为李小兵，汇入行为长沙市工行。（联行往账账号：000141100000016）

（2）模拟银行收到一笔个人现金汇入款，金额4 580元，汇款人为徐玲，汇出行是南京市工行，收款人为王秀丹，审核无误，当日收款人来行办理取现手续。（联行来账账号：000141200000017）

实训要求

根据模拟银行当日发生的银行汇兑业务进行操作训练，通过实训，掌握汇兑业务凭证的填制、审核以及业务处理的操作步骤和方法。

考核方式

教师根据实训学生的综合实训效果（业务办理熟悉程度、语言高低和技巧、服务技能等），结合其他非参训学生的意见对各参训成员进行评分，作为本学期末该名学生的平时分评定标准之一。

模块 3 | 代理业务

知识导入

一、业务释义

代理业务（Agent Service）是指商业银行利用自身的网点优势和客户资源，与第三方单位（如移动、电信、保险等）合作，接受客户的委托、代为办理客户指定的经济事务，提供金融服务并收取一定费用的业务，此项业务能极大地方便客户日常生活。

目前，商业银行可以经营下列部分或者全部代理业务：代理发行、代理兑付、承销政府债券、代理买卖外汇、代理收付款项及代理保险业务等。国内的各家商业银行的代理业务主要分为代理销售业务和代收代付业务，客户可通过银行购买国债、保险，并缴纳水费、电费、移动、固话费、车辆购置税等。

二、代理业务的性质、特点及作用

代理业务具有为客户服务的性质，是代理人和被代理人之间产生的一种契约关系和法律行为，商业银行在办理代理业务过程中，不使用自己的资产，主要发挥财务管理职能和信用服务职能。

代理业务的作用主要体现在以下几个方面。

（1）增加银行的赢利。

（2）促进银行间的竞争。

（3）促进银行资产负债业务的发展。

三、代理业务的种类及内容

1. 代收代付业务

代理业务中应用范围最广的就是代收代付业务，此类业务几乎涉及社会生活的每一家每一户。代收代付业务是指商业银行利用自身结算的便利。接受客户的委托代为办理指定款项收付的业务，如代发工资业务、代扣住房按揭消费贷款还款业务、代收交通违章罚款等。

代收代付业务的种类繁多，涉及范围广泛，归纳起来可以分为两大类，一是代缴费业务，就是银行代理收费单位向其用户收取费用的一种转账结算业务，如代收电话费、保险费、交通违章罚款、养路费等。二是代发薪业务，就是银行受国家机关、行政事业单位及企业的委托，通过其在银行开立的活期储蓄账户，直接向职工发放工资的业务。

2. 代理证券业务

代理证券业务就是指银行接受委托办理的代理发行、兑付、买卖各类有价证券的业务，同时还包括代办债券还本付息、代发红利、代理证券资金清算等业务。

有价证券主要包括国债、金融债券、公司债券、股票等。

银证通业务、代理发行、代理兑付、承销政府债券业务等是银行开办的主要代理债券类业务。

3. 代理保险业务

代理保险业务就是银行接受保险公司的委托代其办理保险业务，属于兼业代理。代理保险业务是目前我国银行保险发展的最为广泛的种类。

任务1　代收代付业务

一、业务释义

代收代付业务是银行利用自身的结算便利，接受客户的委托代为办理指定款项的收付事宜的业务，例如代理各项公用事业收费、代理行政事业性收费和财政性收费、代发工资等。

以兴业银行的代收代付业务为例，银行接受单位或个人的委托，代为办理指定款项的收付事宜，提供的代收代付业务主要包括以下内容。

（1）税务类：国税、地税、关税、纳税保证金等。

（2）代理行政事业性收费和罚款：票款分离、罚缴分离。

（3）社会保障类：医疗保险金、失业保险金、养老保险金、工伤保险金等。

（4）代发工资：代发工资、代发奖金等。

（5）物业管理类：水费、电费、燃气费、物业管理费、有线电视费等。

（6）通讯类：电话初装费、市话费、长话费、移动电话费等。

（7）其他：代企业清收欠款、代付货款、房地产公积金费、房改基金、学生学杂费、评估费、咨询费、代办验资费、单位集资款、律师事务费、伙食费、医药费、"爱心工程"捐款等。

可以看出，该项业务可以利用商业银行先进的结算手段、广泛的营业网点以及与单位、个人的紧密联系，为社会提供丰富的服务项目。

二、学习活动

代发工资

（一）代发工资

代发工资是金融部门为机关企事业单位员工代发劳动报酬的一项金融中间业务。

金融部门通过先进的计算机联网系统进行批量入账，将有关款项自动转入储户预先约定的储蓄账户上。金融部门代理企、事业单位发放工资，还可代理社会保险局发放社会福利保险金。

（二）开办条件

（1）经办行受理新客户的代发工资业务时，应先与代发工资单位签订代发工资协议书，明确双方的权利和义务。二级分行及以上机构，或是经二级分行授权的支行拥有协议签字权。

（2）代发工资单位的员工需要在银行开立个人结算账户或外币储蓄账户作为代发工资账户。

（3）代发工资单位应在经办行预留印鉴，经办行凭预留印鉴为代发工资单位办理代发工资业务；若采用电子银行方式办理代发工资业务，则应在经办行办理电子银行开通手续，经办行以代发工资单位的登录卡号、密码或电子签名作为办理此项业务的身份验证依据。

（三）操作流程

代发工资的业务流程如图 6-28 所示。

图 6-28　代发工资的业务流程

任务 2　代理国债业务

一、业务释义

1．国债的含义

国债包含内债和外债，指中央政府为了实现其职能，平衡财政收支，增强政府的经济建设能力，按照有借有还的信用原则，从国内或国外筹集资金的一种方式。我国的国债专指由财政部代表中央政府为筹集财政资金向社会公开发行的国家债券，是中央政府向投资者出具的，承诺在一定时期支付利息和到期偿还本金的债权凭证。目前市场上发行的国债主要分为凭证式国债、储蓄国债和记账式国债三种。

2．国债的特点

国债作为一种优良的投资品种具有以下主要特点。

（1）安全性高。由于国债是中央政府发行的，而中央政府是一国权力的象征，所以发行者具有一国最高的信用地位，一般风险很小。

（2）流动性强，变现容易。由于政府的高度信用地位，使得国债的发行额十分庞大，发行也十分容易，由此造就了一个十分发达的二级市场，发达的二级市场客观地为国债的自由买卖和转让带来了方便，使国债的流动性增强，变现较为容易。

（3）可以享受许多免税待遇。大多数国家规定，购买国债的投资者与购买其他收益证券相比，可以享受更多的税收减免。在我国投资国债免征利息税。

3．储蓄国债

储蓄国债（Savings Bonds）是指一国政府面向个人投资者发行的，以吸收个人储蓄资金为目的，满足长期储蓄性投资需求的一种不可流通的国债，按债权记录方式分为纸质凭证和电子方式两种。

我国的储蓄国债包括凭证式国债和储蓄国债（电子式）。

（1）凭证式国债。凭证式国债是指采用填制中华人民共和国凭证式国债收款凭证的方式，通过部分商业银行和邮政储蓄柜台，主要面向城乡居民个人及社会其他投资者发行的储蓄性国债。凭证式国债为记名国债，可以挂失、提前兑取、在银行质押贷款，但不得更名，不可流通转让。

凭证式国债从购买之日开始计息，到期一次还本付息，不计复利，逾期兑付不加计利息。凭证式国债自 1994 年面向城乡居民发行以来，对筹集财政资金、促进经济发展、满足人民群众投资需求，发挥了重要作用，已经成为深受广大群众喜爱的投资品种。

（2）储蓄国债（电子式）。储蓄国债是指财政部在中华人民共和国境内发行，通过试点商业银行面向个人投资者销售的，以电子方式记录债权的不可流通人民币债券。其中，试点商业银行是指经批准办理储蓄国债（电子式）代销试点业务的商业银行。目前为中国工商银行、中国农业银行、中国银行、中国建设银行、交通银行、招商银行等。试点商业银行承办以下业务：① 为投资者开立个人国债账户，办理储蓄国债（电子式）债权托管、结算及相关业务；② 通过投资者指定资金账户，为投资者办理与储蓄国债（电子式）相关的资金清算业务；③ 通过各自营业网点柜台，办理储蓄国债（电子式）发行认购、还本付息、提前兑取、终止投资、质押贷款、非交易过户等业务；应投资者要求为其开立储蓄国债（电子式）持有证明（财产证明）；④ 进行储蓄国债（电子式）政策宣传，为投资者提供储蓄国债（电子式）发行条件、业务操作规程、个人债权持有情况等信息咨询、查询服务。

4. 记账式国债

记账式国债是由财政部通过无纸化方式发行的，以电脑记账方式记录债权，并可以上市交易的债券。投资者不须持有债券凭证，而是在债券托管机构开立债券托管账户记载所持有的债券。我国从 1995 年推出记账式国债这一品种。

二、主要业务规定

（1）网点发行的国库券为凭证式国库券，可记名、可挂失，但不可上市转让，使用专用凭证。国库券起存金额为 100 元（含 100 元）且为 100 元的整数倍。

（2）国库券业务允许提前支取，提前支取储户一律按规定费率支付手续费。提前支取只能全部支取，不能部分支取。

（3）国债兑付利率和计息办法按人民银行总行规定执行。

（4）国债买卖期，对于提前兑付的凭证式国库券，经办行可在控制发行额度内继续由居民买入，其持券期限从购买之日起计算，但利息只计算到该券规定到期日止。若持券人急需用款，也可再度卖出，买卖价格按规定办法计算。

三、学习活动

国债买入、国债兑付

学习活动 1　国债买入

国债买入的业务流程如图 6-29 所示。

图 6-29　国债买入的业务流程

学习活动2　国债兑付

代理兑付债券是指银行接受客户委托对其发行的债券到期进行兑付的债券业务。一般的，银行受理代兑付债券业务时，委托人应提前将待兑付的款项拨交银行，兑付期满，银行要按代理兑付的总额收取一定的手续费。

国债到期后，柜员使用国库券兑付交易销户。未到期支取的，办理手续视为同期的定期存款提前支取，须摘录身份证件名称和号码，系统在计算利息后自动扣除手续费。如果客户遗失国库券收款凭证，可以比照定期存款挂失手续办理；如果需要续存的，柜员使用挂失补开交易打印新的国库券交款凭证交给客户；如果需要支取的，柜员使用挂失销户交易进行销户。

任务3　代理基金业务

一、业务释义

（1）代理基金销售是银行接受基金管理人委托，通过银行营业网点和电子银行系统接受投资人基金认购、申购、赎回等交易申请的业务。

（2）基金账户是基金管理公司识别投资者的标志，是注册登记中心为投资者开立的，用于记载投资者的基金所有权及其变更信息的账户。

投资者在参与开放式基金认购、申购、赎回等业务之前必须到基金管理公司的销售机构，即在各地的直销网点或代销网点申请开立基金账户。

二、主要业务规定

（1）基金投资人须为中华人民共和国境内合法投资人。代理基金销售业务中的范围依据"基金招募说明书"确定。

（2）基金的申（认）购与赎回遵循相关规定进行。

（3）基金发行期间投资人必须在发行期内办理认购手续；发行期结束，营业网点立即停止接受认购申请。基金存续期间，投资人必须在规定的基金开放日内提交基金交易申请。

（4）各营业网点根据"基金招募书"中规定的基金交易开放日和营业时间受理基金业务。

（5）投资人在基金发行期结束一段时间后才可办理基金申购、赎回业务，间隔时间依据基金招募说明书中的规定执行。

（6）办理基金销售业务的营业网点应挂牌公布总行提供的最新基金资产净值或价格。

三、学习活动

开户、认购、赎回

学习活动1　基金账户开户申请

（一）各销售机构在受理投资者开立基金账户的申请时，会要求投资者向销售机构提交开户申请表和如下资料

1. 个人投资者

（1）本人有效身份证件（身份证、军官证、士兵证、护照等）的原件及复印件；

（2）预留印鉴卡；

（3）填妥的业务申请表；

（4）指定银行账户的证明文件及复印件；

（5）代办人有效身份证件原件及复印件和本人的授权委托书（如非本人亲自办理）。

2．机构投资者

（1）加盖单位公章的企业法人营业执照复印件及有效的副本原件，事业法人、社会团体或其他组织提供民政部门或主管部门颁发的注册登记证书原件及加盖单位公章的复印件；

（2）法定代表人授权委托书；

（3）法定代表人身份证复印件；

（4）业务经办人身份证件原件及复印件；

（5）预留印鉴卡；

（6）填妥的业务申请表；

（7）指定银行账户的证明文件及复印件。

（二）操作流程

基金账户开户的业务流程如图 6-30 所示。

图 6-30　基金账户开户的业务流程

同步阅读

开放式基金与封闭式基金

首先，所谓"开放"与"封闭"指的是封闭式基金一般有少于 5 年的存续期，此期限内已发行的基金单位不能被赎回；而开放式基金发行的基金单位是可随时赎回的，基金的资金总额每日均不断地变化，始终处于"开放"的状态。

其次，封闭式基金发起设立时，投资者可以认购，并且封闭式基金可以在二级市场上交易，投资者也可按市价买卖；而对开放式基金，投资者投资可以随时按净值申购或赎回。

再次，买卖封闭式基金的费用一般要高于开放式基金的申购与赎回。投资者在买卖封闭式基金时与买卖上市股票一样，也要付出一定比例的证券交易税和手续费；而开放式基金的投资者须缴纳的相关费用（如首次认购费、赎回费和管理费）则包含于基金净值之中。

最后，二者的投资策略不同。封闭式基金募集到的资金可全部用于投资，这样基金管理公司便可据此制订长期的投资策略，取得长期经营绩效，在熊市中净值表现要比开放式基金好，加上封闭转开放的预期，折价率高时，就会有投资价值；开放式基金则必须保留一部分现金，以备投资者随时赎回，而不能尽数地用于长期投资。

学习活动2　基金认购

（一）开放式基金的认购和申购

基金购买分为认购期和申购期。首次发售基金份额称为基金的募集，在基金募集期间内购买基金的行为称为基金认购，而投资者在基金认购期结束之后购买基金份额的行为称为基金申购。在基金认购期内购买基金份额一般会享受认购费率的优惠，但是认购的基金需要在经过封闭期之后才能赎回，而申购的基金在第二个工作日就可以赎回。其中，在认购时，每单位基金份额净值为人民币1元。基金募集期结束并成立后，投资者根据基金销售网点规定的手续购买基金份额则称为申购，此时由于基金净值已经反映了其投资组合的价值，因此每单位基金份额净值不一定为1元，可能高于也可能低于1元，故同一笔资产认购和申购同一基金所得到的基金份额数将有可能不同。

（二）操作流程

基金认购的业务流程如图6-31所示。

图6-31　基金认购的业务流程

同步思考

关于如何向客户提供基金买卖的建议

案情介绍

刘女士是一位新"基民"，她看到股指连续下跌，便想通过买开放式基金来实现"曲线炒股"的目标。银行柜员告诉她，买基金有认购和申购两种方式，认购是在基金发行的时候购买，和买股票原始股有点相似；申购就是基金出了封闭期之后再购买，和在二级市场上买股票一样。听完后，有一定炒股经验的刘女士便认为认购肯定比申购合算。这时正好有一只新基金发行，她便把手中的定期存款办理提前支取，认购了这只基金。几个月后，这只基金出了封闭期，刚开始基金净值还比较稳定，一直在1.03元左右，可好景不长，没用一个月，基金净值就"跳水"到了1.01元。刘女士这才知道：基金的"原始股"并非股票原始股，早知道这样还不如等到现在再申购。

思考分析:

银行柜台所遇到的客户类别很多,如何对基金买卖给予恰当的建议和回答并妥善处理是要注意说话方式和内容的。

学习活动 3　基金赎回

(一)基金赎回

投资者以申请当日的基金单位资产净值为基础,卖出所持有的基金份额叫做基金的赎回;其中,基金单个开放日,基金赎回申请超过上一日基金总份额的 10%时,为巨额赎回。同时,在赎回基金时所缴纳的费用称为赎回费。

(二)基金产品的赎回方式

(1)在银行赎回基金:在柜台填写基金赎回表,填上赎回基金产品、份额。

(2)在网银赎回基金:在网络银行的基金投资相关页面,单击"赎回"选项,选择基金产品,填上赎回份额,然后单击"确认"。

(3)在证券公司赎回基金:在柜台填写基金赎回表,填上赎回基金产品、份额。

(4)基金公司网上赎回:连通基金公司与银行的账户,选择基金赎回,填入相关数据。

(三)操作流程

基金赎回的业务流程如图 6-32 所示。

图 6-32　基金赎回的业务流程

同步阅读

代理保险业务

一、代理保险业务范围

(1)代理财产保险业务,包括企事业单位的企业财产保险、责任保险及家庭财产保险等业务。

(2)代理人寿保险业务,包括企事业单位职工和保险法规定的公民的人寿保险、意外伤害保险及保险公司委托代理的其他人寿保险业务。

(3)代理收取保费及支付保险金业务。各代理行代理保险公司收取其业务员交的保险费和保险公司续保户交的保险费,受被代理公司的委托向投保人或受益人支付保险金的业务。

(4)代理保险公司资金结算业务。各代理行通过实时汇兑系统和电子汇兑系统为保险公司提供资金结算服务。

（5）每个代理行只能为一家人寿保险公司代理寿险业务，同时能为 3 家财险公司代理财险业务。

（6）代理行必须严格按照合同书的约定，在被代理公司授权的范围内以被代理公司的名义办理保险业务。对超越代理权限的保险业务，代理行应及时通知被代理公司，由被代理公司书面授权办理或由被代理公司直接办理。

二、代理保险业务操作程序

代理保险业务经办人员应指导投保人正确、完整、如实地填写投保单，在商定承保条件和费率的情况下要求投保人签章确认。单位投保的，必须向投保单位经办人员在投保单上签名并加盖单位公章。代理经办人员不得代客户填写投保单。

代理经办人员应对已填写的投保单认真审核，审核项目如下：

（1）投保人、被保险人、受益人的关系；

（2）保险期限及有否倒签承保日期；

（3）投保金额是否合理，是否注明承保方式；

（4）附加承保条件是否齐全或者合理；

（5）附加费率是否合理，保费计算是否正确；

（6）保险项目是否超越代理权限，超权限的是否已获得保险公司同意。

保费必须由投保人自愿缴纳，代理行不得强行代扣保费。投保人在缴足保费后，代理行方可将保险公司开出的保险单和保费收据交给投保人。

代理行必须严格执行被代理公司规定的承保险种的条款和费率；使用的保险单证必须是被代理保险公司统一印制的专用保险单证，单证和印章必须相符。

代理行应在保险单到期前一个月，通知被保险人办理续保手续。

代理行代理的业务发生保险事故后，代理行应在 24 小时内通知保险公司，并且协助保险公司对出险标的查勘、验损，及时理赔。

代理行应协助被代理保险公司在农业银行开立专用资金账户，用于保费的收缴和划拨。

代理行应严格按照协议规定的时间和结算方式与保险公司结算保费，不得挤占和挪用保费。

代理行在结算保费时，分险种按保单号码顺序填写保费结算清单。保费结算清单一式两联，一联交保险公司，另一联由代理行留存。

模块 4 | 项目强化训练

一、判断题

1. 贷记卡与准贷记卡透支取现时都要收取手续费。　　　　　　　　　　　　　　（　　）

2. 柜员办理银行卡业务时，发现止付卡应立即没收该卡。　　　　　　　　　　　（　　）

3. 免息还款期优惠是贷记卡持卡人在透支时所获得的或在归还最低还款额有困难时所获得的一种优惠。　　　　　　　　　　　　　　　　　　　　　　　　　　　　　（　　）

4. 商业承兑汇票的收付款人必须是在银行开立存款账户的个人或企业。　　　　　（　　）

5. 国债买卖期内，对提前兑付的凭证式国债，经办行可在发行额度内继续卖出。　（　　）

6. 代售火车票是银行的代收类业务。　　　　　　　　　　　　　　　　　　　　（　　）

7. 国库券无法办理挂失业务。　　　　　　　　　　　　　　　　　　　　　　　（　　）

8. 支票没有金额起点，但有最高限额。　　　　　　　　　　　　　　　　　　　（　　）

9. 支票只能用于单位在同一票据交换区域的各种款项的结算，而不能用于个人。（　　　）

10. 基金投资人须为中华人民共和国公民。（　　　）

二、单项选择题

1. 准贷记卡的透支利率为日利率（　　　）。

    A. 1%　　　　　　　B. 1‰　　　　　　C. 5%　　　　　　D. 万分之五

2. 以下哪种卡不记付利息（　　　）。

    A. 贷记卡　　　　　　　　　　　　　B. 准贷记卡

    C. 借记卡（不含储值卡）　　　　　　D. 招行一卡通

3. 贷记卡透支按月计收（　　　），准贷记卡透支按月记收（　　　）。

    A. 复利；单利　　　B. 复利；复利　　　C. 单利；单利　　　D. 单利；复利

4. 银行卡在 ATM 机上取现（　　　）。

    A. 每卡每日不得超过 5 000 元　　　　B. 每卡每日不得超过 6 000 元

    C. 每日累计取现不得超过 20 000 元　　D. 不得超过信用额度

5. 结算票据的出票日期应使用（　　　）。

    A. 大写　　　　　　　　　　　　　　B. 小写

    C. 大写小写均可　　　　　　　　　　D. 按办理网点要求填写

6. 银行网点发行的国库券为凭证式国债，（　　　），使用专用凭证。

    A. 可记名、可上市转让，但不可挂失　B. 不记名、不挂失，可上市转让

    C. 可记名、可挂失，但不可上市转让　D. 不记名、不挂失，不可上市转让

7. 代售飞机票属于代理业务中的（　　　）。

    A. 代付类　　　　　B. 转账类　　　　　C. 代理发行类　　　D. 代收类

8. 已承兑的银行承兑汇票丧失时，失票人要持（　　　）出具的其享有票据权利的证明向承兑行请求付款。

    A. 开户行　　　　　B. 公安机关　　　　C. 人民法院　　　　D. 人民银行

9. 国债的起存金额为（　　　）元。

    A. 10　　　　　　　B. 50　　　　　　　C. 100　　　　　　D. 500

10. 现金支票的提示付款期自出票之日起（　　　）天。

    A. 5　　　　　　　　B. 10　　　　　　　C. 15　　　　　　　D. 20

11. 出票人签发空头支票，持票人有权要求出票人赔偿支票金额的（　　　）。

    A. 1%　　　　　　　B. 2%　　　　　　　C. 5%　　　　　　D. 0.5%

12. 投资者购买凭证式国债的起息时间是（　　　）。

    A. 当年 1 月 1 日　　　　　　　　　　B. 当期国债发行开始日

    C. 购买日　　　　　　　　　　　　　D. 当期国债发行结束日

13. 代理发行业务主要有（　　　）。

    A. 代发放红利　　　　　　　　　　　B. 代理开放式基金业务

    C. 代收电费　　　　　　　　　　　　D. 代收联通费

14. "POS" 的中文意思是指（　　　）。

    A. 自动取款机　　　B. 自动存款机　　　C. 自动柜员机　　　D. 销售点终端

15. 银行卡不具有（　　　）功能。

    A. 消费信用　　　　B. 转账结算　　　　C. 存取现金　　　　D. 买卖证券

三、多项选择题

1. 转账卡具有（   ）功能。
   - A. 转账结算
   - B. 存取现金
   - C. 消费
   - D. 透支

2. （   ）不享受免息还款期和最低还款额。
   - A. 贷记卡持卡人支取现金
   - B. 贷记卡持卡人非现金交易
   - C. 准贷记卡持卡人支取现金
   - D. 准贷记卡持卡人非现金交易

3. 可用于支取现金的支票有（   ）。
   - A. 转账支票
   - B. 普通支票
   - C. 专用支票
   - D. 现金支票

4. 银行汇票欠缺（   ）要素，汇票无效。
   - A. 无条件支付承诺
   - B. 出票金额
   - C. 收付款人名称
   - D. 出票日期及出票人签章

5. 代理业务从资金清算的方向上来分可以分为（   ）。
   - A. 代收类
   - B. 代付类
   - C. 转账类
   - D. 代理发行类

6. 以下（   ）是现行银行支付结算的种类。
   - A. 支票
   - B. 商业汇票
   - C. 现金
   - D. 托收托付

7. 单位、个人、银行办理支付结算必须遵守（   ）原则。
   - A. 恪守信用，履约付款
   - B. 谁的钱进谁的账，由谁支配
   - C. 存款自愿，为储户保密
   - D. 银行不垫款

8. 中间业务的特点有（   ）。
   - A. 不运用或不直接运用商业银行的自有资金
   - B. 必须接受客户委托办理业务
   - C. 不承担或不直接承担经营风险
   - D. 以收取手续费的方式获得收益

9. 发卡网点对客户持有的银行卡在（   ）情况下应予以收回。
   - A. 卡已被挂失
   - B. 卡磁条已被破坏
   - C. 卡的指定账户已销户
   - D. 使用时连续三次输错密码

10. 借记卡的挂失正确的叙述是（   ）。
    - A. 口头挂失和书面挂失
    - B. 主卡办理挂失与支付后，附卡不可以继续使用
    - C. 主卡办理挂失与支付后，附卡可以继续使用
    - D. 附卡办理挂失与支付后，主卡仍然可以继续使用

四、简答题

1. 信用卡的分类及基本特点。
2. 简要说明银行卡风险的主要类型。
3. 请举出 8 家银行的信用卡及其名称。
4. 代收业务的基本规定有哪些？
5. 支付结算业务的原则是什么？
6. 现行银行支付结算的种类有哪些？

五、请做出下列业务流程图并对主要环节予以说明

1. 信用卡申请
2. 银行卡挂失
3. 现金支票提现
4. 票据挂失

5. 银行承兑汇票承兑

6. 汇出款项

7. 国债买入

六、案例分析

票据案例

案情梗概

A 公司从 B 纺织厂购进一批羊毛衫。为支付货款，A 公司向 B 厂开具了 10 万元货款的汇票，汇票付款人为 C 银行，付款期限为出票后 15 天。B 厂经销员拿到汇票后，声称不慎于第 3 日遗失。B 厂随即向 C 银行所在地的区人民法院申请公示催告。人民法院接到申请后第 2 天即受理，并通知了付款人停止支付。第 3 天发出公告，限利害关系人在公告之日起 3 个月内到人民法院申报，否则，人民法院将根据申请人的申请，宣告票据无效。后来 D 持汇票到人民法院申报，并声称汇票是用 6 万元从经销员手里买的。人民法院接到申报后，裁定终结公示催告程序，并通知 B 厂和 C 银行。于是，B 厂向人民法院起诉。

思考分析：

票据遗失后，以上各相关各方的行为是否正确？区人民法院的公示催告程序是否合法、正确？请根据票据挂失的相关规定和程序进行分析。

项目7
商业银行外汇业务

学习目标

目前大多数的商业银行基本上都开展了外汇相关业务,因此前台柜员掌握相关的外汇业务知识也是成为合格柜员的基本要求之一。通过本项目的学习,学生可以掌握并熟悉以下内容:

(1)熟悉个人外币存款业务的结算规定;

(2)熟悉个人外币存款业务各环节业务的具体操作处理;

(3)熟悉个人外币兑换业务的相关规定;

(4)熟悉外币兑出、兑入、套汇等环节业务的具体操作处理。

知识导入

一、业务释义

外汇具有动态和静态两个方面的含义。

外汇的动态含义是指把一国货币兑换成另一国货币的国际汇兑行为和过程，即借以清偿国际债权和债务关系的一种专门性经营活动。

外汇的静态含义是指以外币表示的可用于对外支付的金融资产。《中华人民共和国外汇管理条例》所称外汇是指下列以外币表示的可以用作国际清偿的支付手段和资产：

（1）外币现钞，包括纸币、铸币；

（2）外币支付凭证或者支付工具，包括票据、银行存款凭证、银行卡等；

（3）外币有价证券，包括债券、股票等；

（4）特别提款权；

（5）其他外汇资产。

根据国家外汇管理局的相关规定，我国有权经营外汇业务的银行是指经中国人民银行批准在中华人民共和国境内设立的中资银行及其分支机构，包括政策性银行、国有独资商业银行、股份制商业银行和城市合作银行等银行及其分支机构。这些银行可以经营国家外汇管理局界定的以下相关业务：外汇存款、外汇贷款、外汇汇款、外币兑换、国际结算、同业外汇拆借、外汇票据的承兑和贴现、外汇借款、外汇担保、结汇、售汇等。

二、相关知识

（一）外汇管理

外汇管理广义上是指一国政府授权国家的货币金融当局或其他机构，对外汇的收支、买卖、借贷、转移以及国际间结算、外汇汇率和外汇市场等实行的控制和管制行为；狭义上是指对本国货币与外国货币的兑换实行一定的限制。

（二）国际收支

国际收支是指一定时期内某一经济体（通常指一国或者地区）与世界其他经济体之间的各项经济交易，其中的经济交易是在居民与非居民之间进行的。经济交易作为流量，反映经济价值的创造、转移、交换、转让或削减，包括经常项目交易、资本与金融项目交易和国际储备资产变动等。

（三）经常项目

经常项目是指国际收支中涉及货物、服务、收益及经常转移的交易项目等，是实质资源的流动，包括进出口货物、输入输出的服务、对外应收及应付的收益，以及在无同等回报的情况下，与其他国家或地区之间发生的提供或接受经济价值的经常转移。

（四）资本和金融项目

资本和金融项目是指国际收支中引起对外资产和负债水平发生变化的交易项目，包括资本转移、直接投资、证券投资、衍生产品及贷款等，是资本项目项下的资本转移、非生产/非金融资产交易以及其他所有引起一经济体对外资产和负债发生变化的金融项目。资本转移是指涉及固定资产所有权的变更及债权债务的减免等导致交易一方或双方资产存量发生变化的转移项目，主要包括固定资产转移、债务减免、移民转移和投资捐赠等。非生产/非金融资产交易是指非生产性有形资产（土地和地下资产）和无形资产（专利、版权、商标和经销权等）的收买与放弃。金融项目具体包括直接投资、证券投资和其他投资项目。

（五）出口收汇核销和出口收汇核销单

出口收汇核销是以出口货物的价值为标准核对是否有相应的外汇收回国内的一种事后管理措施。

出口收汇核销单指由国家外汇管理局统一管理，各分支局核发，出口单位凭以向海关办理出口报关，向银行办理出口收汇，向外汇管理机关办理出口收汇核销，向税务机关办理出口退税申报，有统一编号的重要凭证。

（六）境内个人和境外个人

《外汇管理条例》所称境内个人是指中国公民和在中华人民共和国境内连续居住满1年的外国人，外国驻华外交人员和国际组织驻华代表除外。

《个人外汇管理办法》所称境内个人是指持有中华人民共和国居民身份证、军人身份证件、武装警察身份证件的中国公民。

境外个人指持护照的外国公民包括无国籍人士以及持港澳地区居民来往内地通行证、台湾省居民来往大陆通行证的港澳台同胞。

（七）中国居民（简称居民）和非居民

国际收支统计申报办法所称中国居民是指以下几类。

（1）在中国境内居留1年以上的自然人，外国驻华使馆领馆外籍工作人员及其家属以及外国及中国香港、澳门、台湾地区在境内的留学生、就医人员除外；与《外汇管理条例》一致。

（2）中国短期出国人员（在境外居留时间不满1年）、在境外留学人员、就医人员及中国驻外使馆领馆工作人员及其家属。

（3）在中国境内依法成立的企业事业法人（含外商投资企业及外资金融机构）及境外法人的驻华机构（不含国际组织驻华机构、外国驻华使馆领馆）。

（4）中国国家机关（含中国驻外使馆领馆）、团体、部队。

非居民是指持有国外永久身份证明的自然人。

居民与非居民的判断标准以其出示的身份证明文件为准。

（八）境内机构

境内机构是指中华人民共和国境内的国家机关、企业（含经批准设立的外资企业和金融机构）、事业单位、社会团体、部队等，外国驻华外交领事机构和国际组织驻华代表机构除外。其中，外资企业包括外商独资、中外合资、中外合作企业。

模块 1 | 外币储蓄存款业务

任务 1　外汇储蓄存款业务

一、业务释义

按照国家外汇管理局的相关规定，为方便中、外单位存入外币，目前我国境内包括工、农、中、建等多家银行均开办了外币存款业务。外币储蓄存款实行存款自愿、取款自由、原币计息、为储户保密的原则。凡中国境内居民，均可以个人名义开立外币储蓄存款账户。

二、相关业务规定

（一）外汇存款

外汇存款是银行组织吸收外汇资金的主要渠道，是银行外汇资金来源的重要组成部分。外汇存款的种类，可以按存款的对象、存入资金形态、存款期限和存取方式进行分类。

外汇存款按照存款对象，可以分为单位外汇存款和个人外币储蓄存款。中国公民，港、澳、台地区同胞，居住在中国境内外的外国人、外籍华人和华侨，均可以凭实名制认可的有效身份证件在银行办理外币储蓄存款。

外汇存款按照存入资金形态，可以分为现汇存款和现钞存款。其中，外币现汇是指其实体在货币发行国本土银行的存款账户中的自由外汇，主要由国外汇入，或由境外携入、寄入的外币票据，经银行托收，收妥后存入。外币现汇就是从国外汇入的，没有取出就直接存入银行的外币，它包括从境外银行直接汇入的外币、居民委托银行代其将外国政府公债、国库券、公司债券、金融债券、外国银行存款凭证、商业汇票、银行汇票、外币私人支票等托收和贴现后所收到的外币。现汇存款是指上述外币票据转存的存款。外币现钞是指外国钞票、铸币。外币现钞主要由境外携入。现钞存款是指存款人以从境外携入或持有可自由兑换的外币现钞存入的存款。

（二）外币存款的相关规定

国家对个人外币存款政策规定如下。

1．存款对象

乙种存款对象：居住在国外或港澳台的外国人、外籍华人、华侨、港澳台同胞、短期来华旅游者；居住在中国境内的驻华领使馆外籍人员、驻华代表机构外籍人员、外籍科技人员、记者、学者、专家、海员、留学生、实习生等；我国派往国外及港澳地区从事学习、工作、进修、科研、讲学等人员，以及按规定允许留存外汇的个人。

丙种存款对象：凡持有外汇、外钞的国内居民以及收到国外、港澳地区汇入外币的个人。

2．存款种类

外币储蓄存款分为活期、定期和个人通知存款3种。

（1）外币活期储蓄为存折户，起存金额不低于人民币20元的等值外汇，每年计付一次利息，计息日为每年的12月20日。

（2）外币定期储蓄是储户在存款时约定期限，一次存入本金，整笔支取本金和利息的储蓄。起存金额不低于人民币50元的等值外汇。定期存款期限分为1个月、3个月、6个月、1年、2年5个档次。

（3）个人通知存款是指客户在提取或支付存款时，必须按规定提前若干天通知银行的一种存款。通知存款的起存和最低支取金额为5万元人民币的等值外汇，只有7天通知存款一种，个人通知存款因其存期比普通定期存款短得多，而利率又比活期存款高，对持有短期大额收入的客户很具有吸引力。

3．存款档次及起存金额

活期存款；起存金额为不低于20元人民币的等值外汇；定期存款分为3个月、6个月、1年、2年4个档次，起存金额为不低于50元人民币的等值外汇。

同步阅读

外币存款的有关规定

外币存款的有关规定如表7-1所示。

表7-1　　　　　　　　　　外币存款的有关规定

服务对象	账户类型	有效身份证件	开户起存金额
中国公民	丙种账户	居民身份证、户口簿、军人证、武警身份证明	活期存款20元人民币的等值外币，定期存款50元人民币的等值外币

服务对象	账户类型	有效身份证件	开户起存金额
港澳台同胞	乙种账户	港、澳地区居民往来内地通行证、台湾居民往来大陆通行证或其他有效旅游证件	活期存款 100 元人民币的等值外币，定期存款 500 元人民币的等值外币
外国人、外籍华人和华侨	乙种账户	护照	同上

三、学习活动

开户、续存

学习活动 1　外币储蓄存款的开户

外币储蓄存款开户的业务流程如图 7-1 所示。

图 7-1　外币储蓄存款开户的业务流程

学习活动 2　外币储蓄存款续存业务

外币储蓄存款续存的业务流程如图 7-2 所示。

图 7-2　外币储蓄存款续存的业务流程

任务 2　外汇储蓄的支取、销户业务

一、主要业务规定

（一）存款支取

（1）本息均可支取外币，也可支取人民币，享受侨汇优待（乙种存款可兑取外汇兑换券）。

（2）外汇储户本息可以汇往境外，银行视库存情况允许支取外钞。

（3）外钞储户本息可以支取外钞。丙种外钞户存款汇出境外金额较大时，须经过外汇管理局批准。

（4）存款人或其直系亲属携带支取的外币出境，可凭出境证件，由存款银行开给携带外币出境许可证。

（5）存款支取的货币应与原存款的货币相同，如兑换其他货币，按支取日外汇牌价折算。

（6）定期存款须提前支取的，存款人应向银行提供本人证件并签章，经银行同意办理。

（二）计息规定

存款按中国银行总行公布的个人外币存款利率计付外币利息；活期外币存款每年 12 月 20 日计息一次，如清户，一次支付本息；定期存款未到期遇利率调整，仍按存入时原定利率计息。

二、学习活动

支取和销户、计息

学习活动 1　外币储蓄存款的支取和销户

外币储蓄存款的支取和销户的流程如图 7-3 所示。

业务受理	客户支取款项时，应填写取款凭条与存折一并交柜员
审核	审核存折确为本系统所签发并已到期，取款凭条填写是否正确。凭印鉴支取的，应核对预留印鉴；凭密码支取的，由客户输入密码
取现（销户）交易	柜员审核无误后，柜员通过输入外币定期储蓄现钞户现钞取款交易代码，进入现金取款交易界面
授权	按规定须授权的外汇存款要进行授权
打印并签章	打印存折凭单，销户还要打印利息清单，按取款凭证配款。采用签单服务的，请客户在签单服务凭证上签字确认
后续	将现钞、利息清单交客户。在已销户外币定期储蓄存单、取款凭证和利息清单上加盖现金付讫章和销户章，将现钞、利息清单（第二联）交与客户

图 7-3　外币储蓄存款的支取和销户的流程

学习活动 2　外币储蓄存款的计息

（1）计算利息的基本公式如下。

活期存款利息=外币本金×活期存款利率/360×实际天数

定期存款利息=外币本金×定期存款利率/12×存期月数

（2）外币活期存款：按年计付利息，每年计息一次，12 月 20 日为外币活期存款结息日，按当日银行挂牌公告的活期存款利率计付利息。利息并入本金重新起息。在存入期间如遇利率调整，按结息日挂牌公告的活期利率计付利息。

存款销户时，按支取日挂牌公告的活期储蓄存款利率结清。

外币定期存款：按存入日利率计付利息；存期内如遇利率调整，按照存入日利率计息不变，不分段计息。

提前支取的存款，按支取日挂牌公布的外币活期利率计付利息。部分提前支取时，未提前支取部分仍按原利率计息。

部分提前支取只限一次。存款到期未取，除约定自动转存的外，过期部分，按支取当日的活期存款利率计付利息。存款到期如预约自动转存，利息并入本金，并按转存日利率计息。

应得利息按所存外币币种计付，结息扣税采用原币扣税。

模块 2 ┃ 外币兑换业务

一、业务释义

个人本外币兑换特许业务是指境内非金融类一般工商企业，经外汇局批准，在试点地区提供包括银行在内的面向境内外个人的外汇换人民币、人民币买外汇的双向兑换服务。其中银行网点普遍集中在对公业务和居民密集区。外汇局要求，特许经营机构须通过个人结售汇管理信息系统办理兑换业务，将每个客户的兑换纳入个人结售汇年度总额控制；同时限定特许经营机构对单一客户当天累计兑换金额不得超过 5 000 美元。此外，特许经营机构的所有经营活动通过外汇备付金账户进行，并对外汇备付金实行限额管理。

二、主要业务规定

（一）外汇买卖

外汇交易就是一国货币与另一国货币进行交换。

（二）外汇汇率

汇率又称汇价、外汇牌价或外汇行市，是指将一种货币兑换成另一种货币的比价关系，即以一国货币表示另一国货币的价格。

（三）外汇买卖的相关规定

（1）外汇买卖传票有外汇买卖借方传票、外汇买卖贷方传票和套汇传票 3 种。外汇买卖借方、贷方传票均为一式三联，外币和人民币的外汇买卖传票各一联，另一联为统计卡。套汇凭证一式五联，外汇买卖的外币和人民币传票各两联，另一联为统计卡。

（2）外汇买卖账簿包括分户账和总账两种。外汇买卖分户账是一种特定格式的账簿，以外币币种分别立账。该分户账由买入、卖出和结余 3 栏组成，它把外币金额和人民币金额同时分栏填列在同一张账页上。买汇时，外币记贷方，人民币记借方，两者都记入买入栏；卖汇时，外币记借方，人民币记贷方，两者都记入卖出栏。外汇买卖总账分外币和人民币分别填列。每日营业终了根据科目日结单登记总账发生额，根据上日余额结出本日余额。

三、学习活动

个人外币兑出、个人外币兑入、个人外币套汇

学习活动 1　个人外币兑出

（一）兑出外币的折算方法

客户应付人民币金额=需要兑出的外钞金额×外钞卖出价

（二）关于外币兑换限额的规定

根据国家外汇管理局发布的《个人外汇管理方法实施细则》（2007 年 1 月）的规定，个人结汇和境内个人购汇实行年度总额管理，年度总额为每人每年等值 5 万美元。个人提取外币现钞当日累计等值 1 万美元以上，个人向外汇储蓄账户存入外币现钞等日累计等值 5 000 美元以上，均须凭有关证件和单据在银行办理。

（三）操作流程

个人外币兑出的业务流程如图 7-4 所示。

图 7-4　个人外币兑出的业务流程

📚 同步阅读

外汇汇价的表示方法

（1）直接标价法，又称为应付标价法，是以一定单位的外国货币作为标准，折算为本国货币来表示其汇率的一种标价方法。在直接标价法下，外国货币数额固定不变，汇率小组涨跌都以相对的本国货币数额的变化来表示。一定单位外币折算的本国货币减少，说明外币汇率已经下跌，即外币贬值或本币升值。我国和国际上大多数国家都采用直接标价法。我国人民币汇率是以市场供求为基础的、单一的、有管理的浮动汇率制度。

（2）间接标价法，又称为应收标价法，是以一定单位的本国货币为标准，折算为一定数额的外国货币来表示其汇率的一种标价方法。在间接标价法下，本国货币的数额固定不变，汇率小组涨跌都以相对的外国货币数额的变化来表示。一定单位的本国货币折算的外币数量增多，说明本国货币汇率上涨，即本币升值或外币贬值。反之，一定单位本国货币折算的外币数量减少，说明本国货币汇率下跌，即本币贬值或外币升值。欧元、英镑、澳元为间接标价法。直接标价法和间接标价法所表示的汇率涨跌的含义正好相反，所以在引用某种货币的汇率和说明其汇率高低涨跌时，必须明确采用哪种标价方法，以免混淆。

（3）美元标价法，又称纽约标价法，是指在纽约国际金融市场上，除对英镑用直接标价法外，对其他外国货币用间接标价法的标价方法。

学习活动2　个人外币兑入

（一）兑入外币的折算方法

$$银行应付人民币金额=外钞金额×外钞买入价$$

（二）关于外币兑换业务的特别说明

境外人员离境前，要求将入境时兑换的未用完的人民币兑回外币，可以凭借本人护照和本人的有效期（6个月）之内的外币兑换水单和离境机票或火车票到原兑换机构办理，其兑换金额不能超过原水单金额的50%。银行办理兑回外币业务时，应同时收回原兑换水单，加盖"已兑换"戳记，作为外汇买卖传票的附件。

（三）操作流程

个人外币兑入的业务流程如图7-5所示。

图7-5　个人外币兑入的业务流程

学习活动3　个人外币套汇

（一）外汇间汇兑折算方法

买入的外币牌价使用炒买价，卖出的外币牌价使用卖出价。

具体折算方法：兑出的外钞金额=兑入的外钞金额×兑入的外钞买入价/兑出外钞卖出价

（二）操作流程

个人外币套汇的业务流程如图7-6所示。

图7-6　个人外币套汇的业务流程

同步训练

外币兑换服务典型问题的服务技巧训练

银行柜台服务所遇到的问题很多，情况也很复杂，柜员面对这些问题不能随意回答，而应该妥善处理。下面列示一些典型问题，请进行思考和针对性的练习。

（1）当客户没有确定的兑换币种，需要柜员提供参考意见。

（2）当客户对何时进行兑换感到犹豫不决时，柜员应给予怎样的参考？

模块3 | 项目强化训练

一、判断题

1. 外汇是指以外币表示的可以用作国际清偿的支付手段和资产。（   ）

2. 直接标价法是指以一定的外国货币为标准，折算为一定数额的本国货币来表示汇率的一种标价方法。我国和世界上绝大多数国家和地区采用直接标价法。（   ）

3. 买入汇率或买价是外汇客户从银行手中买进外汇时所采用的汇率。（   ）

4. 中国境内居民均可以个人名义开立外币储蓄存款账户。（   ）

5. 他人可以代理开立个人外汇储蓄账户，代理人出示代理人与被代理人的有效实名证件即可。（   ）

6. 外汇存款按照存入资金形态可以分为现汇存款和现钞存款。（   ）

7. 丙种外钞户存款汇出境外金额较大时，不须经过外汇管理局批准。（   ）

8. 存款支取的货币可以与原存款的货币不同。（   ）

9. 境外人员离境前，要求将入境时兑换的未用完的人民币兑回外币，可以凭借本人护照和本人的有效期（6个月）之内的外币兑换水单到原兑换机构办理。（   ）

10. 我国银行开办的个人外汇买卖实行个人实名交易。（   ）

二、单项选择题

1. 根据国家外汇管理局发布的《银行外汇业务管理规定》，外汇是指以外币表示的可以用作国际清偿的支付手段和资产。根据《中华人民共和国外汇管理条例》规定，以下说法错误的是（   ）。

    A. 外汇包括外国货币   B. 外汇包括外币支付凭证

    C. 外汇包括外币有价证券，股票除外   D. 外汇包括特别提款权

2. 根据国家外汇管理局发布的《银行外汇业务管理规定》，不属于我国外汇指定银行可以经营的外汇业务是（   ）。

    A. 外汇票据的承兑和贴现

    B. 发行或代理发行包括股票在内的外币有价证券

    C. 自营外汇买卖或者代客外汇买卖

    D. 外汇信用卡的发行和代理国外信用卡的发行及付款

3. 外汇存款在经办网点受理，直接在（   ）进行业务处理和会计核算。

    A. 信贷管理系统（CMIS）   B. 国际业务系统（IBP）

    C. 核心账务系统   D. 外汇宝系统

4. 以下（   ）币种在银行只可办理结售汇业务，不可办理外汇储蓄业务。

    A. 瑞士法郎   B. 新加坡元

    C. 日元   D. 台币

5. 以下说法不正确的是（   ）。

    A. 牌价标志选择让利价和直接比价时均须强制授权

    B. 选择让利价时如输入的牌价超过相应的总分行点差对应的牌价时，无需高级别授权

C. 系统控制对让利价买入价不能大于对客户的卖出价，卖出价不能小于对客户的买入价

D. 直接比价向总行平盘的价格是分行向总行询价的价格

6. 关于结售汇业务中金额的计算，以下说法不正确的是（　　）。

A. 结汇业务中，人民币金额=外币金额×买入牌价

B. 结汇业务中，外币金额=人民币金额/买入牌价

C. 售汇业务中，人民币金额=外币金额×卖出牌价

D. 售汇业务中，外币金额=人民币金额/买入牌价

7. 以下说法不正确的是（　　）。

A. 对代客外汇买卖业务如买入货币是直接标价货币，买入牌价表示为美元对该货币的买入价

B. 对代客外汇买卖业务如买入货币为间接标价货币，买入牌价表示买入货币对美元买入价

C. 对代客外汇买卖业务如卖出货币为直接标价货币，卖出牌价为美元对该货币的买入价

D. 对代客外汇买卖业务如卖出货币为间接标价货币，卖出牌价表示卖出货币对美元卖出价

8. 前台办理结汇业务时，经办柜员对对公客户交来的盖有客户预留印鉴的支取凭证进行审核，不包括（　　）。

A. 核对印鉴

B. 检查支取凭证是否有涂改和刮擦现象

C. 核对密码

D. 货币符号及大小写金额是否正确等要素

9. 前台收到客户将某一货币兑换成另一种货币的申请时，经办柜员认真审核支取凭证等要素；不包括（　　）。

A. 客户印鉴是否与预留印鉴相符

B. 客户所要交易的货币是否为交易货币

C. 客户所填存款账户是否为银行账户，账户余额是否足够支付

D. 申请单位提供的有效凭证是否符合外汇局的售汇规定

10. 经常项目是一个国家在一定时期内对外经济、政治、文化交往而经常发生的国际收支项目，不包括（　　）。

A. 贸易收支　　　B. 劳务收支　　　C. 转移收支　　　D. 直接投资

11. 资本项目是指一个国家在一定时期内资本输出和输入国境的国际收支项目，它反映资本在国际间的增减变动，不包括（　　）。

A. 各类贷款　　　B. 劳务收支　　　C. 证券投资　　　D. 直接投资

12. 具有涉外经营权或有经常项目外汇收入的企业或单位可申请办理经常项目外汇账户，可保留的外汇不包括（　　）。

A. 从事代理对外或者境外业务的境内机构代收代付的外汇

B. 境内机构暂收待付或者暂收待结项下的外汇

C. 免税品公司经营免税品业务收入的外汇

D. 境内机构发行股票收入的外汇

13. 境内机构若变更（　　），不用到外汇局进行机构基本信息的变更登记。

A. 机构名称　　　B. 联系电话　　　C. 机构性质　　　D. 组织机构代码

14. 开户银行为境内机构开户后，须于（　　　）按照外汇账户管理信息系统报送数据的要求将相关数据及时报送外汇局。

    A. 当日   B. 次日   C. 3个工作日内   D. 5个工作日内

15. 关于境内机构经常项目外汇账户的关闭，以下说法错误的是（　　　）。

    A. 境内机构可直接到开户金融机构办理关闭经常项目外汇账户手续

    B. 境内机构关闭经常项目外汇账户后，如还开有其他相同性质经常项目外汇账户的，账户内资金可以转入其他相同性质经常项目外汇账户

    C. 开户金融机构为境内机构关闭经常项目外汇账户后，须通过外汇账户信息交互平台做关闭账户报告

    D. 开户金融机构为境内机构关闭经常项目外汇账户后，须按照外汇账户管理信息系统报送数据的要求将相关数据及时报送外汇局

三、简答题

1. 在外币票据的买入和托收业务中，对于外币票据要素的审核主要包括哪些内容？

2. 请列举并比较中国银行、交通银行、招商银行、中国农业银行四家金融机构开展的外汇业务。

3. 简述经常项目与资本项目的内涵。

4. 《个人外汇管理方法实施细则》关于外币兑换限额是怎样规定的？

5. 中国居民的范围有哪些？

6. 外币储蓄存款开户中柜员审核的内容有哪些？

四、请做出下列业务流程图并对主要环节予以说明

1. 外币储蓄存款的开户

2. 个人外币兑出的操作

3. 个人外币套汇的操作

五、案例分析

外汇业务操作

【案例一】

甲有澳元存款，现须通过速汇金系统汇款，请问如何操作可实现甲客户要求？请说明在汇款1 000澳元时甲客户须提供的身份信息内容及业务处理简要流程。

【案例二】

李某为我行优质客户，李某之子在美国求学须在1日内缴纳1万美元费用，但李某无美元，只有尚未到期的人民币定期存款5万元、凭证式国债8万元。当天汇率为7.750 0。请为其提供合适的解决方案，并简要说明相关注意事项。

【案例三】

刘女士到我行咨询个人网上银行业务，柜员小王接待了她，刘女士问：个人网上银行目前拥有哪些功能（至少说出6种）？开通个人网上银行服务对原有账户的使用有什么影响？个人网上银行的服务时间是何时？

项目8
模拟业务综合实训

学习目标

　　模拟商业银行前台业务操作，从整体和细节上把握银行前台业务环节是学生学好商业银行综合柜台业务的一项关键内容。本项目通过结合上海鹏达计算机系统开发有限公司开发设计的仿真模拟银行操作学习教学软件，为学生提供一个理论结合实际的实训环境，与之前的理论部分相结合，使学生进一步掌握并熟悉以下内容：

　　（1）熟悉综合管理日始与日终业务的操作流程；

　　（2）熟悉常见个人业务的操作流程；

　　（3）熟悉典型对公业务的操作流程；

　　（4）熟悉典型结算业务的操作流程；

　　（5）熟悉常见银行卡业务的操作流程；

　　（6）熟悉常见代理业务的操作流程。

实训一 | 综合管理

【实训项目】 商业银行综合柜台业务——综合管理

【实训目的】

知识目标

（1）了解并明确钱箱的领用与开启的行业规范；

（2）了解并明确钱箱管理及发放的要求与原则；

（3）了解并明确柜员零用钱箱的规范；

（4）了解并明确营业终了时柜员结账的流程；

（5）了解日终网点结账中钱箱管理员的操作流程；

（6）了解日终网点结账中网点业务主管的操作流程。

能力目标

（1）会快速输入中英文；

（2）会识别货币及辨别假币；

（3）会快速进行小键盘三指盲打；

（4）能执行假币收缴程序；

（5）能执行钱箱相关操作；

（6）能执行印章、账簿、凭证管理条例；

（7）能执行《商业银行法》相关规定。

素养目标

（1）建立遵纪守法的行为规范；

（2）养成严谨认真的工作态度；

（3）树立耐心细致的工作作风；

（4）培育团结合作的工作精神；

（5）强化廉洁自律的思想意识；

（6）具有爱岗敬业的职业精神。

【实训内容与流程】

任务 1 日始

一、操作流程

日始的操作流程如图 8-1 所示。

二、流程说明

（1）钱箱的领用、开启要求：每天营业前，钱箱管理员操作"发钱箱"交易，并换人授权后领用钱箱，由网点业务主管会同双人打数开箱（袋）。

（2）钱箱管理员发放柜员钱箱：钱箱管理员操作"查询库存信息"交易与库箱封签金额合计

数核对相符后，操作"维护钱箱管理表"交易查询钱箱状态，核对钱箱余额与交接单上的零包封签金额是否一致。随后，根据现金零包"交叉使用"的原则，操作"发钱箱"交易，向柜员发放钱箱，由领用柜员在款项交接登记簿上盖章确认。

图 8-1　日始的操作流程

（3）柜员领用钱箱：柜员操作"领钱箱"交易领用钱箱后，操作"柜员查询钱箱余额"交易与零包封签金额进行核对，并在监控视线内开启现金零包，操作"查询钱箱明细"交易对现金逐张清点，逐档核对券别明细。

（4）柜员现金出库：柜员向钱箱管理员领取现金时，必须事先填制现金出库票，钱箱管理员确认现金出库票已经业务主管审核后，操作"现金出库"交易将现金出库给申请柜员，并打印出库现金券别张数清单后，交钱箱管理员将其作为往出现金的依据，现金出库票作其附件。

三、计算机操作与业务单据、凭证（见图 8-2～图 8-5）

图 8-2　进入签到界面，输入交易代码

图 8-3　签到代码超过限定时间，需更改交易代码

图 8-4　输入新交易代码

图 8-5　"柜员签到"交易界面

任务2　日终

一、操作流程

日终操作流程如图 8-6 所示。

二、流程说明

（1）营业终了，柜员按券别清点职能管理库存现金（本外币），操作"现金上缴"交易，将超出库存限额的人民币现金、外币现钞上缴钱箱管理员，办妥交接手续。

（2）操作"清点钱箱"交易，清点核对零包现金，打印人民币"钱箱券别张数清单"一联，作为柜员库存现金核对联，与现金一并入袋加封。

（3）按本外币现金、单笔、转账，分别清点凭证张数、轧打凭证金额，使用"柜员轧账"交易，选择日终轧账，录入核对借贷方凭证笔数、金额等发生额，核算平衡。

（4）操作"查询打印柜员现金日结单"交易，打印柜员现金日结单，核对各项现金业务发生额，核对无误后与轧账凭证一并送质量监测中心。

图 8-6　日终操作流程

（5）操作"缴钱箱"交易，将现金零包上缴钱箱管理员，并在钱箱管理员款项交接登记簿上签章确认。

（6）操作"查询打印柜员轧账表"交易，打印柜员轧账单。

（7）日终网点结账（以下由钱箱管理员操作）。

① 营业终了，收齐柜员钱箱，上缴钱箱。分别操作"查询打印柜员现金日结单""查询打印网点现金日结单"交易，操作"假币收缴统计"交易，操作"查询打印网点现金库存簿"交易，分别进行打印。

② 由网点业务主管会同钱箱管理员，双人对保管的本外币现金、库存假币、柜员上交的零包进行打数装箱，与现金交接单余额、网点现金日结单、网点现金库存簿、假币表外账余额（含假币收缴统计表）核对相符后，会同对库箱进行加封上锁入库保管。其中网点库存实物假币与加盖两人名章的假币收缴统计表一并入袋加封后，入库箱保管，并由钱箱柜员对网点现金日结单——当前库房库存余额核对一致，在经办人处盖章确认。

③ 检查网点现金日结单中的当前"在途调入金额"是否为零（现金中心或业务库次日上午出库的预配款金额），当前"在途调出金额"是否为网点日终上缴现金中心（或业务库）金额。

④ 操作"查询库存现金"交易，查询库存现金余额，与网点现金日结单——当前库房库存余额核对一致。

⑤ 由钱箱管理员或网点指定人员操作"查询打印网点汇总表"交易，打印网点汇总轧账单，轧计网点现金库存是否符合以下平衡关系：昨日现金账务核对登记簿的余额+网点汇总轧账单现金贷方发生额-网点汇总轧账单现金借方发生额=网点现金日结单——"当前库房库存余额"。

（8）日终网点结账（以下由网点业务主管操作）。

① 检查网点现金日结单——当前"在途调入金额"是否为零（现金中心或业务库次日上午出库的预配款金额），"在途调出金额"是否为网点日终上缴金额（现金中心或业务库次日上午出库的预配款金额）。

② 汇总加计网点库箱封签金额与网点现金日结单显示的库存余额，并与网点现金库存簿余额核对一致，分别在网点现金日结单、网点现金库存簿负责人处盖章确认。

三、计算机操作与业务单据、凭证（见图 8-7～图 8-14）

图 8-7　进入"钱箱券别张数清单"交易界面，根据钱箱现金录入券别及张数

图 8-8　打印钱箱券别张数清单并盖章

图 8-9　进入空白重要凭证轧账清单界面，根据清单核对空白重要凭证

零售空白重要凭证轧账清单

柜员号：001　　工作日期：2005-10-30

凭证种类	使用张数	新开张数	作废张数	换折张数
活期储蓄存折	4	2	1	1
定期一本通存折	2	0	1	1
零存整取定期存折	3	1	2	0
整存整取定期存单	1	1	0	0
教育储蓄存折	1	0	1	0

张涛

图 8-10　打印空白重要凭证轧账清单并盖章

柜员轧账表

工作日期：2005-10-30　　地区号：1001　　网点号：0001　　柜员号：001　　币种：人民币（本位币）

对私借方笔数 23	对私借方金额 20,043.17	对私贷方笔数 50	对私贷方金额 14,256.45
对公借方笔数 2	对公借方金额 104,250.50	对公贷方笔数 2	对公贷方金额 332,839.05
空白重要凭证借方笔数 11		空白重要凭证贷方笔数 0	
其他借方笔数 0		其他贷方笔数 0	
轧账笔数合计 88		现金余额 0.00	

打印时间：2005-10-30　17:15:00

张涛

图 8-11　打印柜员轧账表并盖章

图 8-12　进入"柜员日结单"界面，核对各项工作要素

图 8-13　打印柜员日结单并盖章

图 8-14　进入"柜员轧账表"界面，核对会计账目要素

【实训注意事项与要求】

关于日始、日终操作的相关问题说明如下。

（1）现金、库箱移交必须当面办妥交接手续，交接不成捆钞券须及时复点。

（2）办理现金业务的柜员应以"事权划分"为原则，在规定权限范围内操作。

（3）网点现金区域必须做到：柜员操作柜台间隔离，现金操作全方位监控。

（4）网点钱箱必须由网点业务主办级（含）以上的柜员设专岗，由其负责当日网点现金、钱箱的管理，负责监管柜员的库存现金、大额收付款业务，并可兼办授权操作，兼任网点空白重要凭证内库管理员等不直接对外服务的工作。

（5）网点内现金库箱、领解现金封包、柜员现金零包的开启、装袋和交接必须在监控视线范围内，现金库箱、领解现金封包的开装必须由网点业务主管参加，双人会同；日终柜员的零星钞券必须入袋加封，钱箱的钞券必须装入有内胆的库箱。寄库箱应做到二锁一封签（一次性封签），封签上所有项目应填写齐全。

（6）网点柜员日终人民币零包余额不得超过2万元，人民币零包每日应随机交叉发放，换人使用。如网点日常发放的现金零包在2个以下（含2个），则应在营业结束时，换人复点（人员

交叉），双人打数装袋。对柜员当日不动用的人民币现金零包应指定柜员在中午前完成清点。网点营业结束后，外币零包必须全部交清，由钱箱管理员复点后，双人会同打数装袋入箱保管。

（7）办理现金业务的柜员领取钱箱后，必须逐张清点核对钱箱中的库存现金；受理现金业务时，应认真审查现金业务凭证的合法性、有效性，要坚决贯彻"三清"（即客户认清、钞券点清、一笔一清）原则，认真反假、剔残；所有现金业务必须当日入账，所有业务凭证必须联机打印，并加盖业务清讫章后，方为有效凭证。

（8）网点办理现金调入业务必须使用辖内往来专用章，网点领解现金业务由钱箱管理员申请，并负责办理现金调拨的账务处理，且须经网点业务主管审核网点营业期间，钱箱管理员保管的库存现金和当日不动用的现金零包必须双人会同，入保险柜保管。保险柜钥匙（或密码）由钱箱管理员、指定柜员双人分别保管。

（9）办理现金业务的柜员（含钱箱管理员）应认真执行中午和营业终了的轧账制度，做到日账日清。

（10）柜员发生现金差错（含虚错、误收假币），必须及时向网点负责人报告，并按权限逐级上报，挂账控制，长款不得侵，短款不得自补。对于当日追回的现金出错，必须挂账处理。

【训练思考题】

1. 每日营业前，营业网点领回寄存实物钱箱，具体操作有（　　）。
   A. 钱箱柜员使用业务交易系统，经主管授权后领取钱箱
   B. 钱箱柜员使用业务交易系统查询核对实物钱箱，无误后加计柜员钱箱金额与本网点现金库存核对一致
   C. 钱箱柜员在现金发放单据上签章，经业务主管复核
   D. 钱箱柜员使用业务交易系统给前台柜员发钱箱

2. 办理现金业务的柜员日始时进行（　　）操作。
   A. 向网点管库员领取现金实物
   B. 使用业务交易系统，向钱箱柜员领取对应的电子钱箱
   C. 使用业务交易系统查询，分类别一一核对现金实物
   D. 钱箱核对完毕并确认无误后，在现金领用单上签章确认
   E. 最后将现金领用单交业务主管复核

3. 清点空白重要凭证时的注意事项有（　　）。
   A. 凭证应按号码顺序，不得跳号　　　　B. 凭证上不得预先加盖印章备用
   C. 凭证清点时须业务主管在场监督　　　D. 凭证清点完毕后柜员要签章确认

4. 日终现金扎账时，柜员需要做（　　）。
   A. 清点现金实物　　　　　　　　　　　B. 清理与现金业务相关的重要凭证
   C. 核对电子钱箱与实物钱箱　　　　　　D. 上缴现金清讫章

5. 日终库袋上缴时，柜员应注意检查（　　）。
   A. 库存现金金额是否超过柜员日终限额　B. 当日现金业务相关账目是否轧平
   C. 电子钱箱与实物钱箱金额是否一致　　D. 上缴时是否获得主管人员的签名确认

【项目考核与测试】

参考行业考评标准（建设银行业务技术操作标准），在现金业务技能的分项活动测试与考评中建议以下列办法进行。

项目：现金收款。

考核要求：采用定量计时方法考核。考核时，准备现金封包款 2 000 张（枚），金额 20 588 元（其中 100 元券、50 元券各 100 张，10 元券 200 张，5 元券 600 张，2 元券 100 张，1 元券 300 张，5 角、2 角、1 角券、5 分、2 分、1 分硬币各 100 张/枚），将现金分成 10 个封包，各封包的张数、金额不等，设置凭证、现金差错若干。要求按封包编号顺序收款，完成拆封包、审凭证、按券别核收大数、清点细数、盖现金收讫章和个人名章，并进行整理现金、登记现金收入日记簿、填制收款结数表和现金入库票等工序，以实际完成时间作为考核成绩。

实训二 | 个人业务

【实训项目】 商业银行综合柜台业务——个人业务

【实训目的】

知识目标
（1）熟悉和掌握个人存款业务的类别与特征；
（2）熟悉并掌握各项个人存款业务的办理流程和操作要点；
（3）掌握并明确存款的计息。

能力目标
（1）会计算机操作、会快速输入中英文、会快速进行小键盘三指盲打；
（2）会快速手工及机器点钞；
（3）会识别货币即辨别假币，并能执行假币没收程序；
（4）能执行现金管理条例、印章管理条例、凭证管理条例等；
（5）能执行储蓄现金收付程序，会操作储蓄业务；
（6）会审核个人开户、销户、支取、换折等业务所提交的各项资料；
（7）会根据资料进行录入并打印相关业务凭证；
（8）能执行《商业银行法》《支付结算办法》等相关规定。

素养目标
（1）建立遵纪守法的行为规范；
（2）养成严谨认真的工作态度；
（3）树立耐心细致的工作作风；
（4）培育团结合作的工作精神；
（5）强化廉洁自律的思想意识；
（6）具有爱岗敬业的职业精神。

【实训内容与流程】

任务 1 个人活期业务

操作一 个人活期开户

一、操作流程
个人活期开户操作流程如图 8-15 所示。

图 8-15　个人活期开户操作流程

二、流程说明

（1）客户开立活期储蓄账户须凭本人身份证办理，填写存款凭证，若委托他人代理，还须同时出示代理人的身份证件。

（2）审核存款凭证上的户名、金额、地址等项目填写是否齐全，身份证件是否有效，证件号码与客户提供的证件是否一致，根据存款凭证的金额清点现金。

（3）使用"活期储蓄开户"交易，大额存款业务及起息日为非当前工作日的，必须经有权人授权后会同柜员办理。若有预留密码，由客户输入账户密码。

（4）打印存款凭证、活期存折，核对打印存款凭证、活期存折等凭证上各项内容，对户名、币种、金额等内容要重点审核。

（5）活期存折加盖存单（折）专用章，存款凭证上加盖业务清讫章，将活期存折、身份证交客户，存款凭证作为业务凭证送监督中心。

三、计算机操作与业务单据、凭证（见图 8-16～图 8-19）

图 8-16　进入活期储蓄开户交易界面，核对客户各项要素

| 地区号: 0021 | 网点号: 0001 | 部门号: 001 | 柜员号: 001 | 日期: 2006年5月8日 16:06:54 |

配款

100元:	3		50元:	0
20元:	0		10元:	0
5元:	0		2元:	0
1元:	0		5角:	0
2角:	0		1角:	0
5分:	0		2分:	0
1分:	0			

输入框切换 = Tab   业务提交 = Enter   放弃操作 = Esc   网络状态 = 联机

图 8-17　进入"配款"交易界面，输入现金券别及张数

户名: 张励　　　　　　　　　　　账号: 1001000104386742342*

办卡标志:

开户行名: 鹏达银行上海分行浦东支行

凭证号 No.0000001

鹏达银行上海分行浦东支行
存单(折)
专用章
(01)

银行签章:

签发日期: 2005-01-01　储蓄种类: 活期储蓄　通兑标志: 通　　密印标志: 密

	日期	币种	摘要	存入(+)/支出(-)	结余	网点	柜员
1	2005-01-01	RMB	开户	300.00	¥300.00	0001	001
2							
3							
4							
5							
6							
7							
8							
9							
10							

图 8-18　打印活期存折

鹏达银行　　　　　　　　　　　　　　　　　　　　　　　　　　储蓄存款凭证
BANK OF PANTO　　　　　　　　　　　　　　　　　　　　　　　　DEPOSIT SLIP

科目: (贷)　　　　　　　年　月　日　　　　　　交易代码:

银行填写
储种: 活期　　　　　　　钞汇标志: 现钞　　　　　　　　柜员号: 001
户名: 张励　　　　　　　金额: ¥300.00　　　　　　　　时间: 2005-01-01
账号: 1001000104386742342*　　地址: 上海市浦东新区浦东大道2123号龙珠广场24楼　交易笔数: 10
密印标志: 有加密　　　　　电话: 50931788　　　　　　　交易代码: 4313
通兑标志: 通存通兑　　　　性别: 女
存期: 活期　　　　　　　证件类型: 身份证
转存期: 不转存　　　　　证件号码: 310115660304608
币种: 人民币

客户填写
储种:　活期☑　活一本通☐　整整☐　定一本通☐　零整☐　教育☐　定活☐　通知☐　　存本☐　整零☐　国债☐　其他
户名张励　　　　　　账号　　　　　　　　　　　　　　　　　　密码☑　印鉴☐　通兑☑　其他
存期活期　　　转存期不转存　　　币种人民币　　　钞☑　汇☐　假汇☐

亿	千	百	十	万	千	百	十	元	角	分
							¥3	0	0	0	0

新开户、大额存款, 请在凭证背面填写证件内容。
请注意凭证背面的"客户须知"　　事后监督　　　复核(授权)　　　经办

图 8-19　打印客户填好的储蓄存款凭证

163

存款人证件类型 身份证	**客户须知**
号码 310115660304608	1. 为了您的存款安全, 在开立储蓄存款账户时, 请按照《个人存款账户实名制规定》, 向银行出示本人的法定身份证明, 以实名开户; 代理他人开户的, 还须出示代理人的法定身份证明。
性别 女	2. 大额现金的支付按照中国人民银行的有关规定办理。
	3. 请牢记存折、存单的密码, 切勿泄漏。
代理人姓名	4. 如存折或存单遗失, 应立即持本人法定身份证明, 提供存折或存单的户名、开户日期、储蓄种类、金额、账号及地址, 向原开户银行申请挂失。
代理人证件类型	5. 储蓄存单、存折未经银行确认, 质押无效。
号码	6. 办理提前支取业务, 须向银行提供本人法定身份证明; 代理客户支取的, 还须出示代理人本人的法定身份证明。
性别	7. 发生未登折业务时, 存款实际余额概以银行记账余额为准。
	8. 请在"客户填写"栏内认真填写"密码""印鉴""通兑""转存期"等栏目; 否则, 视同不需要此种业务服务。
	9. 其他事宜按《储蓄管理条理》办理。

图 8-19　打印客户填好的储蓄存款凭证（续）

操作二　个人活期续存

一、操作流程

个人活期续存操作流程如图 8-20 所示。

图 8-20　个人活期续存操作流程

二、流程说明

（1）存款人凭活期存折, 填写存款凭证, 大额存款还须提供身份证件。采用签单服务的, 客户可免填存款凭证。

（2）审核凭证内容填写得是否齐全、准确, 并根据存款凭证的金额清点现金。若为大额存款, 还应审核证件是否有效, 在凭证背面或系统上摘录客户证件。

（3）使用"活期储蓄续存"交易, 大额存款还必须经有权人授权。

（4）打印存款凭证（签单服务使用签单服务凭证）和活期存折, 柜员核对打印内容。采用签单服务的, 请客户在签单服务凭证上签字确认。

（5）存款凭证上加盖"业务清讫章", 将活期存折交还客户, 存款凭证送监督中心。

三、计算机操作与业务单据、凭证（见图 8-21～图 8-24）

图 8-21　进入活期储蓄续存交易界面，录入存款金额

图 8-22　进入活期储蓄续存配款交易界面，录入现金券别和数量

图 8-23　打印客户填好的储蓄存款凭证

	户名：	张励		账号：	1001000104386742342*		

办卡标志：

开户行名： 鹏达银行上海分行浦东支行

凭证号 No.0000001

银行签章：

签发日期： 2005-01-01 储蓄种类： 活期储蓄 通兑标志： 通 密印标志： 密

	日期	币种	摘要	存入(+) / 支出(-)	结余	网点	柜员
1	2005-01-01	RMB	开户	300.00	￥300.00	0001	001
2	2005-01-01	RMB	续存	5,000.00	￥5,300.00	0001	001
3							
4							
5							
6							
7							
8							
9							
10							

图 8-24　打印活期存折

操作三　个人活期销户

一、操作流程

个人活期销户操作流程如图 8-25 所示。

图 8-25　个人活期销户操作流程

二、流程说明

（1）活期存折办理销户，填写取款凭证，若大额取款，客户还须出示取款人身份证件（若为代办的，应同时出示代理人证件）。采用签单服务，客户可免填取款凭证。

（2）审核凭证的内容填写是否齐全、准确，如大额取款还应审核证件是否有效，在凭证背面或系统上摘录客户证件。

（3）使用"活期储蓄销户"交易，大额取款还必须经有权人授权。若有预留密码，由取款人输入密码。

（4）打印取款凭证（签单服务使用签单服务凭证）、活期存折和利息清单，柜员核对打印内容，利息清单（第一联）由客户签字确认，按取款凭证配款。采用签单服务的，请客户在签单服务凭证上签字确认。

（5）取款凭证和利息清单上加盖业务清讫章，将现金、身份证件、利息清单（第二联）交于客户，破坏活期存折磁条的完整性，作取款凭证的附件，取款凭证、利息清单（第一联）作为业务凭证送监督中心。若客户留存已销户的活期存折的，柜员破坏磁条的完整性，在最后一笔交易记录的下一行批注"××××年××月××日销户，以下空白"字样（或加盖印章），并在存折封皮上加盖销户印章后交客户。

三、计算机操作与业务单据、凭证（见图8-26～图8-30）

图8-26　进入活期储蓄销户交易界面

图8-27　打印取款凭证并盖章

客户印鉴

存款人姓名 张励

证件名称 身份证

证件号码 310115660304608

代理人姓名

证件名称

证件号码

图 8-27　打印取款凭证并盖章（续）

户名：张励　　账号：1001000104386742342*

办卡标志：

开户行名：鹏达银行上海分行浦东支行

凭证号 No.0000001

银行签章：

签发日期：2005-01-01　储蓄种类：活期储蓄　通兑标志：通　密印标志：密

	日期	币种	摘要	存入(+)/支出(-)	结余	网点	柜员
1	2005-01-01	RMB	开户	300.00	¥300.00	0001	001
2	2005-01-01	RMB	续存	5,000.00	¥5,300.00	0001	001
3	2005-01-01	RMB	支取	-5,000.00	¥300.00	0001	001
4	2005-01-02	RMB	续存	6,000.00	¥6,300.00	0001	001
5	2005-01-03	RMB	支取	-3,300.00	¥3,000.00	0001	001
6	2005-01-04	RMB	续存	480.00	¥3,480.00	0001	001
7	2005-02-01	RMB	销户	-3,480.00	¥0.00	0001	001
8							
9							
10							

2005年02月01日销户，以下空白

图 8-28　打印存折

鹏达银行　BANK OF PANTO　　储蓄存款利息清单　INTEREST LIST OF SAVINGS DEPOSIT

币种：人民币　　2005 年 02 月 01 日　　交易代码：

户 名	张励		账 号	1001000104386742342*			
储种	本金	类别	利率/贴息率%	利息/贴息	应税利息	利率%	税金
活期储蓄	3,480.00	2005-02-01	0.72	25.06	25.06	20	5.01
网点号	现转标志	税后利息	税后本息合计	操作	备注		
0001	现金	20.05	3,500.05	001			

第二联 客户留存　　事后监督　　复核（授权）　　经办 张一方

图 8-29　打印利息清单

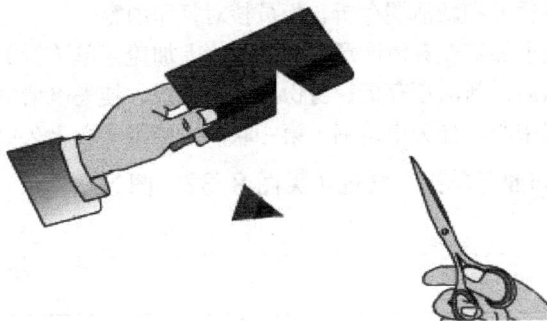

图 8-30　破坏磁条图示

操作四　个人活期挂失换折

一、操作流程

个人活期挂失换折操作流程如图 8-31 所示。

图 8-31　个人活期挂失换折操作流程

二、流程说明

（1）客户办妥活期账户正式挂失止付手续 7 天后，凭挂失申请书（第一联）及本人身份证件到原挂失网点办理挂失销户手续。

（2）抽出网点留存的挂失申请书（第二联），审核挂失申请书（第二联）及身份证件有关要素是否齐全、合法、准确、有效。

（3）使用"查询挂失登记簿"交易查询，核对该笔挂失记录与挂失申请书内容是否一致。

（4）使用"活期储蓄挂失换折销户"交易，经有权人授权。若有预留密码，由取款人输入密码。

（5）打印特殊业务凭证和新活期存折，柜员核对打印内容。

（6）特殊业务凭证上加盖业务清讫章，活期存折上加盖存单（折）专用章。挂失申请书（第二联）经客户签字确认后，新活期存折、身份证件交客户，挂失申请书（第二联）视同存折作特殊业务凭证附件送监督中心。挂失申请书（第一联）由监督中心永久保管。

三、计算机操作与业务单据、凭证（见图 8-32～图 8-37）

图 8-32　客户递交 7 天前办理的挂失申请书客户联

图 8-33　进入"查询挂失登记簿"交易界面录入挂失账号

图 8-34 进入"查询挂失登记簿"结果界面

图 8-35 进入"挂失换折"交易界面录入新凭证号

图 8-36 打印特殊业务凭证

户名： 张励				账号： 100100010438674 2342*			
				办卡标志：			
存单（折）专用章（01）				开户行名： 鹏达银行上海分行浦东支行			
				凭证号 No.0000003			
银行签章：							
签发日期： 2005-01-11 储蓄种类： 活期储蓄 通兑标志： 通 密印标志： 密							

	日期	币种	摘要	存入(+)／支出(-)	结余	网点	柜员
1	2005-01-01	RMB	开户	300.00	￥300.00	0001	001
2	2005-01-01	RMB	续存	5,000.00	￥5,300.00	0001	001
3	2005-01-01	RMB	支取	-5,000.00	￥300.00	0001	001
4	2005-01-02	RMB	续存	6,000.00	￥6,300.00	0001	001
5	2005-01-03	RMB	支取	-3,300.00	￥3,000.00	0001	001
6	2005-01-04	RMB	续存	480.00	￥3,480.00	0001	001
7							
8							
9							
10							

图 8-37 打印新存折

任务 2 个人整存整取定期业务

操作一 个人整存整取定期开户

一、操作流程

个人整存整取定期开户操作流程如图 8-38 所示。

二、流程说明

（1）客户开立整存整取定期储蓄存款需本人有效身份证件，填写存款凭证。若委托他人代理，还应出示代理人的身份证件。

（2）审核存款凭证上的户名、金额、地址等项目填写是否齐全，身份证件是否有效，根据存款凭证的金额清点现金。

（3）根据存款凭证使用"整存整取开户"交易。大额存款业务及起息日为非当前工作日的，必须经有权人授权。若有预留密码，由客户输入账户密码。

（4）打印存款凭证和整存整取定期存单。

（5）核对打印存款凭证、整存整取定期存单等凭证上各项内容，对户名、币种、金额等内容要重点审核。核对无误后，整存整取定期存单上加盖存单（折）专用章，存款凭证上加盖"业务清讫章"，整存整取定期存单、身份证件交客户。

（6）存款凭证作为业务凭证送监督中心。

图 8-38　个人整存整取定期开户操作流程

三、计算机操作与业务单据、凭证（见图 8-39～图 8-42）

图 8-39　进入个人整存整取开户交易界面录入客户信息

图 8-40 进入"配款"交易界面录入现金券别及数量

图 8-41 打印客户填写的存款凭证并盖章

图 8-42　打印定期存单并盖章

操作二　个人整存整取定期销户

一、操作流程

个人整存整取定期销户操作流程如图 8-43 所示。

图 8-43　个人整存整取定期销户操作流程

二、流程说明

（一）全额支取（到期支取、全部提前支取和逾期支取）

（1）客户凭整存整取定期存单支取存款，若大额取款或全部提前支取，客户还须出示本人身份证件。若委托他人代取，还须同时出示代理人的身份证件。

（2）审核整存整取定期存单的各项要素是否完整，印章是否齐全，存单是否为该行签发的。若大额取款或全部提前支取，柜员须审核身份证件的有效性，在存单背面摘录存款人及代理人身份证件号码。

（3）使用"整存整取销户"交易，若有预留密码，由取款人输入密码。大额取款还必须经有权人授权。

（4）打印整存整取定期存单和利息清单，核对打印内容，利息清单（第一联）经客户签字确认，按取款凭证配款。

（5）整存整取定期存单和利息清单上加盖业务清讫章，将现金、利息清单（第二联）交于客户。

（6）整存整取定期存单和利息清单（第一联）作为业务凭证送监督中心。

（二）部分提前支取

（1）客户凭整存整取定期存单、本人身份证件支取存款，填写存款凭证（存款凭证上的金额为续存部分金额）。采用签单服务，客户可免填存款凭证。若委托他人代取，还须同时出示代理人的身份证件。

（2）审核存单的各项要素是否完整，印章是否齐全，存单是否为该行签发，审核身份证件的有效性，在存单背面摘录取款人及代理人身份证件号码，审核存款凭证上内容填写是否齐全。

（3）使用"整存整取部分提前支取"交易，若有预留密码，由取款人输入密码。大额取款还必须经有权人授权。

（4）打印旧整存整取定期存单、新整存整取定期存单、存款凭证（签单服务使用签单服务凭证）和利息清单，核对打印内容，按取款凭证配款。

（5）利息清单（第一联）经客户签字确认。采用签单服务的，请客户在签单服务凭证上签字确认。

（6）在已销户整存整取定期存单、存款凭证和利息清单上加盖业务清讫章，新的整存整取定期存单加盖存单（折）专用章，将现金、利息清单（第二联）交于客户。

（7）已销户的整存整取定期存单、存款凭证和利息清单（第一联）作为业务凭证送监督中心。

三、计算机操作与业务单据、凭证（见图8-44～图8-48）

图 8-44 进入个人整存整取销户交易界面录入销户账号

图 8-45　进入个人整存整取销户界面

图 8-46　打印个人整存整取定期存单并剪角作废

图 8-47　打印取款凭条

图 8-47　打印取款凭条（续）

图 8-48　打印利息清单

任务 3　挂失与解挂

操作一　挂失

一、操作流程

个人存款账户挂失的操作流程如图 8-49 所示。

二、流程说明

（1）客户凭本人身份证件办理挂失申请手续，填写挂失申请书。凭印鉴支取者，还必须在挂失申请书上加盖预留印鉴，挂失申请手续原则上应由存款本人办理，如有特殊原因委托他人代办的，代办人必须同时提供代理人身份证明。

（2）审核挂失申请书内容的完整性、身份证件的有效性，使用存款账户查询交易，确认账户是否存在，存款未被支取，核对存款账户的所有信息与挂失申请书的一致性。

（3）使用"储蓄账户挂失"交易，经有权人授权进行存款账户挂失处理，并收取挂失手续费，打印挂失申请书和收费凭证。

（4）柜员及有权人认真审核挂失申请书打印内容，核对无误后在挂失申请书加盖业务公章和名章。

（5）挂失申请书（第一联）连同手续费收据、身份证件交客户，第二联按申请书编号顺序由网点专夹保管，第三联送事后监督部门。

图 8-49　个人存款账户挂失的操作流程

三、计算机操作与业务单据、凭证（见图 8-50～图 8-54）

图 8-50　进入"存款账户查询"交易界面录入客户信息

图 8-51　进入"存款账户查询"结果界面

图 8-52　进入挂失交易界面录入账户信息

图 8-53　打印客户填写的挂失申请书并盖章

图 8-54　打印手续费凭证

操作二　解挂

一、操作流程

个人存款账户解挂的操作流程如图 8-55 所示。

图 8-55　个人存款账户解挂的操作流程

二、流程说明

（1）客户须先在原收执的挂失申请书（第一联）写明解挂理由，并签章确认，挂失申请书（第一联）及有效身份证件交柜员。

（2）柜员认真审核无误后，抽出专夹保管的挂失申请书（第二联）并在挂失申请书上批注注销挂失原因及"××××年××月××日注销挂失"字样。

（3）柜员使用"储蓄账户解挂"交易，经有权人授权后，办理注销挂失业务。

（4）挂失申请书（第二联）送事后监督部门。

三、计算机操作与业务单据、凭证（见图 8-56～图 8-58）

图 8-56　进入挂失解挂交易界面录入挂失账户

图 8-57 进入挂失结果界面

图 8-58 打印客户递交的挂失申请书并批注挂失结果

任务 4　个人综合贷款

操作一　小额抵押贷款开户

一、操作流程

小额抵押贷款开户的操作流程如图 8–59 所示。

图 8–59　小额抵押贷款开户的操作流程

二、流程说明

（1）客户凭本人身份证件、活期存折、借记卡或 VIP 账户办理个人贷款综合账户开户，填写"个人贷款综合账户开户申请书"。

（2）审核客户身份证件有效性、个人贷款综合账户开户申请书的有关内容完整性。

（3）使用"个人贷款综合账户开户"交易进行开户处理。

（4）打印个人贷款综合账户开户申请书，核对打印内容，在申请书上加盖银行公章，将申请书（第二联）连同客户证件、活期存折、借记卡或VIP账户交客户，申请书（第一联）由营业网点留存。

三、计算机操作与业务单据、凭证（见图8-60～图8-68）

图 8-60　审核客户贷款申请书

图 8-61　审核抵押品定期存单

鹏达银行总行
个人定期储蓄存款存单小额抵押贷款抵押品收据

兹收到（冯子才）同志交来下列抵押品：定期存单一张　　　　　　　　　　　　2005　年　1　月　1　日

抵押种类	户名	账号	币种	金额								备注
				十	万	千	百	十	元	角	分	
整存整取	冯子才	10010000106532986723	人民币	1	0	0	0	0	0	0	0	
合计人民币（大写）壹拾万元整				（小写）¥ 100,000.00								

第一联　作抵押品附件　　　　　　　　复核：　　　　　　出纳：　　　　　　记账：

上述抵押贷款于（2006年1月1日 ）到期，贷款到期后一个月不还贷款，抵押品由银行处理，本收据自动作废。

图 8-62　开制抵押品收据

鹏达银行 表外科目收入凭证

科目 6012345　　　　　　　　　　2005 年　01 月　01 日　　　　　　　　　　第 008 号

户名或账号	摘要	金额									
		千	百	十	万	千	百	十	元	角	分
冯子才	合同　010001　抵押物　1　支		¥	1	0	0	0	0	0	0	0
合计	人民币（大写）壹拾万元整		¥	1	0	0	0	0	0	0	0

会计主管　　　　　　复核　　　　　　记账　　　　　　制票　　　　　　　　附件　1　张

图 8-63　填制抵押品表外凭证

图 8-64　进入贷款开户交易界面录入客户信息

BANK OF PANTO

个人借款合同

合同编号： 01001

借款人 <u>冯子才</u>　　　　担保人 <u>　　　　　　</u>　　　　贷款人 <u>鹏达银行上海分行浦东支行</u>

各方根据有关法律、法规，本着平等、真实、自愿的原则，为明确责任，恪守信用，签订本合同，并保证共同遵守。

借贷条款

第一条　借款种类。
贷款人根据借款人的申请，向借款人发放 <u>4</u> 贷款。

1. 个人汽车消费贷款　　　　2. 个人大额耐用消费品/装潢贷款
3. 个人定向消费贷款　　　　4. 个人最高额/小额质押贷款
5. 个人出国留学贷款　　　　6. 一般商业性助学贷款
7. 国家助学贷款　　　　　　8. 个人助业贷款
9. 个人旅游贷款　　　　　 10. <u>　　　　　　　　　　</u>

第二条　借款用途。
本合同项下贷款用于 <u>购买高档家电（索尼家庭影院豪华版）</u> 。

第三条　借款额度期限。
借款人使用本合约定之借款额度期限自 <u>2005</u> 年 <u>01</u> 月 <u>01</u> 日起至 <u>2006</u> 年 <u>01</u> 月 <u>01</u> 日止。（以下简称借款额度期限）

第四条　借款额度。
金额为人民币（大写）<u>伍万元整</u>　　　　　　　　　　　　　　　　元，（小写）
¥<u>50,000.00</u> 元。

第五条　提款安排。
借款人按以下第 <u>1</u> 项方式提取借款。
1. 一次性全部提款。
2. 据下列约定分期提款：

	年	月	日放款	（大写）	（小写）；
	年	月	日放款	（大写）	（小写）；
	年	月	日放款	（大写）	（小写）；
	年	月	日放款	（大写）	（小写）；
	年	月	日放款	（大写）	（小写）；
	年	月	日放款	（大写）	（小写）；
	年	月	日放款	（大写）	（小写）；
	年	月	日放款	（大写）	（小写）；

第 1 页

第六条　借款利率
本合同项下借款利率根据国家有关利率规定，确定为月利率 <u>4.65</u> ‰，（上浮/下浮）<u>0.00</u> ‰。实际利率以借款凭证记载为准。

第七条　担保方式。
本合同采用 <u>抵押存单（折）</u> 方式的担保，具体约定由本合同中相应担保条款确定。

第八条 贷款人在本合同生效后，将贷款划入 <u>冯子才</u> （借款人）的账户，账号 <u>1001000104356472289</u> ，开户行 <u>鹏达银行上海分行浦东支行</u> 。贷款人有权监督贷款的使用。

借款种类为个人汽车消费贷款、个人大额耐用消费品/装潢贷款、个人助学贷款（学费部分）、个人旅游贷款的，借款人授权贷款人直接将贷款项划入借款人指定的汽车、经销商、商户、学校或旅行社账户，账号 <u>　　　　　　　　　</u> ，户名 <u>　　　　　</u>
开户行 <u>　　　　　　　</u> 。

第九条　还款方式。
借款人自愿按下列第 <u>1</u> 种方式归还借款本息。采用分期还款方式，按 <u>　　　</u>（月、季）还款共分 <u>　　　</u> 期，第一期还款日为 <u>　　</u> 年 <u>　</u> 月 <u>　</u> 日，从第二期起，每期换款应在每月的 <u>　　</u> 日前归还；最后一期还款在借款期限到期日前偿清。具体还款额度根据贷款人提供的分期还款计划确定。

1. 到期一次还本付息（仅限于一年期以内的贷款）
2. 等额本金还款法
3. 等额本息还款法
4. 按月/季还息，按年等额还本。
5. 综合授信贷款项下每笔提款按相应的借款凭证记载的还款日还本付息。
6. 其他还款法 <u>　　　　　　　　</u>

第十条 借款人授权贷款人以无折支取方式在合同约定的还款日从下列帐户中扣收借款本息。
账户名称：<u>冯子才</u>
个人储蓄账户账号/牡丹卡号：<u>1001000104356472289</u>
若扣款账户发生挂失、冻结、结清，或牡丹卡超过有效期，或借款人需要变更扣款账户，借款人应到贷款人处办理变更手续，签订还本付息扣款授权书，作为本合同的附件。在变更手续生效前，若原扣款账户已无法足额扣款，借款人应到贷款人指定网点 <u>鹏达银行上海分行浦东支行</u> 还款。

第十二条　罚息。
借款人应按期偿还贷款本息，如未按约定的时间归还，贷款人按国家规定对逾期贷款每日计收万分之 <u>2.1</u> 罚息。

第十三条　借款人承诺：
1. 本合同项下的贷款不得用于认购和买卖股票或其他权益性投资，贷款不得用于经济实体的注册资本金。
2. 保证按期偿还贷款本息。
3. 当出现危及借款安全的情况时，借款人应最迟在事件发生后5日以内书面通知贷款人，并保证贷款本息的偿还。
4. 如实提供贷款人所要求的资料（包括对外所欠款项、新发生大额借款等），并配合贷款人调查、审查和检查与借款有关的个人经济收入、开支等诚信情况。

第 2 页

图8-65　审核贷款合同1～5联并盖章

5. 借款人有下列情形之一的，应在有关事项变更后5日内书面通知贷款人：
　（1）变更住所、通讯地址、联系电话、工作性质、工资收入（如工资收入较申请本借款时的收入下降10%以上）以及身份证号码变化等；
　（2）新发生大额举债行为的，包括向银行借款或向私人借款，新发生的借款总额超过本合同项下借款数额20%以上；
　（3）发生重大伤残事故、或发现患有严重疾病且危及就业或生命安全；
　（4）涉及重大经济纠纷的诉讼；
　（5）其他危及借款安全的客观情况。
6. 借款人保证不因与任何第三方纠纷为理由拒绝履行还款义务。
7. 借款人同意将其个人信息提交给上海市个人信用联合征信系统。
8. 借款人同意与贷款清偿以前将特约经销商、学校或旅行社退、赔的全部款项直接划入贷款人的账户，优先清偿本合同项下的债务。

保证条款
……

质押条款
……

抵押条款
……

其他条款
……

　第五十六条　补充条款

_____
_____
_____
_____。

　第五十七条　本合同一式__三__份，具有同等法律效力，贷款人执二份，借款人、担保人和_____各执一份。

合同附件：
　　1. 抵押财产共有人承诺
　　2. 抵押物清单
　　3. 质物（权）清单
　　4. 国家助学贷款补充协议
　　5.
　　6.

第 3 页

贷款人（公章）：　　　　　授权代表（签字）：　刘自强

地址：上海市浦东新区浦东大道2123号龙珠广场1楼　　邮政编码：200135

电话：50935678　　　　传真：

　　　　　　　　　　日期：　2005 年 01 月 01 日

借款人（签字）：冯于才

有效身份证件号码：310115611103413

工作单位：鹏达计算机系统有限公司

住所：上海市浦东新区浦东大道2123号龙珠广场24楼　　邮政编码：200135

电话：50931788　　　　日期：　2005 年 01 月 01 日

担保人（签字）：

有效身份证件号码：

工作单位：

住所：　　　　　　　　邮政编码：

电话：　　　　　　　　日期：　　年 月 日

第 4 页

图 8-65　审核贷款合同1～5联并盖章（续一）

抵押财产共有人承诺：
……

合同附件二：

抵押物清单
……

合同附件三：

质物（权）清单

质押凭证户名	币种	账号	金额	期限（起讫日）	备注
冯子才	人民币	10010001065329867 23	100,000.00	2000年10月01日	整存整取
合计金额(大写)　壹拾万元整			(小写) 100,000.00		

经双方协商，上述质物权利凭证由质权人保管。质押期内，出质人对质物（权）不得以任何理由挂失。

出质人（签字）：冯子才

日期：　2005　年　　月　01　日

质权人（公章）：　　　　　　　　　授权代表（签字）：　刘自强

日期：　2005　年　　月　01　日

合同附件四：

国家助学贷款补充协议
……

第 5 页

图 8-65　审核贷款合同一～五联并盖章（续二）

图 8-66　进入贷款发放交易界面录入客户信息

图 8-67　打印个人贷款凭证

图 8-68　打印个人贷款存折

操作二　小额抵押贷款归还

一、操作流程

小额抵押贷款归还的操作流程如图 8-69 所示。

图 8-69　小额抵押贷款归还的操作流程

二、流程说明

（一）柜面还款

（1）客户凭借记卡或 VIP 账户到网点办理贷款归还手续。

（2）填制还款凭证，一联作为回单，一联作个人贷款账户的贷方凭证，同时填制存（贷）款计息凭证，一联作个人贷款利息收入贷方凭证，一联作付息通知。

（3）使用"个人综合贷款正常归还"交易办理正常贷款的本息归还；使用"个人综合贷款逾期归还"交易办理逾期贷款的本息归还。

（4）还款凭证加盖业务清讫章，还款凭证回单联交借款人。

（二）贷款全部归还后，抵押质押品账务处理

（1）对有关抵押质押品的出账资料审核无误后，经办柜员在抵（质）押品凭证的第二、第三联上加盖私章，并经借款人签字确认。

（2）外科目借方凭证，作待处理抵押质押品表外科目借销记表外科目账，抵（质）押品凭证第三联作表外科目借方凭证附件，将抵（质）押品退还借款人。

（3）"表外单笔付"交易销记待处理抵押质押品表外科目待处理抵（质）押品登记簿。如为质押担保还须使用"质押品档案信息"交易，经有权人授权后，对质押存单做解押处理，将质押品退还借款人。

三、计算机操作与业务单据、凭证（见图 8-70～图 8-78）

图 8-70　填写表外付出凭证

图 8-71　进入贷款归还交易界面录入贷款账号

图 8-72　进入贷款归还结果界面

图 8-73　打印客户提供的活期存折归还贷款

图 8-74　打印贷款利息清单并盖章

图 8-75 进入"待处理抵押质押品"交易界面录入客户信息

图 8-76 进入"表外单笔付"交易界面录入抵押品信息

图 8-77 进入"账户解冻"交易界面录入抵押品账号

图 8-78 进入"账户解冻"交易界面解冻抵押品

【实训注意事项与要求】

一、个人活期储蓄开户

（1）开立个人储蓄账户必须实行个人存款账户实名制。身份证、户口簿、军官证、护照、警官证、士兵证、港澳台地区同胞回乡证均为实名制有效证件。16岁以下在校学生可根据本人学生证连同就读学校出具的证明开立人民币储蓄账户，储蓄机构应详细登记发放学生证的学校名称、学生证号码，并将学校出具的证明附在开户凭证后。未办理身份证又不能提供户口簿的居民可凭居委会（或村委会）开具的证明，开立人民币账户，储蓄网点经办人员在办理业务时，应告知存款人3个月内向开户机构提供有效的身份证件，并补办实名登记。

（2）客户办理开户时，柜员必须录入客户身份证件类型、证件号码、地址和联系方式。日终前，网点主管或综合柜员必须对客户预留的其他个人信息资料通过"客户信息资料维护"进行录入，录入信息包括性别、民族、工作单位、家庭情况、收入状况等。

（3）活期储蓄开户时，交易工具可以选择活期一本通或储蓄卡。

（4）所有开户交易均不能进行抹账处理。

（5）人民币活期储蓄起存金额为1元。

（6）通常系统中新开储蓄存款账号长度为19位，共7个要素：第1~3位为二级分行或直辖市分行代码；第4~6位为二级分行或直辖市分行所属储蓄机构代码；第7~8位为币种（人民币01，英镑12，港币13，美元14，日元27）；第9位为钞汇类别（人民币类别为0）；第10~11位为储种；第12~18位为顺序号；第19位为校验位。

（7）储蓄业务通存通兑账户必须为密码支取方式，客户凭设定的密码办理业务。无密码或凭印鉴支取的账户，均不能通兑办理业务。

二、个人活期储蓄换折

（1）开立个人活期储蓄账户时，必须遵照国家颁布的《个人存款账户实名制规定》的要求。

（2）个人活期储蓄存款人民币1元起存（外币为不低于人民币20元的等值外币或外汇）。

（3）个人活期储蓄只能办理现金存取业务和同名账户转账业务。

个人活期储蓄无折续存业务用于冲正及其他经批准的业务。无折支取仅限于冲销错账、司法强行扣款或其他经批准的业务。

三、个人定期一本通有折支取与续存

（1）开立定期一本通账户时，必须遵照国家颁布的《个人存款账户实名制规定》的要求。

（2）定期一本通存期分3个月、半年、1年、2年、3年和5年6个档次。外币存款存期分1个月、3个月、半年、1年、2年5个档次。

（3）定期一本通人民币50元起存（外币为不低于人民币50元的等值外币或外汇）。

（4）定期一本通只能办理现金存取业务和同名账户转账业务。

（5）定期一本通无折续存业务用于冲正及其他经批准的业务，无折支取仅限于冲销错账、司法强行扣款或其他经批准的业务。

（6）客户如急需全部或部分提前支取存款，必须凭定期一本通存折和存款人的身份证件办理。若委托他人代理，则由委托人携本人及存款人身份证件办理。客户办理预约转存的，除原存期到期日和转存期到期日外，均为提前支取，应按提前支取手续办理。

四、个人整存整取业务一般销户

（1）开立整存整取定期储蓄账户时，必须遵照国家颁布的《个人存款账户实名制规定》的要求。

（2）整存整取定期储蓄存款存期分 3 个月、半年、1 年、2 年和 5 年 6 个档次。外币存款存期分 1 个月、3 个月、半年、1 年、2 年 5 个档次。

（3）整存整取定期储蓄存款人民币 50 元起存（外币为不低于人民币 50 元的等值外币或外汇）。

（4）整存整取定期储蓄只能办理现金存取业务和同名账户转账业务。

（5）新开整存整取定期存单时，5 万元（含）以下使用普通存单，5 万元～50 万元（含）使用大额存单，50 万元以上使用特种大额存单。

（6）整存整取定期储蓄可由客户约定转存期，到期后按约定的转存期无限次自动转存；若客户未约定转存期的，在存款期按原定利率计息，逾期按支取日活期挂牌利率计息。

（7）客户如急需全部或部分提前支取存款，必须凭单和存款人的身份证件办理。若委托他人代理，则由委托人携本人及存款人身份证件办理。

（8）客户办理预约转存的，除原存期到期日和转存期到期日外，均为提前支取，应按提前支取手续办理。在原存期及转存期内可多次部分提前支取，但剩余部分金额不能小于整存整取定期储蓄最低起存额，在存款原存期到期日和转存期到期日，不办理部分提前支取。

五、个人 VIP 账户开户与其他相关业务

（1）开立 VIP 账户，必须遵照《人民币银行结算账户管理办法》的要求开立，必须指定个人银行结算账户为基本账户。

（2）开立 VIP 账户时，必须设置 VIP 账户卡密码，卡内各账户子账户不再单独设置密码，使用统一密码。

（3）VIP 账户卡内开立的相关子账户应为无纸账户，办理结算类业务必须以 VIP 账户卡为介质。

（4）VIP 账户销户时，卡内基本账户必须无欠费，无未归还贷款，并且原签订的有关理财协议已到期或已提前终止。

（5）VIP 账户卡内相关存款账户孳生的利息必须按国家规定的标准缴纳个人储蓄利息所得税。

（6）客户凭 VIP 账户卡在银行柜面办理各种类存取款业务时，不需要携带对账簿，客户可随时补打对账簿。

（7）办理一对一转账业务时，有折（卡）类借方账户必须以读磁方式输入账号（卡号），贷方转入账户允许手工输入账号（卡号），但须经有权人授权办理。

【训练思考题】

1. 在个人活期储蓄开户的操作中，若于点钞过程中发现假币，首先该（　　　　）。
   A. 立即向交款人声明并报告业务主管进一步鉴定
   B. 立即没收假币并报告业务主管进行登记
   C. 立即加盖假币印章
   D. 退还给持有人

2. 活期开户操作业务结束后，应把（　　　）交客户留存。
   A. 活期存折　　　　　　　　　　B. 利息清单
   C. 个人业务凭证（存款）　　　　D. 储蓄存款凭证

3. 在个人活期储蓄换折业务中，柜员应在新换存折上加盖（　　　）。
   A. 存单折专用章　　　　　　　　B. 业务清讫章
   C. 现金清讫章　　　　　　　　　D. 经办柜员名章

4. 在个人活期储蓄换折操作中，若客户要留存旧折，柜员应（　　　）。

   A. 将旧存折封面剪下并加盖换折印章

   B. 在旧存折最后一笔交易记录下方批注"××××年××月××日换折，以下空白"字样

   C. 在相关登记簿上记录旧存折的凭证号

   D. 请求业务主管授权

   E. 破坏磁条完整性

5. 在定期一本通的有折支取业务中的打印前，需要放入票据打印机的业务凭证有（　　　）。

   A. 定期一本通存折   B. 个人业务凭证（取款）

   C. 利息清单   D. 储蓄存款凭证

6. 在定期一本通的有折续存业务中，发现客户缴存款有误时，下列叙述不正确的是（　　　）。

   A. 应立即向缴款人声明

   B. 经缴款人同意后，可以按原凭证金额多退少补

   C. 必须要求缴款人重新填制凭证

   D. 其他

7. 在定期一本通的有折续存业务中打印完成后，经办柜员要把（　　　）交给客户签字确认。

   A. 定期一本通   B. 个人业务凭证（存款）

   C. 储蓄存款凭证   D. 其他

8. 在定期一本通的有折续存业务中打印完成后，需要在个人业务凭证（存款）上加盖（　　　）。

   A. 业务清讫章、经办柜员名章   B. 现金清讫章、经办柜员名章

   C. 存单折专用章、经办柜员名章   D. 其他

9. 收入现金应该坚持的"三清"原则是（　　　）。

   A. 笔笔清、内外清、当时清   B. 业务清、账面清、金额清

   C. 印签清、责权清、收付清   D. 其他

10. 在个人 VIP 账户开户业务结束后需要把（　　　）交给客户。

   A. 开户申请书   B. 年费收费凭证   C. VIP 账户卡   D. 对账簿

11. 在个人整存整取一般销户业务中打印前需要放入票据打印机的业务凭证有（　　　）。

   A. 个人业务凭证（取款）   B. 特殊业务凭证

   C. 手续费凭证   D. 利息清单

实训三 ｜ 对公业务

【实训项目】 商业银行综合柜台业务——对公业务

【实训目的】

知识目标

（1）熟悉并掌握对公存款业务的分类与特征。

（2）熟悉并掌握各项对公存款业务的办理流程和操作要点。

（3）懂得存款的计息等。

能力目标

（1）会电脑操作、会快速输入中英文、会快速进行小键盘三指盲打。

（2）会快速手工及机器点钞。

（3）会识别货币（即辨别假币），并能执行假币没收程序。

（4）能执行现金管理条例、印章管理条例、凭证管理条例等。

（5）能执行储蓄现金收付程序，会操作储蓄业务。

（6）能审核客户提交的各类结算凭证。

（7）会审核单位开户所提交的各项材料等。

（8）会根据资料进行录入并进行打印开户通知书等相关业务。

（9）能指导单位经办人员填写开户申请等业务单据。

（10）会验印、记账；会同城清算、同城划收、划付等。

素养目标

（1）建立遵纪守法的行为规范；

（2）养成严谨认真的工作态度；

（3）树立耐心细致的工作作风；

（4）培育团结合作的工作精神；

（5）强化廉洁自律的思想意识；

（6）具有爱岗敬业的职业精神。

【实训内容与流程】

任务1　基本账户开户

一、操作流程

基本账户开户的操作流程如图8-79所示。

图8-79　基本账户开户的操作流程

二、流程说明

（1）建立客户信息：柜员根据会计主管审批同意的《开立单位银行结算账户申请书》，使用"单位客户开户（更改资料）申请书"交易，为其建立客户信息档案或使用"单位客户信息采集表"交易对申请书与采集表的信息进行输入，生成一个客户编号。根据实际情况进行选择输入其他客户信息交易，如"单位客户的地址信息""单位客户在本行开户信息""单位客户在他行开户信息""单位客户的母公司信息""单位客户子公司信息"及"单位客户的主要成员信息"。

（2）账户开户：根据生成的客户编号，使用"往来户开户"交易，为客户开立往来账户。

三、计算机操作与业务单据、凭证（见图8-80~图8-90）

图8-80　审查开户资料1开户登记证

图8-81　审查开户资料2开户许可证

图8-82　审查开户资料3税务登记证

图 8-83　审查开户资料 4 税务登记证副本

图 8-84　审查开户资料 5 组织机构代码证

图 8-85　审查开户资料 6 营业执照

现金库存限额核定书

单位名称：鹏达软件开发有限公司
开户银行：鹏达银行上海分行浦东支行

账号： 金额单位：元

部门 \ 限额	库存限额		找零备用金定额		说明
	申请数	核定数	申请数	核定数	
总额	6000	6000	2000	2000	一、开户单位每天平均零星开支现金（8000）元
1.财务出纳部门	4000	4000	1500	1500	
2.附属单位小计	2000	2000	500	500	二、凡在我行开立人民币基本账户（即可取现金账户）的开户单位均要申办日常零星现金开支3~5天的"现金库存限额"审批，并要遵照执行。
（1）					
（2）					三、对服务性行业可核定"找零备用金额"不包括在库存期限内。
（3）					
（4）					
（5）					四、现金库存限额核定工作由会计出纳部门主管；有关部门配合检查执行情况。
（6）					
申请单位 （公章） 2005 年 01 月 01 日	办理现金支付单位意见： 负责人签名： 年 月 日			开户银行核定意见： （公章） 年 月 日	

图 8-86 审查开户资料 7 现金库存限额核定书

开立单位银行结算账户申请书

存款人名称	钱晚薇			电话		50931788		
地址	上海市浦东新区浦东大道2123号龙珠广场24楼			邮编		200135		
存款人类别	外资企业			组织机构代码		60584308-6		
法定代表人 ☑	姓名	钱晚薇						
单位负责人 ☐	证件种类	身份证		证件号码		310102197307141329		
行业分类	A☐ B☐ C☐ D☐ E☐ F☐ G☑ H☐ I☐ J☐							
	K☐ L☐ M☐ N☐ O☐ P☐ Q☐ R☐ S☐ T☐							
注册资金	币种	人民币	金额	500000元	地区代码		310115	
经营范围	设计、开发、生产计算机软件及相关维护服务							
证明文件种类	营业执照		证明文件编号		15000537638193 9584			
国税登记证号	310338494830234		地税登记证号		310338494834783			
关联企业	关联企业信息填列在"关联企业登记表"上							
账户性质	基本☑		一般☐		专用☐		临时☐	
资金性质			有效日期至		2005年1月1日至2014年12月31日			

以下为存款人上级法人或主管单位信息：

上级法人或主管单位名称			组织机构代码	
基本存款账户开户许可证核准号				
法定代表人 ☐	姓名			
单位负责人 ☐	证件种类		证件号码	

以下栏目由开户银行审核后填写：

开户银行名称			
开户银行代码		账号	
账户名称			
基本存款账户开户证可证核准号		开户日期	
本存款人申请开立单位银行结算账户，并承诺所提供的开户资料真实、有效。	开户银行审核意见： 经办人（签章） 开户银行（公章）	人民银行审核意见： （非核准类账户除外） 经办人（签章） 人民银行（公章） 年 月 日

填写说明：

1. 申请开立临时存款户，必须填列有效日期；申请开立专用存款账户，必须添列资金性质。
2. "行业分类"中各字母代表的行业种类如下：A：农、林、牧、渔业；B：采矿业；C：制造业；D：电力、燃气及水的生产供应业；E：建筑业；F：交通运输、仓库和邮政业；G：信息传输、计算机服务及软件业；H：批发和零售业；I：住宿和餐饮业；J：金融业；K：房地产；L：租赁和商务服务业；M：科学研究、技术服务和

图 8-87 审查开户资料 8 开立单位银行结算账户申请书

图8-88　形成客户印鉴卡

图8-89　进入"单位往来户开户"交易界面录入客户信息

图8-90　打印开户手续费凭证并盖章

任务 2 基本账户销户

一、操作流程

基本账户销户的操作流程如图 8-91 所示。

图 8-91 基本账户销户的操作流程

二、流程说明

（1）存款人主动到开户银行撤销其存款账户时，必须向其开户银行递交撤销单位银行结算账户申请书，写明销户理由。

（2）柜员使用"查询往来户凭证管理信息"交易，确认单位的全部空白重要凭证均已退回。

（3）单位未用完的空白重要凭证应由客户填制客户交回未用空白重要凭证清单退回开户银行，柜员使用"往来户凭证作废销号"交易做销号处理，然后当面切角作废。

（4）确认单位账户销户后有无遗留问题：使用"查询费用记张登记簿"交易，查看其账户是否仍有未扣收的费用，如有，则不能清户，而应使用"收记账收费"交易收取欠费，再做销户；使用 "查询贷款借据余额、欠息"交易，查看其贷款户是否仍有未归还的贷款、欠息，如有，则须归还后再销户；使用"查询往来户浮动余额"交易，查看其账户中是否有浮动余额，如有浮动余额，则待其入账后才可清户。确认不存在银行已承兑的银行承兑汇票，不存在应承付的托收承付款项和贴现未到期的商业汇票。

（5）使用"往来户销户计息"交易，结清往来户利息。

（6）根据"往来户销户计息"交易显示的本息合计结清账户余额。柜员使用"往来户现金支出""同城提出代收""同城网内一借一贷"等存款户记账类交易，将申请撤销账户的余额支现或转出，再做"查询往来户余额"交易，查询此账户余额是否为零。

（7）办理销户，柜员根据主管审批的询整账户信息通知单，使用"往来户销户"交易办理往来户销户。

三、计算机操作与业务单据、凭证（见图 8-92～图 8-98）

撤销银行结算账户申请书

账户名称	鹏达软件开发有限公司		
开户银行名称	鹏达银行上海分行浦东支行		
开户银行代码	54021	账 号	1001000109349772042
账户性质	基本（√） 专用（ ） 一般（ ）临时（ ）个人（ ）		
开户许可证核准号			
销户原因	公司迁移		

本存款人申请撤消上述银行账户，承诺提供的证明文件真实、有效。 存款人（签章）： 2013 年 12 月 31 月	开户银行审核意见： 经办人（签章）刘自强 王三喜 张涛 开户银行（签章） 2013 年 12 月 31 月

填表说明：

1、带括号的选项填"√"。

2、本申请书一式三联，一联存款人留存，一联开户银行留存，一联中国人民银行当地分支行留存，带括号填"√"

图 8-92　客户递交销户申请书

凭证号	凭证名
00258001	支票
00258002	支票
00258003	支票

图 8-93　客户交回重要空白凭证清单及凭证

图 8-94　进入空白凭证作废销号交易界面销号

图 8-95　进入"查询账户遗留信息"交易，录入客户账号

图 8-96　进入"查询账户遗留信息"结果界面

图 8-97　进入"单位往来户销户"交易界面录入销户账号

图 8-98 进入"单位往来户销户"结果界面

任务 3 单位活期同城网内业务

一、操作流程

单位活期同城网内业务的操作流程如图 8-99 所示。

图 8-99 同城网内业务的操作流程

二、流程说明

（1）单位活期存款的存取主要通过现金或转账办理。有关单位活期存款的现金存取见"现金"部分。转账业务按转账收、付款单位开户行不同，一般可分为收、付款单位均在同一行处开户的转账（简称本账），收、付款单位在计算机联网通存通兑的不同行处开户的转账（简称网转），收、付款单位一方在计算机联网以外的行处开户的转账（简称网外）3种类型。收、付款单位一方在计算机联网以外的同城行处开户的转账需要通过同城交换处理，同城票据交换业务由于涉及当地人民银行的要求和交换系统的不同，各地存在不同的交换模式，即使交换模式相同，但由于当地人民银行交换系统的不同也存在操作上的差异，此处不作介绍。收、付款单位在同一行处开户的转账和收、付款单位在同一银行计算机系统内不同网点开户的转账，柜面处理流程相同，在此称为同城网内业务。

（2）柜员受理客户提交的转账支票和进账单，认真审查要素是否齐全、准确。

（3）使用"同城网内一借一贷"交易记账。受理多笔款项收、付业务，可使用"同城网内一借多贷"和"同城网内一贷多借"进行转账汇总交易的账务处理。单笔记账使用"网内转账单笔借"或"网内转账单笔贷"交易。客户以转账或记账方式缴纳手续费、邮电费，使用"收费"交易记账，以记账方式缴纳的由计算机批量扣收。

（4）转账支票作为借方凭证，第二联进账单作为贷方凭证，记账后在进账单和支票上加盖业务清讫章和经办柜员个人名章，进账单回单联或收账通知分别交出票人或持票人。

三、计算机操作与业务单据、凭证（见图8-100～图8-104）

图 8-100　审核客户递交的支票

图 8-101　打印进账单（第一联）

图 8-102　打印进账单（第二联）

图 8-103　进入"网内转单笔借"交易界面录入收付款人信息

票 据 交 换 差 额 报 告 单

日期: 2005-01-08   场次: 1   币种: 人民币

金 额 (-)	类型	张 数	金 额 (+)
12,869,335.37	贷方	16	911,127.10
1,509,543.95	借方	50	1,186,182.88
	贷方赢余		12,281,569.34

图 8-104   打印客户填写的交换差额报告单

【实训注意事项与要求】

一、单位活期存款基本账户与单位活期同城网内业务

（1）转账业务主要分为转账存入和转账支出两种情况，银行受理客户提交的转账凭证应按《支付结算办法》的要求认真审查，防范结算风险。

（2）转账业务必须先记账，后签发回单；受理他行票据，收妥入账。

二、单位通知存款相关业务

（1）人民币最低起存金额为50万元，最低支取金额为10万元。外币最低起存金额为50万美元或等值外币，最低支取金额为50万美元或等值外币。

（2）通知存款为记名式存款，存款凭证须注明"1天通知存款"或"7天通知存款"字样。通知存款存入时，存单或存款凭证上不注明存期和利率，金融机构按支取日挂牌公告的相应利率和实际存期计息，利随本清。

（3）外币通知存款的对象为按照中国人民银行、国家外汇管理局及总行有关规定，符合外币定期存款条件的机构。

三、单位保证金存款业务

（1）保证金专户必须实行封闭管理，严禁发生保证金专户与客户结算户串用、各保证金子账户之间相互挪用等行为。

（2）不得提前支取保证金。

【训练思考题】

1. 在办理单位活期基本存款账户时，若开户行的主管行是央行（中国人民银行），应留（   ）印签卡。

    A. 1张　　　　　　　　B. 2张　　　　　　　　C. 3张　　　　　　　　D. 其他

2. 企业开立基本账户报送央行（中国人民银行）审批，需要（   ）等材料。

    A. 营业执照、组织机构代码证、国税、地税复印件各1份

    B. 开户申请书

    C. 1张预留印签卡

    D. 企业年度财务报表

3. 企业客户办理基本账户开户需要提供（   ）等材料。

    A. 基本账户开户申请书　　　　　　　　B. 现金库存限额核定书

    C. 营业执照　　　　　　　　　　　　　D. 组织机构代码证

    E. 国税和地税的税务登记证　　　　　　F. 手续费 300 元

4. 下列关于贷记凭证和支票的叙述，正确的是（　　）。

    A. 支票是出票人签发，委托办理支票存款业务的银行或其他金融机构在见票时无条件支付确定的金额给收款人或持票人的票据

    B. 贷记凭证只能提交给付款人开户银行办理转账，不得支取现金，不得流通转让

    C. 以上两者都正确

    D. 以上两者都不对

5. 单位通知存款办理企业开户预留印签时，银行提供（　　）。

    A. 印签卡　　　　　B. 电子留印机　　　　C. 数字签名　　　D. 其他

6. 在单位通知存款存入业务中，业务结束后需要交给客户的东西是（　　）。

    A. 贷记凭证　　　　　　　　　　　　　B. 单位通知存款存单

    C. 现金　　　　　　　　　　　　　　　D. 其他

实训四 | 结算业务

【实训项目】　商业银行综合柜台业务——结算业务

【实训目的】

知识目标

（1）熟悉并掌握结算业务的分类与特征；

（2）熟悉并掌握各项结算业务的办理流程和操作要点；

（3）懂得各类结算票据的真伪辨别技术等。

能力目标

（1）会计算机操作；

（2）会快速输入中英文；

（3）会快速进行小键盘三指盲打；

（4）能执行《支付结算办法》相关规定；

（5）能执行《商业银行法》相关规定；

（6）能执行凭证管理条例；

（7）能执行现金管理条例；

（8）会审核票据上的各项要素；

（9）能执行《票据法》相关规定；

（10）能执行结算程序；

（11）会本票、支票的签发、使用、未用退回、多余款退回等业务操作；

（12）会查找有关解付行的联行信息等。

素养目标

（1）建立遵纪守法的行为规范；

（2）养成严谨认真的工作态度；

（3）树立耐心细致的工作作风；

（4）培育团结合作的工作精神；

（5）强化廉洁自律的思想意识

（6）具有爱岗敬业的职业精神。

【实训内容与流程】

任务1　支票

操作一　支票划转业务

一、操作流程

支票划转业务的操作流程如图 8-105 所示。

图 8-105　支票划转业务的操作流程

二、流程说明

柜员接到持票人或出票人提交的支票和进账单时，应对支票和进账单进行认真审查。

（一）受理转账支票时应审查的内容

（1）支票是否真实，是否超过提示付款期限，是否为远期支票。

（2）支票上记载的收款人名称与进账单上的名称是否一致。

（3）出票人的签章是否符合规定，与预留银行的印鉴是否相符，使用支付密码的，其密码是否正确。

（4）支票的大小写金额是否一致，与进账单的金额是否相符。

（5）支票必须记载的事项是否齐全，填写是否符合规范，出票日期、出票金额、收款人名称是否更改。

（6）受理非本行开户出票人签发的转账支票时，持票人是否在支票的背面做委托收款背书。

（二）受理现金支票时应审查的内容

（1）大额现金支取是否已经有权人或部门审批。

（2）支票是否真实，是否超过提示付款期限，是否为远期支票。

（3）出票人签章是否符合规定，并折角核对其印章与预留银行的印鉴是否相符，使用支付密码的，其密码是否正确。

（4）支票的大小写金额是否一致。

（5）支票必须记载的事项是否齐全，填写是否符合规范，出票日期、出票金额、收款人名称是否更改。

（6）支票填明的收款人名称是否为该收款人，收款人是否在支票背面收款人签章处签章，其签章是否与收款人名称一致；对收款人为个人的现金支票，是否审核收款人身份证件，是否在支票背面注明证件名称、发证机关、证件号码。

（7）支票的提示付款期自出票日起 10 日，中间遇节假日不顺延，到期日遇节假日可顺延。

三、计算机操作与业务单据、凭证（见图 8-106～图 8-108）

图 8-106 审核客户递交的支票

图 8-107 进入"企业账户扣款"交易界面 1 录入客户账号

图 8-108　进入"企业账户扣款"交易界面 2 录入金额和支票号完成扣划

操作二　企业备用金提取

一、操作流程

企业备用金提取的操作流程如图 8-109 所示。

图 8-109　企业备用金提取的操作流程

二、流程说明

（1）柜员接到持票人或出票人提交的支票和进账单时，应对支票和进账单进行认真审查。
审查现金支票无误后，使用"往来户现金支取"或"一笔多单现金付款"交易，输入账号、
币种、凭证种类、现金分析号等内容，录入完毕，将取款凭证金额与终端机显示付款金额核对。

（2）按照票面金额进行配款，依次录入券别、张数。配妥后，重新加计所配款项进行自我复
核，无误后方可对外付款，当面付清，一笔一清。

（3）交易处理成功后在现金支票背面打印交易信息。

（4）款项付清后现金支票加盖业务清讫章。

三、计算机操作与业务单据、凭证（见图 8-110～图 8-114）

图 8-110　票据审核

图 8-111　审核库存限额核定书

图 8-112　进入"企业备用金提取"交易界面 1 录入客户账号

图 8-113　进入"企业备用金提取"交易界面 2 录入金额和支票号

鹏达银行上海市（　分行　）**进账单**（收账通知）

1

沪 02205076

2005 年 1 月 5 日

出票人	全　称	鹏达软件开发有限公司	收款人	全　称	鹏达软件开发有限公司

图 8-114　打印进账单并盖章

任务 2　银行汇票签发

一、操作流程

银行汇票签发的操作流程如图 8-115 所示。

二、流程说明

（1）银行受理开户单位提交的一式三联业务委托书时，应认真审查业务委托书内容填写是否齐全、清晰，签章是否为银行预留印鉴，使用支付密码的还要核验支付密码是否正确。经审查无误后，才能办理银行汇票的签发。

（2）汇票签发录入：使用"汇票签发录入"交易，进行汇票签发记账、录入处理。交易处理成功后，在业务委托书各联加盖业务清讫章，第一联背面打印交易信息作借方凭证，第二联摘录汇票签发业务流水号交汇票签发复核柜员复核，日终时和已签发银行汇票的第一、第四联配对随当日传票装订，第三联作回单。

（3）汇票签发复核：对于汇票签发录入完毕的汇票报文，复核柜员使用"汇票签发复核"交易，输入"汇票签发流水号"或"录入柜员号"调出"待复核"报文。调出待复核报文后，柜员输入复核"兑付行行号""收款人账号""付款人账号""金额"4项内容，其他内容画面显示，供柜员屏幕核对。如复核柜员确认原录入有误，可将报文转为"待修改"状态。

图8-115　银行汇票签发的操作流程

（4）汇票签发授权：授权柜员使用"汇票签发授权"交易，输入"汇票签发流水号"或"录入柜员号"，调出"待授权"报文，然后输入授权"收款人账号""付款人账号""金额"3项内容，其他内容为画面显示，供授权柜员屏幕核对。授权输入控制与汇票签发复核交易相同。授权成功后，系统自动将该笔汇票置于"签发待打印"状态。

（5）汇票打印：已领用空白银行汇票的柜员对签发待打印的汇票报文做汇票打印处理时，输入"汇票签发流水号"调出汇票报文，屏幕核对无误后可输入"汇票号码"，系统开始汇票打印输出。如屏幕核对有误，可选择"转修改"。因打印出错或打印后发现内容有误，原汇票打印柜员可于当日做"汇票打印作废"交易，进行转修改或转汇票打印处理。

（6）汇票索押：汇票签发打印完毕后，密押柜员可做"汇票索押"交易，输入汇票签发流水号，调出待索押汇票报文，经核对无误后，系统自动将该笔汇票报文送主机汇划密押子系统进行加押处理，提示并打印汇票密押。

（7）出票：汇票索押完毕后，由密押员在实际结算金额的小写金额上端用总行统一制作的压数机压印出票金额，并与汇票的大写金额核对一致后将汇票交复核员。复核员审查无误后，汇票第二联上用红色印泥加盖汇票专用章和法定代表人或其授权经办人名章，连同第三联一并交申请人。第一联加盖经办、复核人员名章，连同第四联一并加盖附件章后随当日传票装订。

三、计算机操作与业务单据、凭证（见图 8-116～图 8-127）

图 8-116　审核结算业务申请书

图 8-117　进入汇票签发交易界面录入签发张数

图 8-118　进入"汇票签发复核"交易界面 1 录入汇票号

图 8-119　进入"汇票签发复核"交易界面 2 录入收付款人信息

图 8-120　进入"汇票签发授权"交易界面 1 录入汇票号

图 8-121　进入"汇票签发授权"交易界面 2 录入收付款人信息

图 8-122　进入"汇票打印"交易界面 1 录入汇票号

图 8-123　进入"汇票打印"交易界面 2 录入收付款人信息

地区号：1001	网点号：0001	部门号：001	柜员号：001	日期：2006年5月9日 10:21:47

汇票索押

汇票流水号：005

提示

输入框切换 = Tab　　　业务提交 = Enter　　　放弃操作 = Esc　　　网络状态 = 联机

图 8-124　进入"汇票索押"交易界面录入汇票号

地区号：1001	网点号：0001	部门号：001	柜员号：001	日期：2006年5月9日 10:22:33

汇票索押

汇票流水号：005　　　　　　　　　　　兑付行行号：54021
收款人账号：1001000105374859274　　付款人账号：1001000105374842974
金额：50000.00　　　　　　　　　　　汇票号码：310130804000242985

提示

输入框切换 = Tab　　　业务提交 = Enter　　　放弃操作 = Esc　　　网络状态 = 联机

图 8-125　进入"汇票索押"结果界面

华东三省一市
银行汇票　　（卡片）　1
此联出票行结清汇票时作汇出汇款借方凭证

付款期限 壹个月		

出票日期（大写）贰零零伍 年 零壹月 零壹日　　代理付款行：　　　　行号：
收款人：　田旭东　　　　账号：1001000105374859274
出票金额 人民币（大写）：伍万元整
实际结算金额 人民币（大写）：伍万元整　　千百十万千百十元角分 ￥5 0 0 0 0 0 0
申请人：钱晚霖　　　　账号或住址：1001000105374842974
出票行：鹏达银行上海分行
浦东支行　　行 号：54021
备 注：货款

复核 工三喜 经办 张汤

科目（借）：
对方科目（贷）：
销账日期：　　年　月　日
复核　　　　记账

图 8-126　打印汇票并盖章（第一联）

华东三省一市
银行汇票　　2
此联代理付款行付款后作联行记账借方凭证附件

付款期限 壹个月		

出票日期（大写）贰零零伍 年 零壹月 零壹日　　代理付款行：　　　　行号：
收款人：　田旭东　　　　账号：1001000105374859274
出票金额 人民币（大写）：伍万元整
实际结算金额 人民币（大写）：伍万元整　　千百十万千百十元角分 ￥5 0 0 0 0 0 0
申请人：钱晚霖　　　　账号或住址：1001000105374842974
出票行：鹏达银行上海分行
浦东支行　　行 号：54021
备 注：货款

复核　　　经办

多余金额
千百十万千百十元角分

科目（借）：54021
对方科目（贷）：54021
兑付日期：
年　月　日

图 8-127　打印汇票并盖章（第二联）

【实训注意事项与要求】

一、关于本票的申请

（1）不定额转账银行本票没有金额起点和限额。提示付款期限自出票日起最长不得超过2个月。

（2）不定额本票小写金额必须为压数机压印金额。

二、关于银行汇票签发的注意事项

（1）汇票的大写金额与委托书金额必须一致；汇票上记载的收款人与申请书上的收款人必须一致。

（2）签发转账银行汇票一律不得填写代理付款行名称。

（3）签发现金银行汇票的，代理付款行名称和行号应与客户提交的业务委托书上填明的代理付款行一致。

（4）委托书的备注栏内注明"不得转让"的，出票行应当在汇票正面的备注栏内注明"不得转让"字样。

企业单位不得使用现金银行汇票，银行不得为企业单位签发和解付现金银行汇票。

三、在企业备用金提取中，应当明确以下几点

（1）支票是出票人签发的，委托办理支票存款业务的银行在见票时无条件支付确定金额给收款人或者持票人的票据。

（2）支票一般分为现金支票和转账支票。支票上印有"现金"字样的为现金支票，只能用于支取现金；支票上印有"转账"字样的为转账支票，只能用于转账。

四、委托收款的发出操作注意事项

在委托收款的发出操作中，应当明确受理委托收款时，无金额起点；付款期3天；对收款方，银行不审查发运证明；对付款方，银行不审查拒付理由。

【训练思考题】

1. 在本票申请的操作中，审核客户提交的业务委托书时应注意（　　）。
    A. 委托书记载的内容是否齐全、清晰
    B. 委托书的日期、金额、收款人名称是否有涂改
    C. 申请人的签章是否符合规定
    D. 申请人账户是否有足够支付的款项

2. 在本票申请业务处理过程中，柜员必须在业务委托书上加盖（　　）。
    A. 业务清讫章、经办柜员名章　　　　B. 现金清讫章、经办柜员名章
    C. 本票专用章、经办柜员名章　　　　D. 票据清算专用章、经办柜员名章

3. 在银行汇票签发中，汇票上应加盖（　　）。
    A. 汇票专用章　　　B. 现金清讫章　　　C. 业务清讫章
    D. 经办柜员名章　　　E. 授权主管名章

4. 在支票业务中，支票上需要加盖（　　）。
    A. 验印章　　　　　　　　　　　　B. 业务清讫章
    C. 企业财务专用章　　　　　　　　D. 企业法人代表名章

5. 在委托收款业务中,下列描述正确的是( )。

    A. 无金额起点   B. 付款期 3 天

    C. 对付款方,银行须审查拒付理由   D. 对收款方,银行须审查发运证明

实训五 │ 银行卡业务

【实训项目】 商业银行综合柜台业务——银行卡业务

【实训目的】

知识目标

(1)了解并知道银行卡中,借记卡、信用卡等相关知识;

(2)了解并知道银行卡相关业务知识。

能力目标

(1)会计算机操作;

(2)会快速输入中英文;

(3)会快速进行小键盘三指盲打;

(4)能执行凭证管理条例;

(5)能执行印章管理条例;

(6)能执行《银行卡业务管理办法》相关规定;

(7)能执行银行卡卡片启用等业务流程;

(8)能操作银行卡特殊业务等。

素养目标

(1)建立遵纪守法的行为规范;

(2)养成严谨认真的工作态度;

(3)树立耐心细致的工作作风;

(4)培育团结合作的工作精神;

(5)强化廉洁自律的思想意识;

(6)具有爱岗敬业的职业精神。

【实训内容与流程】

任务 1 借记卡存款

一、操作流程

借记卡存款的操作流程如图 8-128 所示。

二、流程说明

(一)卡内活期账户的存款

(1)客户凭借记卡办理卡内活期账户的存款,填写借记卡专用存款凭证;采用签单服务的,客户可免填借记卡专用存款凭证。若大额存款,客户还须出示存款人身份证件;若代办的,还应同时出示代理人证件。

图 8-128　借记卡存款的操作流程

（2）认真审查凭证填写内容是否齐全，卡号是否正确，并初点现金与凭证填写金额核对相符。如大额存款还应审核证件是否有效，在凭证背面或系统上摘录客户证件。

（3）使用"借记卡活期储蓄续存"交易，大额存款还必须经有权人授权。

（4）交易成功后打印借记卡专用存款凭证，签单服务使用签单服务凭证，柜员核对打印内容。采用签单服务的，请客户在签单服务凭证上签字确认，在借记卡专用存款凭证上加盖业务清讫章，借记卡专用存款凭证（第二联）连同借记卡交客户，借记卡专用存款凭证（第一联）作为业务凭证送监督中心。

（二）卡内定期储蓄一本通存款账户的存款

（1）客户凭借记卡办理卡内定期储蓄一本通账户的存款，填写借记卡专用存款凭证，采用签单服务的，可免填借记卡专用存款凭证。若大额存款，客户还须出示存款人身份证件；若代办的，还应同时出示代理人证件。

（2）认真审查凭证填写内容是否齐全，卡号是否正确，并初点现金与凭证填写金额核对相符。如大额存款还应审核证件是否有效，在凭证背面或系统上摘录客户证件。

（3）使用"借记卡定期储蓄一本通存款"交易，大额存款还必须经有权人授权。

（4）打印借记卡专用存款凭证，签单服务使用签单服务凭证，柜员核对打印内容。采用签单服务的，请客户在签单服务凭证上签字确认。在借记卡专用存款凭证上加盖业务清讫章，借记卡专用存款凭证（第二联）连同借记卡交客户，借记卡专用存款凭证（第一联）作为业务凭证送监督中心。

（三）卡内零存整取存款账户的存款

（1）客户凭借记卡办理卡内零存整取，填写借记卡专用存款凭证。若大额存款，客户还须出示存款人身份证件；若代办的，还应同时出示代理人证件。采用签单服务的，客户可免填借记卡专用存款凭证。

（2）认真审查凭证填写内容是否齐全，卡号是否正确，并初点现金与凭证填写金额是否相符。如大额存款还应审核证件是否有效，在凭证背面或系统上摘录客户证件。

（3）使用"借记卡储蓄续存"交易，大额存款还必须经有权人授权。

（4）打印借记卡专用存款凭证，签单服务使用签单服务凭证，柜员核对打印内容。采用签单服务的，请客户在签单服务凭证上签字确认，在借记卡专用存款凭证上加盖业务清讫章，借记卡专用存款凭证（第二联）连同借记卡交客户，借记卡专用存款凭证（第一联）作为业务凭证送监督中心。

三、计算机操作与业务单据、凭证（见图 8-129～图 8-132）

图 8-129　审核客户借记卡

图 8-130　进入"贷方信息录入"交易界面录入客户信息

图 8-131　进入"配款"交易界面录入现金券别金额

图 8-132　打印业务存款凭证并盖章

任务 2　借记卡支取

一、操作流程

借记卡支取的操作流程如图 8-133 所示。

图 8-133　借记卡支取的操作流程

二、流程说明

（1）客户凭借记卡办理卡内活期账户取款，填写借记卡专用取款凭证，若大额取款，客户还须出示取款人身份证件；若代办的，还应出示代理人证件。采用签单服务的，客户可免填借记卡专用取款凭证。

（2）认真审查凭证填写内容是否齐全，卡号是否正确，如大额存款还应审核证件是否有效，在凭证背面或系统上摘录客户件。

（3）使用"借记卡活期储蓄支取"交易，大额取款还必须经有权人授权，客户输入密码。

（4）打印借记卡专用取款凭证，签单服务使用签单服务凭证，柜员核对打印内容，在借记卡专用取款凭证上加盖业务清讫章，借记卡专用取款凭证（第二联）连同借记卡和现金一并交取款人，借记卡专用取款凭证（第一联）作为业务凭证送监督中心。

三、计算机操作与业务单据、凭证（见图8-134～图8-136）

图 8-134　审核客户借记卡

图 8-135　进入"借方信息录入"交易界面录入客户信息

图 8-136　打印业务取款凭证并盖章

任务 3　借记卡转账

一、操作流程

借记卡转账的操作流程如图 8-137 所示。

图 8-137　借记卡转账的操作流程

二、流程说明

（1）客户凭借记卡办理卡内活期账户转存活期账户业务，分别填写借记卡专用存款凭证和借记卡专用取款凭证，采用签单服务的，客户可免填借记卡专用取款凭证。

（2）审查凭证填写内容是否齐全，卡号是否正确。

（3）使用"借记卡活期储蓄账户转账"交易，大额转账业务须经有权人授权，客户输入密码。

（4）打印借记卡专用存款凭证和借记卡专用取款凭证，签单服务使用签单服务凭证，核对打印内容，采用签单服务的，请客户在签单服务凭证上签字确认。

（5）在借记卡专用存款凭证和借记卡专用取款凭证上加盖业务清讫章，借记卡专用存款凭证（第二联）和借记卡专用取款凭证（第二联）连同借记卡一并交取款人，借记卡专用存款凭证（第一联）和借记卡专用取款凭证（第一联）作为业务凭证送监督中心。

三、计算机操作与业务单据、凭证（见图 8-138～图 8-141）

图 8-138　审核客户借记卡

图 8-139　进入"借记卡转账—借方录入"交易界面录入客户信息

图 8-140　进入"借记卡转账—贷方录入"交易界面录入转账账号

图 8-141　打印业务转账凭证并盖章

【实训注意事项与要求】

一、关于借记卡的相关问题

（1）开立借记卡，必须遵照《人民币银行结算账户管理办法》的要求开立，必须指定个人银行结算账户为基本账户。

（2）借记卡卡片启用属特殊业务，有权人须对客户申请理挂卡业务的整个处理过程进行严格审核，重点审核客户身份证件与其填写的申请书、挂入借记卡的活期存折要素，同时重点监督经办柜员，及时将已办理的借记卡、存折和申请书交给客户。

（3）借记卡内相关存款账户孳生的利息必须按国家规定的标准缴纳个人储蓄利息所得税（在征收利息所得税时）。

（4）如要使用借记卡支取或转出卡内相关账户款项时，必须使用卡密码，也可通过相关账户密码，以折（单）办理业务。

（5）客户既可通过借记卡办理挂靠在借记卡账户上的基本账户和相关账户业务，也可通过单一账户凭证办理该单一账户各项业务。

（6）非通兑账户和无密码账户不能挂入借记卡内。

二、关于信用卡的相关问题

（1）办理信用卡业务时，审核要求：信用卡是否有剪角、打孔、折断、涂改、卡号模糊或数字大小不一、排列不整齐、签名栏内有"样卡""测试卡"等非正常字样等情况；确认信用卡是否为可办理人民币、外币存款的卡种；审核信用卡是否在有效期内。

（2）个人国际卡、信用卡持卡人使用信用额度取现，每卡每日累计不得超过 2 000 元（国际卡含等值外币）。

（3）单笔存取款金额超过 5 万元或当日同一账户存取款累计超过 5 万元的交易，须经有权人授权进行，并登记大额存取款业务登记簿。

（4）对磁条损坏不能读取磁条信息的，视同紧急援助服务处理，信用卡柜面应急取现金额不得超过 2 000 元。

（5）办理信用卡和国际信用卡等柜面取款业务时，经办人员要优先使用"磁条+密码"取现方式。

（6）商务卡在办理商品交易、劳务供应款项结算或进行转入个人卡、个人存款账户的结算时，不得透支或使用信用额度；个人卡转入信用卡可透支或使用信用额度。

【训练思考题】

1. 在借记卡开卡启用操作中，打印完成后，应在手续费凭证上盖（　　）。
   A. 业务清讫章　　　　　B. 现金清讫章　　　C. 经办柜员名章　　D. 银行业务公章
2. 在信用卡启用业务结束后柜员将信用卡交客户时，必须向客户说明（　　）。
   A. 卡片、账户信用额度　　　　　　　　B. 信用卡年费缴纳数额
   C. 信用卡消费对账方式　　　　　　　　D. 其他

实训六 | 代理业务

【实训项目】　商业银行综合柜台业务——代理业务

【实训目的】

知识目标
（1）了解并熟悉商业银行中间业务的内涵；
（2）了解并熟悉代收代付、代理国债、代理基金等中间业务的内涵；
（3）懂得中间业务的作用及其发展趋势。

能力目标
（1）会计算机操作；
（2）会快速输入中英文；
（3）会快速进行小键盘三指盲打；
（4）能执行《支付结算办法》相关规定；
（5）能运用银行相关业务知识；
（6）能执行结算程序；
（7）会查找有关解付行的联行信息；
（8）能与客户进行良好的沟通，指导客户进行平台操作；
（9）能清楚、准确办理相关业务等。

素养目标
（1）建立遵纪守法的行为规范；
（2）养成严谨认真的工作态度；
（3）树立耐心细致的工作作风；
（4）培育团结合作的工作精神；
（5）强化廉洁自律的思想意识；
（6）具有爱岗敬业的职业精神。

【实训内容与流程】

任务1　代理保险业务

一、操作流程

代理保险业务的操作流程如图 8-142 所示。

图 8-142 代理保险业务的操作流程

二、业务说明

银行代理保险业务本质上是一种保险业务，是由银行（也包括邮储、信用社等金融机构）作为一类保险兼业代理机构，代理销售保险公司产品的一种业务行为。银行代理保险业务是银行保险的一种，是银行保险处于初级发展阶段一种常见的业务形式。从国际经验来看，银保合作主要有股权合作、战略合作和简单的代理合作。

三、计算机操作与业务单据、凭证（见图 8-143）

图 8-143 进入"保险录入"交易界面录入客户信息

任务 2 代理国债业务

操作一 发行国债业务

一、操作流程

发行国债的操作流程如图 8-144 所示。

图 8-144　发行国债的操作流程

二、流程说明

（1）审核客户填写的现金存款凭证要素是否齐全，填写是否有误，并对客户身份证件进行核对。

（2）清点现金无误后，使用"国库券发行"交易记账，交易成功后打印凭证式国债收款凭证，加盖存单折专用章和柜员名章交客户。

（3）发行网点对于代理发行的国债资料应按规定及时上划管辖支行。

三、计算机操作与业务单据、凭证（见图 8-145～图 8-147）

图 8-145　进入"凭证式国债"交易界面录入客户信息

图 8-146 打印凭证式国债收款凭证并盖章

图 8-147 打印客户填好的存款凭证并盖章

操作二 国债提前兑付业务

一、操作流程

国债提前兑付业务的操作流程如图 8-148 所示。

图 8-148 国债提前兑付业务的操作流程

二、流程说明

（1）客户要求提前兑付时，应提交凭证式国债收款凭证和本人身份证。

（2）柜员审核收款凭证、身份证件无误后，在凭证式国债收款凭证上摘录证件名称和号码，使用交易查询账户有无异常情况，如无异常情况，使用"国库券兑付"交易办理提前兑付，打印收款凭证。

（3）在利息清单及手续费收费凭证上加盖业务清讫章，将现金及第一联利息清单交付客户。

（4）次日，经办网点对上日提前兑付国债本金，填制"代理兑付债券应收款"科目转账凭证，及时上划兑付国债本金。

三、计算机操作与业务单据、凭证（见图8-149～图8-153）

图 8-149　收回客户的凭证式国债收款凭证

图 8-150　进入"国债券兑付"交易界面录入国债账号

图 8-151　进入"国库券兑付"交易结果界面

图 8-152　打印利息清单并盖章

图 8-153　打印提前支取国债手续费凭证并盖章

任务 3　代理基金业务

操作一　基金开户业务

一、操作流程

基金开户业务的操作流程如图 8-154 所示。

二、流程说明

（1）投资人在办理基金交易前，应首先在银行开立基金交易账户。原则上一个投资人在同一个直辖市分行、直属分行或二级分行辖内只允许开立一个基金交易账户。在开立基金交易账户时，投资人应同时指定一个基金资金账户。

（2）个人客户申请开立基金交易账户时，须出具本人有效身份证件和基金资金账户，TA 基金账户卡并填写基金交易账户开户申请表（个人）。机构投资人申请开立基金交易账户时，须出具基金资金账户、TA 基金账户卡以及以下材料：企业营业执照等有效证件原件，法人代表证明书与法人代表授权委托书，业务受托经办人有效身份原件及复印件，加盖银行预留印鉴的基金交易账户申请表（机构）。

（3）柜员审核后，通过"基金交易账户开户"交易，录入申请人提交的资料的有关信息（代理人指机构投资人的经办人）。将投资人基金交易账户与 TA 基金账户建立唯一对应关系。

（4）投资人在银行办理基金交易前，还应开立/登记注册登记机构基金账户。该信息仅在登记地点有效，当投资人需要到异地进行基金交易时，应重新在异地进行基金账户的登记。投资人的基金交易账户与基金账户通过"基金 TA 账户开户/登记"交易，建立对应关系。投资人在首次认购或申购某注册登记机构注册登记的基金前，应将该注册登记机构为其开立的基金账户的账号登记于系统中。投资人的基金交易账户与基金账户通过"基金账户登记"交易，建立对应关系。

图 8-154　基金开户业务的操作流程

三、计算机操作与业务单据、凭证（见图 8-155～图 8-157）

图 8-155　审核客户填写的基金开户申请书并盖章

图 8-156 进入"基金账户开立"交易界面录入客户信息

图 8-157 打印基金认购申请书并盖章

操作二 基金赎回业务

一、操作流程

基金赎回业务的操作流程如图 8-158 所示。

二、流程说明

（1）基金赎回是指投资人在基金存续期间规定的开放日，要求基金管理人赎回投资人持有的基金单位，即投资者卖出基金。基金交易采用未知价法，基金赎回遵循"数量赎回"的原则进行，并以当日单位基金资产净值作为计价基础。投资人申请赎回的基金份额于申请当日冻结，赎回款应于规定的赎回款到账日内划至投资人基金资金账户。预约赎回是指基金持有人为给基金管理人一定的时间办理赎回业务而提前发出的在未来某日赎回的申请。预约赎回的日期必须是申请日之后的日期。预约赎回是否可以开办，由基金公司决定。

图 8-158　基金赎回业务的操作流程

（2）投资人赎回基金时，应携带基金交易卡、基金账户卡，按赎回基金份额数量填写代理基金赎回申请表，机构投资人还须加盖预留印鉴，连同基金交易卡、基金账户卡一并提交给柜员。

（3）柜员接到申请，审核无误后通过"赎回"或"预约赎回"交易，根据系统提示录入有关信息。

（4）基金单位交割日：资金交割日应分别打印一式两联基金业务付出凭证或一式两联基金业务凭证，付出凭证作为赎回成功机构投资人基金单位减少的记账凭证，另一联作为投资人的回执。基金业务凭证作为赎回成功，机构投资人基金资金账户回款的凭证，其中一联作为投资人基金资金账户贷方凭证，另外一联作为客户回执。交易确认后，各营业网点可根据投资人的申请通过打印基金交易确认通知单交易打印基金业务确认通知单。

三、计算机操作与业务单据、凭证（见图 8-159～图 8-161）

图 8-159　进入"基金赎回"交易界面 1 录入基金账号

图 8-160　进入"基金赎回"交易结果界面

图 8-161　打印基金赎回申请书并盖章

【实训注意事项与要求】

一、在代收代付业务中要明确以下内容

公用事业费转账业务是指银行代收水、电、煤各类公用事业费以及市话、电信、联通和移动通信费，同时也是一项免除"缴费难"困扰的便民服务。用户在办理授权手续后，每月的公用事业费即从其指定授权活期结算账户中扣除，足不出户就可实现轻松缴费。

自动转账的优点如下。

（1）免除客户往返银行排队缴付公用事业费的麻烦。

（2）不会因账单丢失、遗忘的原因，支付不必要的罚款费用。

（3）扣款后，存折上会打印相关文字，收费单位亦会寄发通知单，便于用户核对和报销。

自动转账项目目前包括以下内容。

（1）市内电话费。

（2）联通移动电话费。

（3）电信移动电话费。

（4）水费。

（5）电费。

（6）煤气费（含天然气）。

二、在凭证式国债代理发行的业务中要明确以下几点

（1）凭证式国债对个人发行时实行实名制，具体办法比照《个人存款账户实名制规定》办理，委托他人代办的，须同时出示代办人及购买人的身份证件。

（2）凭证式国债为记名国债，可以挂失，可以提前兑取和办理质押贷款，但不得更名，不可流通转让。发行时以百元为起点并按百元的整数倍发售。

（3）国债持有人或兑取人持未到期的国债到银行网点办理提前兑付时，必须到原购买网点办理兑付手续，每张国债必须一次性兑付，不得部分兑付。

（4）凭证式国债在该债券规定的兑付期开始和兑付期后办理兑付，一律不收取手续费。对于超过5万元的凭证式国债到期兑付时，兑取人应出示本人身份证办理，若委托代办的还须同时提供代办人身份证办理兑付。

（5）凭证式国债兑付期结束后，如债券投资人未到银行兑付债券本息，系统自动将债券本息转为活期储蓄存款，不再计付利息。

（6）各期各档次国债的发行以发行代码进行区分，发行代码为5位数，前2位为发行年份，第3位为发行期次，后2位为发行期限。

三、在代理基金业务——开放式基金的基金开户业务中要明确以下内容

代理基金销售业务，为投资人办理业务和提供咨询以及进行基金产品推介服务的工作人员的工作职责如下。

（1）为基金投资人办理认购、申购、赎回及其他规定的业务。

（2）为客户提供有关基金业务方面的咨询。

（3）宣传基金知识和介绍银行开办基金业务的情况和优势。

（4）进行市场调查，了解客户信息，争取更多客户。

工作人员服务规范的内容包括道德质量、态度、仪表、举止、语言、纪律等方面。

【训练思考题】

1. 如遇客户地址或费用账单编号变动，或客户欲变更授权账号，须及时至银行办理变动手续。办理手续时必须提供其本人的身份证件。（　　）

    A. 是　　　　　　　　　　　　　B. 不是

2. 以下适用于公用事业费转账业务的有（　　）。

    A. 水、电、煤气（天然气）费

    B. 市内电话费

    C. 联通、移动手机话费

    D. 公房房租

    E. 交通违章罚款

实训综合报告

实训记录总表

学号			姓名		专业（班级）		
实训课程	商业银行综合柜台业务			使用软件名称		模拟银行业务教学	
实训时间	实训地点		实训项目名称（以任务进行）			完成情况	
			1				
			2				
			3				
			4				
			5				
			6				
			7				
			8				
			9				
			10				
			11				
			12				
			13				
			14				
			15				
			16				
			17				
			18				
分项存在问题及解决办法			1				
			2				
			3				
			4				
			5				
			6				
			7				
			8				
			9				
			10				
			11				
			12				
			13				
			14				
			15				
			16				
			17				
			18				

【项目实训报告】

任务实训报告单

实训项目	实训一：综合管理		学时	
实训地点			实训时间	
同组姓名				

实训流程与说明

（若此页不够可另自行附页）

成绩评定	实训操作（40%）	A（90分）	B（70分）	C（50分）	D（30分）
	实训报告（30%）	A（90分）	B（70分）	C（50分）	D（30分）
	思考题回答（30%）	A（90分）	B（70分）	C（50分）	D（30分）
	总评成绩或评语				
	校内指导教师签字			评阅时间	
	校外指导教师签字			评阅时间	

【项目实训报告】

任务实训报告单

实训项目	**实训二：个人业务**		学时		
实训地点			实训时间		
同组姓名					

实训流程与说明

（若此页不够可另自行附页）

成绩评定	实训操作（40%）	A（90分）	B（70分）	C（50分）	D（30分）
	实训报告（30%）	A（90分）	B（70分）	C（50分）	D（30分）
	思考题回答（30%）	A（90分）	B（70分）	C（50分）	D（30分）
	总评成绩或评语				
	校内指导教师签字			评阅时间	
	校外指导教师签字			评阅时间	

【项目实训报告】

任务实训报告单

实训项目	**实训三：对公业务**		学时	
实训地点			实训时间	
同组姓名				

实训流程与说明
（若此页不够可另自行附页）

成绩评定	实训操作（40%）	A（90分）	B（70分）	C（50分）	D（30分）
	实训报告（30%）	A（90分）	B（70分）	C（50分）	D（30分）
	思考题回答（30%）	A（90分）	B（70分）	C（50分）	D（30分）
	总评成绩或评语				
	校内指导教师签字			评阅时间	
	校外指导教师签字			评阅时间	

【项目实训报告】

任务实训报告单

实训项目	**实训四：结算业务**		学时			
实训地点			实训时间			
同组姓名						

实训流程与说明

（若此页不够可另自行附页）

成绩评定	实训操作（40%）	A（90分）	B（70分）	C（50分）	D（30分）
	实训报告（30%）	A（90分）	B（70分）	C（50分）	D（30分）
	思考题回答（30%）	A（90分）	B（70分）	C（50分）	D（30分）
	总评成绩或评语				
	校内指导教师签字			评阅时间	
	校外指导教师签字			评阅时间	

【项目实训报告】

任务实训报告单

实训项目	实训五：银行卡业务		学时	
实训地点			实训时间	
同组姓名				

实训流程与说明

（若此页不够可另自行附页）

成绩评定	实训操作（40%）	A（90分）	B（70分）	C（50分）	D（30分）
	实训报告（30%）	A（90分）	B（70分）	C（50分）	D（30分）
	思考题回答（30%）	A（90分）	B（70分）	C（50分）	D（30分）
	总评成绩或评语				
	校内指导教师签字			评阅时间	
	校外指导教师签字			评阅时间	

【项目实训报告】

任务实训报告单

实训项目	**实训六：代理业务**		学时	
实训地点			实训时间	
同组姓名				

实训流程与说明

（若此页不够可另自行附页）

成绩评定	实训操作（40%）	A（90分）	B（70分）	C（50分）	D（30分）
	实训报告（30%）	A（90分）	B（70分）	C（50分）	D（30分）
	思考题回答（30%）	A（90分）	B（70分）	C（50分）	D（30分）
	总评成绩或评语				
	校内指导教师签字			评阅时间	
	校外指导教师签字			评阅时间	

课程综合实训成绩评定表

学号			姓名		专业（班级）	
课程实训内容	课程名称		商业银行综合柜台业务			
	实训起止时间					
	实训地点					
	使用软件					
实训情况评价	实训操作单项成绩	实训项目			操作评价	
		点钞与验钞				
		数字录入与传票翻打				
		文字录入及操作流程				
		职业素养与服务规范				
		实训操作总评				
	实训报告成绩	指导教师评语： 实训报告成绩：				
	课程总评成绩			指导教师签名： 　年　　月　　日		

参考文献

1. 岳高社. 商业银行综合柜台业务. 太原：山西经济出版社，2010.
2. 王汝梅. 银行柜员业务知识. 北京：电子工业出版社，2007.
3. 霍晓丽. 银行柜员核算与操作. 沈阳：辽宁大学出版社，2007.
4. 黎贤强. 商业银行综合柜台业务. 杭州：浙江大学出版社，2005.
5. 中国工商银行操作风险管理手册. 北京：中国金融出版社，2006.
6. 周伟. 银行柜员业务. 北京：机械工业出版社，2008.
7. 廖劲鸿. 银行柜员个人操作风险分析. 全球品牌网，2009.
8. http://www.ncxys.com，农信网.
9. http://bbs.hljxys.com/index.php，信合之家网.
10. http://www.zgjrw.com，中国金融网.